U1001210

文秘专业规划教材编委会

主　任　唐　静

副主任　杨　光　李　坚　刁力人　卢俊杰
肖于波　赵　莹　李　莉　姜　爽
刘明鑫　孙　义　李　璐　白　静
陈晓峰　牛占卉　戴卫东　杨　海
耿玉霞　马　科　谢志刚　刘庆君
张玉福　王林峰　贾洪芳　吴肖淮

编　委　杨颖红　刘满福　韩雪峰　曹文启
何　强　汪　溢　邱　旸　李红艳
郁　影　李裕琢　李卉妍　林世光
刘崇林　韩　枫　黄永强　杨　雷
戴环宇　张莉莉　张　倜　李贵强
王　俊　张云娜　王守鹏

新编公共行政与公共管理学系列教材·文秘专业

法律与法规

Laws and Regulations

主　编　邱　旸　董　悦
副主编　李　青　杨春晖　邵丽颖
　　　　张　倜　冯卓荃

北京大学出版社
PEKING UNIVERSITY PRESS

图书在版编目(CIP)数据

法律与法规/邱旸,董悦主编.—北京:北京大学出版社,2012.1
(新编公共行政与公共管理学系列教材·文秘专业)
ISBN 978-7-301-16668-0

Ⅰ.①法… Ⅱ.①邱… ②董… Ⅲ.①法律-汇编-中国-高等学校-教材 Ⅳ.①D920.9

中国版本图书馆CIP数据核字(2011)第270462号

书　　名:法律与法规
著作责任者:邱　旸　董　悦　主编
责 任 编 辑:高桂芳(pkuggf@126.com)
标 准 书 号:ISBN 978-7-301-16668-0/C·0723
出 版 发 行:北京大学出版社
地　　址:北京市海淀区成府路205号　100871
网　　址:http://www.pup.cn　电子邮箱:ss@pup.pku.edu.cn
电　　话:邮购部62752015　发行部62750672　编辑部62753121
　　　　出版部62754962
印 刷 者:河北滦县鑫华书刊印刷厂
经 销 者:新华书店
　　　　730毫米×980毫米　16开本　20.5印张　366千字
　　　　2012年1月第1版　2012年1月第1次印刷
定　　价:36.00元

未经许可,不得以任何方式复制或抄袭本书之部分或全部内容。
版权所有,侵权必究
举报电话:010-62752024　电子邮箱:fd@pup.pku.edu.cn

总　序

现代社会，文秘专业是一门社会各界有着广泛需求的专业。无论是企事业单位还是行政机关，也无论是国有、集体还是民营企业，尤其是中外合资企业或外商独资企业，对于文秘人员的需求越来越旺盛。秘书职业化的趋势愈来愈明显，其社会地位在不断提高，服务领域也越来越广。社会各界在扩大秘书需求的同时也对秘书的素质和能力提出了更高更新的要求，这就对高校传统的文秘专业办学模式和教学方法提出了新的挑战。为了赢得挑战，加快发展，确保文秘专业教育与社会岗位需求相适应，就必须加强文秘专业的教材建设。教材好比剧本，没有好的剧本，焉能演出一场好戏。

为此，我们组织了全国20多所高等院校文秘专业教学第一线的骨干教师，从事教改与教研工作的专家、学者，秘书职业资格证书社会培训机构的资深人士，在进行了广泛深入的调查研究的基础上，成立了"新编公共行政与公共管理学系列教材·文秘专业"编委会。我们会同北京大学出版社的有关编辑，从当前教学实际需要出发，充分考虑就业与市场需求，同时又与国家职业资格证书考试相衔接，制定了编辑出版这套文秘专业系列规划教材的指导思想、总体原则、编写体例、编写格式及具体要求。

我们编辑出版的这套文秘专业系列规划教材的培养目标是：适应社会主义现代化建设和经济发展与构建和谐社会的需要，具有较高的现代秘书素质与能力和国际视野，又具备管理、经济、法律、商务和外语等多方面的知识，德、智、体、美全面发展，以信息技术为沟通的主要手段，掌握文秘基本理论与文秘业务操作，拥有较强的书面和口头表达能力的复合型、应用型文秘人才。

这套系列规划教材教学的基本要求是：使学生系统地掌握文秘岗位必需和

够用的基本理论，包括秘书学、应用文写作、办公室管理、档案管理、会务组织、公共关系、人力资源管理、企业管理、法律和外语等基础知识；系统地掌握和具备文秘岗位所需的专业技能，主要包括文书写作与处理、办公室事务管理、档案的收集及管理、会议组织和服务、商务沟通与谈判等技能；同时，根据社会各界对秘书人才的需求变化及就业的岗位（群）特点，拓宽培养方向，改革课程设置，从单纯的行政文秘向复合型的商务文秘、涉外文秘、信息技术管理文秘转化。本着“宽口径，厚基础”的原则，改革和创新文秘人才培养模式。

全套教材暂设置18本：《秘书学》《文书与档案管理》《新编应用写作》《综合秘书实务》《速录》《管理学原理》《人力资源管理与企业文化》《公共关系学》《市场营销》《电子商务》《消费心理学》《商务谈判》《广告策划》《会展策划与预算》《法律与法规》《大学语文》《大学英语》《计算机应用基础》。我们编辑出版的这套教材是开放的，不是封闭的，要随着教学实践的需要和课程改革的变化而变化，以适应和满足当前及今后教学的需要。今后，我们还将陆续编辑出版文秘专业新的主干课程的教材。本套教材是大学生走向社会，实现零距离上岗不可多得的教科书，同时也适合作为社会力量办学机构与人才培训机构的培训用书，还可供社会各界从事文秘专业工作的人员参考阅读。

与以往传统教材相比，本套教材具有鲜明的特色：

首先，充分反映了当代文秘专业理论研究与实践应用的最新成果，融汇了国家最新颁布的相关政策和法律法规。突出体现应用性理论教育和实践技能教育相结合的特色，构建“文厚、技湛、商慧”型人才培养新模式，从而使教材体系有效地反映了知识、能力、素质相结合。整个教材体系结构严谨，层次分明，具有鲜明的时代性、创新性和前瞻性。

其次，在内容和体系上切合高等院校文秘专业的教学实际，符合培养目标与秘书工作岗位的要求，系列完整，布局合理。本套教材采用了富有弹性的模块式内容结构，设置了“基础理论”、“模拟实训”、“习题解答”三大模块。每个模块既是教材的有机组成部分，本身又是相对完整而又开放的单位。对知识与能力进行有目的的综合、融合和整合，便于组织教学，既具有综合性又具有针对性。

最后，目标是为了培养既有大学程度的文化基础和专业理论知识，又有较强实践能力的应用型、复合型人才。本套教材同时兼顾理论知识和实践知识，既选编“必需、够用”的理论内容，又融入足够的实训内容。突出重点和难点，精选基础、核心的内容，把培养学生动手能力、实践能力和可持续发展能力放在突出地位，促进学生技能的提高，增强了应用性和实践性。

在编写过程中，编者借鉴和吸收了国内外专家学者的最新科研成果，同时也参阅了大量相关书籍和资料，在此谨向原作者表示深深的谢意！

由于编者水平有限，加之时间仓促，疏漏之处在所难免，恳请专家、同行和广大读者批评指正，以便再版时修订完善。

唐 静

2009 年 10 月

前　言

“法律与法规”是高等院校文秘专业的公共必修课，课程讲授基本的法学理论知识，使学生初步理解和掌握马克思主义法学的基本原理，充分认识法律对于现代社会和公民个人的重要作用，了解“依法治国，建设社会主义法治国家”的重要性与迫切性。因此，该门课程具有很强的理论性、实践性和应用性。

作为一名职业秘书，掌握一些必要的法律知识是从业的基础。为了达到教育部倡导的“双证书”标准，各院校在秘书专业教学中都加入了秘书职业资格考试科目中“法律与法规”的考核内容。但学生毕业后有可能从事商务、政务、法务等专业秘书工作，只掌握秘书职业资格考试中“法律与法规”所要求的六个部门法是远远不够的，而且目前要完成职业资格考试所要达到的教学标准，仅有考试指定的辅导教材可供使用，并且教材内容只是些法律基本规定的罗列，必要的理论和背景知识展开不足，学生和教师用起来都不太方便。为了适应秘书专业学生未来从业和考取职业资格证书的双重需要，我们编写了这本教材，希望通过学习学生们能够掌握秘书职业岗位工作能够用到的法律基础知识并具备上岗后根据实际工作需要继续学习和应用法律的能力。

在本书编写大纲拟定过程中，我们走访了各专业领域的秘书岗位，并征询了专业人员的意见和建议，增加了法学基础、民法、刑法、行政法等基础知识以及企业法与诉讼法的内容，完全能够满足学生学习和教师教学的需要。本书编写人员来自高等院校法律课教学第一线的骨干教师，本着必需、实用的宗旨，在编写过程中注意通俗地表述、严谨地论证以及合理的结构。

在体例编排上，每章以“本章提要、本章学习目标、案例导入” 开篇，正文结束后，又设置了“案例分析、本章小结、复习思考题”。同时，根据各章实际情况，加入了小贴士、案例题和实训题等，目的是锻炼学生思考问题的能力，拓宽学生的知识面，强化师生、学生之间的互动交流。培养学生正确的学习态度和学习方法，活跃其思维，发掘其潜能。总体来看，本教材试图在体例上打破常规，注重实际操作的教学和练习，为全面提高学生分析问题、解决问题的能力做了积极的探索和努力。

本书是“新编公共行政与公共管理学系列教材·文秘专业”教材之一，既可作为高等院校工商管理、市场营销、物流管理、旅游管理、公共管理、文秘等专业的本科教材，也可作为高职高专、成人教育、自学考试、中级职称考试等教材，可以满足多方面教学的需要。

本书由邱旸（辽宁经济管理干部学院）、董悦（辽宁省交通高等专科学校）担任主编。李青（沈阳师范大学）、杨春晖（辽宁现代服务职业技术学院）、邵丽颖（辽宁经济管理干部学院）、张倜（辽宁大学）、冯卓荃（辽宁经济管理干部学院）担任副主编。

具体编写分工是：李青（第一、六章），张倜（第二、七章），董悦（第三、四、五章），邱旸（第八、九章），冯卓荃（第十章），杨春晖（第十一章），邵丽颖（第十二章）。全书由邱旸统稿，并拟定了本书的编写大纲，完成了出版立项的一系列材料。李青、杨春晖、张倜协助主编在计算机统稿编排中做了大量工作。

本书是集体智慧的结晶，是大家共同的劳动成果。在此谨对上述全体人员及其付出的辛苦努力表示衷心的感谢！

在本书的编写过程中，我们拜读了国内外许多专家、学者的著作，并借鉴了其中部分内容，在此谨向他（她）们表示深深的感谢和敬意！受时间和水平所限，书中难免会有错误和纰漏，敬请专家和读者不吝指正，以便再版时进一步修改和完善。

编　者

2011 年 8 月

目　录

第一章 法学基础理论

本章提要

本章讲述法学基础理论，重点讲解法的概念、法的渊源与效力、法律关系、法律责任与法律制裁等内容，为以后学习各章具体的法律法规奠定了基础。

本章学习目标

- 熟悉法的渊源、法的分类、法的效力以及法律关系的产生、变更和消灭；
- 掌握法和法律的含义；
- 熟悉法律关系的概念、特征和种类；
- 掌握法律责任与法律制裁；
- 掌握法的本质与特征；
- 掌握法律关系的构成要素；
- 掌握法的职能和作用。

案例导入

法盲的代价[①]

近年来，农村中盗窃、破坏电力设施、窃电等违法犯罪活动，屡有发生，不仅给国家和集体经济造成重大损失，还严重影响农业生产和电网安全。笔者通过

① 资料来源：http://www.chinarein.com，有改动。

案例分析和社会调查,发现一些不法分子之所以铤而走险,以身试法,与其不学法、不懂法有很大关系。

某村农民蒋某,此人平时好吃懒做,想致富,怕吃苦。他眼见当前市场上铜铝物资价格昂贵,有利可图,于是把目标"瞄"上了偷剪电线,作为"生财"之道。蒋某伙同他人几次作案,屡屡得手,尝到甜头之后,愈发胆大妄为。他们利用夜幕作掩护,先后盗窃几个村组正在运行的农用低压电线达8公里,严重影响农民生产、生活用电。案发后,经过公安机关严密侦查,很快将其抓获归案。在审讯中,当法官问他们盗窃农用电力线是违法犯罪行为知道不知道时,他们一个个回答说:"不知道,只晓得偷割电线能买好价钱"。

真是无知法盲,令人可悲可叹。受依法惩处时,才如梦初醒,悔之晚矣!

第一节　法的概念

一、法和法律的词义

在汉语中,"法"字的中文古体是"灋"。究竟成字于何时,尚难确考。但西周金文已有"灋"字,其广泛使用则在春秋战国之交。

而法的含义据我国历史上最早的一部字典,即东汉许慎所编撰的《说文解字》的释义:"灋,刑也。平之如水,从水;廌所以触不直者去之,从去。"由此可见,这一解释表明:第一,在古代,法和刑是通用的。第二,"平之如水,从水"意味着法不仅有"公平的"象征意义,而且有"裁判的"功能性意义,把罪者置于水上,随流漂去,有驱逐的意思。第三,灋字右偏旁,从廌去,表示正直之意。廌(音 zhi 志)又名"解廌",亦称"獬豸",是一种形态似牛的独角神兽,生性悍直,能区分是非邪恶。审判时被廌触者即被认为败诉或有罪,所以"去之,从去",有神明裁判的意思。

小贴士

獬豸——中国传统法律文化的象征①

獬豸,也称廌或解豸,是古代传说中的神兽,它头生一角,追随在中国首任

① 资料来源:中国网 http://www.china.com.cn/law/txt/2007-12/19/content_9402160.htm,有改动。

“大法官”皋陶左右，能辨明善恶忠奸、是非曲直，遇到不平，则用角抵之。正因如此，獬豸与法结下了不解之缘。古体的“法”写作“灋”，所以从水，取法平如水之意，而“廌”，则为獬豸，遇到不直之人，则“去”之。獬豸作为法律象征的地位就这样被认定下来。

在古代文献中，“法”除与“刑”通用外，也往往与“律”通用。所谓律，《说文解字》释之为“均布”。清朝乾隆年间一位举人段玉裁所撰《说文解字注》中写道：“律者，所以范天下之不一而归于一，故曰均布也。”这就是说：“律”字含有提供模式，纠偏止邪，使之均平齐一、统一之意。“律”原是音节调和之义，引申为规则、有序。改法为律，主要强调人人都应当遵守之，即具有普遍性。“均布”，即颁布具有普遍性的规范昭之于百姓。总之，将“法”与“法律”合并使用，“刑”、“法”、“律”三者相通，“法”、“律”的主要内容是“刑”，刑罚成为“法”、“律”最基本的存在方式和最主要的功能。同时，法通过治乱、惩罚犯罪来体现公平、正直、普遍、统一等含义，这是中国历史上法含义的显著特点。

我国历史上最早解释词义的书《尔雅·释诂》篇记载：“法，常也；律，常也。”后来的《唐律疏议·名例篇》亦有“律之与法，文虽有殊，其义一也”的记载。正因如此，我国古代把法叫做刑，如禹刑、汤刑、吕刑。我国较早把“法”与“律”连用的是春秋战国时的管仲，管仲在其《管子·七臣七主篇》中指出：“法律政令者，吏民规矩绳墨也。”到秦汉时，已有人将“法”与“律”两字合为“法律”一词。如西汉晁错称：“今法律贱商人，商人已富贵矣；尊农失，农夫已贫贱矣。”由此可见，早在秦汉时，“法”与“律”二字已经同义。到了春秋战国时期出现刑书、刑鼎、竹刑。魏相李悝，集各国刑典，编《法经》六篇，改刑为法，称为《六法》。后来李悝的学生商鞅相秦，进行变法，改“法”为“律”，称为《六律》，萧何继之作《九章律》。从此以后，我国历代封建王朝，除宋称“刑统”、元称“典章”外，“律”成为各朝刑典之正宗，如秦律、汉律、隋律、唐律、明律、清律等。直到19世纪末20世纪初，西方文化广泛传入，“法律”一词才被广泛使用。

在现代汉语中，“法律”一词通常有广义和狭义两种用法。广义的法律，即整体或抽象意义上的法律，是指国家制定、认可，并以国家强制力保障实施的行为规范的总称。就我国现行的立法体制而论，它包括作为根本法的宪法，全国人民代表大会及其常务委员会制定的法律，国务院制定的行政法规以及国务院各部委、中国人民银行、审计署和具有行政管理职能的直属机构制定的部门规章，省、自治区、直辖市的人民代表大会及其常务委员会以及较大的市（即指省、自治区人民政府所在地的市、经济特区所在地的市和经国务院批准的较大的市）

的人民代表大会及其常务委员会制定的地方性法规，以及省、自治区、直辖市和较大的市的人民政府制定的地方性规章，民族自治地方的人民代表大会制定的自治条例和单行条例等。狭义的法律，即特定或具体意义上的法律，专指全国人民代表大会及其常务委员会制定的法律。它包括全国人民代表大会制定的《宪法》、《刑法》、《刑事诉讼法》、《民法通则》、《婚姻法》、《澳门特别行政区基本法》等基本法律，以及全国人民代表大会常务委员会制定的《治安管理处罚条例》、《商标法》、《文物保护法》、《环境保护法》、《食品卫生法》等基本法律以外的其他法律。在人们日常生活中所使用的"法律"一词，多数是从广义上来说的，如"法律面前，人人平等"；"有法可依，有法必依，执法必严，违法必究"；"依法治国，建设社会主义法治国家"等。当讲到全国人民代表大会常务委员会有权撤销同宪法、法律和行政法规相抵触的地方性法规时，这里的"法律"是在狭义上使用的。为了避免上述广、狭两义的混同，在我国法学辞书中或一些法学著述中，把广义的"法律"称之为"法"，而将狭义的"法律"仍称为"法律"。

必须指出，在汉语中，"法律"一词是专门的法学术语，但"法"和"律"二字却有多种含义和用法。除作为法学用语外，还可以作为非法学用语。例如，法可以用作方法、家法、党法；律也可以用作规律、纪律等。

二、法的本质与特征

1. 法的本质

从历史上看，非马克思主义思想家、法学家对法的本质的认识，就方法论而言，大体上可以分为两类：一类是把法直接或间接地归结为某种精神力量，把法看成是"神的意志"、"上帝的意志"、"民族精神"和"人的理性"等等；另一类是把法视为单纯的规则体系，从概念到概念地去认识法的本质，把法看成是"主权者的命令"、"纯粹的规范"等等。

最具代表性的学说，主要有以下几种：

（1）神意说。认为法即神意。古代社会的"君权神授"理论所包含的法的观念几乎都主张法自神出，法是神（上帝、先知）为人类规定的行为标准。神意说的代表人物是13世纪意大利神学家、经院哲学家托马斯·阿奎那。

（2）理性说。认为法是理性。"法就是最高的理性，并且它固植于支配应该做的行为和禁止不应该做的行为的自然之中。当这种最高的理性，在人类理智中稳固地确定和充分地发展了的时候，就是法。"①代表人物是马尔库斯·图

① 转引自王卫国：《过错责任原则：第三次勃兴》，中国法制出版社2000年版，第47页。

利乌斯·西塞罗(公元前106—公元前43年)是古罗马最有才华的政治家之一,他不仅当过执政官、元老院元老、总督,积极从事政治活动,而且也是当时最伟大的演说家、哲学家和散文家。他在修辞学、法律、哲学、政治学和文学诸方面都有极大的成就。他的政治思想对罗马法乃至后来西方的政治法律都有很大的影响。另一代表人物是古罗马五大法学家之一的盖尤斯,更明确地说:在所有的人中确立的、并得到全人类平等遵守的自然理性,就是万国适用的法(万民法,jusgentium)。

(3) 主权命令说。认为法是国家的命令,主权者的命令。代表人物是托马斯·霍布斯(1588—1697年),英国政治学家、哲学家。英国理性主义传统的奠基人,是近代第一个在自然法基础上系统发展了国家契约学说的资产阶级启蒙思想家。

(4) 意志说。法国思想家让·卢梭指出:法律是人民自己意志的记录。人民服从法律就是服从自己的意志。德国哲学家黑格尔认为:法是自由意志的体现,从人的意志、理性、人性的角度规定法、理解法。

(5) 自由说。德国哲学家康德认为:法就是那些使任何人的有意识的行为,按照普遍的自由法则,确实能与别人有意识的行为相协调的全部条件的综合。德国哲学家黑格尔指出:任何定在,只要是自由意志的定在,就是法;法就是作为理念的自由。

(6) 事物性质说。法国伟大的启蒙思想家、法学家孟德斯鸠认为:从最广泛的意义来说,法是由事物的性质产生出来的必然关系。"事物的性质"就是法的精神。

(7) 民族精神说。德国历史法学派创立人卡尔·冯·萨维尼指出:法是民族精神、民族特性和民族共同意识的体现。法随着民族的成长而成长,随着民族的加强而加强,最后随着民族个性的消亡而消亡。

(8) 利益说。德国法学家鲁道夫·冯·耶林认为:法是以强制作为保障的社会目的的体系,而法的目的就是社会利益,社会利益是法的创造者,是法的唯一根源,所有的法都是为了社会利益的目的而产生。

(9) 社会控制说。美国法学家罗斯科·庞德认为:法是社会控制的工具。罗斯科·庞德(1870—1964年)是美国社会法学的创始人和最主要的代表人物。

非马克思主义思想家、法学家对法的本质问题进行过认真地思考,提出了各种各样的关于法的本质学说,有时对法律现象作了比较客观的说明,在某些方面的认识也有一定的科学性,但他们受阶级和历史的局限,分不清法的现象和本质,不可能就法的本质这一根本问题,作出科学的回答。

马克思主义创始人在对法律现象进行研究的过程中,始终把探讨法的本质作为基本出发点。他们以唯物史观为基础,把法律现象放到整个社会大系统中加以考察,科学地确定了法在社会大系统中的地位,深入分析法与社会经济条件的相互关系,揭示法与统治阶级意志之间的内在联系,强调法是法律化了或被奉为法律的统治阶级意志,把法律现象推向现实的和历史的法律世界,研究法的制定和法的适用的现实过程,探讨法律的文明进程,揭示法的历史运动的基本法则,从而为马克思主义法学理论奠定了坚实的基础,实现了法学领域中的伟大革命。

马克思和恩格斯的一系列论述从三个方面揭示了法的本质:

第一,法是统治阶级意志的表现。也就是说,法属于社会意识形态的范畴,是社会上层建筑现象,是一种制度化的意识形态。所谓意志,是指人们的一种愿望和要求,一种有目的的意识,属于社会生活中的主观范围。法不是"个人意志"的反映,也不是"社会所有成员意志"的反映,而是政治上经济上占统治地位并掌握国家权力的那个阶级,即统治阶级意志的反映。统治阶级意志体现为法,是通过一定的个人或机关实现的。但这并不是说法是某个人或机关意志的体现。在阶级社会中,个人或机关总是一定阶级的代表。个人或机关必须反映和体现他们所代表的那个阶级的意志和利益,否则,他们就会被本阶级所抛弃。

第二,法是"被奉为法律"的统治阶级意志。就是说,并非一切统治阶级的意志都是法,只有那些"被奉为法律"的,即体现在由国家制定或认可的、人人必须遵守的、有国家强制力保障的"法律"中的统治阶级意志才是法。所以,这里所说的"被奉为法律",既说明了法的外部特征,也说明了法的阶级本质。

第三,统治阶级意志的内容是由统治阶级的物质生活条件决定的。也就是说法具有物质根源和物质制约性。马克思主义哲学认为:存在决定意识,物质是第一性的,意识是第二性的。法所反映的统治阶级意志,而不是单纯某个人或机关的意志。法所反映的统治阶级意志既不是统治阶级头脑中所固有的,也不是天上掉下来的,而只能是产生于统治阶级生存的物质生活条件。所以法的阶级意志性归根到底是决定于法的物质制约性。

统治阶级的物质生活条件有着宽泛的内容,一般来说,主要指地理环境、人口状况、生产方式等等。地理环境、人口状况对阶级意志当然有一定的影响,但是有决定意义的还是生产方式。生产方式包括生产力和生产关系。生产力和生产关系都制约着、影响着统治阶级意志,然而被生产力水平制约的生产关系对统治阶级意志却具有决定意义和直接作用。马克思曾深刻指出:"只有毫无历史知识的人才不知道:君主们在任何时候都不得不服从经济条件,并且从来不能向经济条件发号施令。无论是政治的立法或市民的立法,都只是表明和记载经济关系的要求而已。"①

2. 法的特征

法的特征是法的本质的外化,是法区别于其他事物和现象的征象和标志所在。法的基本特征,主要体现在以下四个方面:

(1) 法律规范是一种特殊的社会规范。

人们的行为规则,在法学上被称为规范。它通常分为两大类,即社会规范和技术规范。社会规范是调整人与人之间社会关系的行为规则,包括法律规范、道德规范、宗教规范、社会团体规范等等。技术规范是调整人与自然之间的关系,规定人们如何使用自然力、劳动工具和劳动对象的行为规则,也就是人们通常所说的技术标准、操作规程。技术规范有时也调整人与人之间的关系,法律规范中有时也有不少技术规范的内容,这时的技术规范可以称为法律技术规范。

法律是社会规范当中的一种,作为一种特殊的社会规范,具有规范性、概括性和可预测性等特点。规范性是指它规定人们在一定情况下可以做什么或不应做什么,也就是为人们的行为规定了模式、标准和方向。概括性是说,它的对象是抽象的、一般的,而且在同样的条件下,它是可以反复使用的。可预测性是指人们有可能预见到国家对自己和他人的行为会抱什么态度,会产生怎样的法律后果。既然法律规范规定了人们可以做什么、应该做什么、禁止做什么,从而就成为评价人们行为合法不合法的标准。法律规范是指引人们行为并预测未来行为及其后果的尺度,也是警戒和制裁违法犯罪行为的根据。

(2) 法律规范是国家制定或认可的。

表现统治阶级意志的法律规范是由国家制定或者认可的。制定或者认可是国家创制法律规范的两种基本形式。所谓"制定",是指原来没有这种行为规则,统治阶级为了保护自身的利益,由国家机关在它职权范围内,按照一定的法律程序创制含有不同效力的规范性的法律文件。不同性质和不同形式的国家,创制法律的国家机关和方式是不同的。所谓"认可"是指原来的这种行为规则(如习惯、道德规范、政治规范)就存在于社会之中,并且实际上已经在起作用,国家对其加以承认并且赋予法律效力。可见,无论是制定法律规范还是认可法律规范,都与国家权力有着不可分割的联系,实际就是国家权力的运用。

---

① 马克思:《哲学的贫困》,载《马克思恩格斯选集》第1卷,人民出版社1995年版,第136—195页。

(3) 法律规范规定了权利和义务。

法律规范是通过规定人们在一定社会关系当中的权利和义务来确认、保护和发展对统治阶级有利的社会关系和社会秩序。之所以如此,是因为:第一,法律的要素以法律规范为主,而法律规范中的行为模式是以授权、禁止和命令的形式规定了权利和义务;法律规范中的法律后果则是对权利义务的再分配。第二,法律对人们行为的调整主要是通过权利和义务的设定和运行来实现的,因而法律的内容主要表现为权利和义务。第三,权利和义务是主体法律地位的体现,不管法律是怎样的法律,不管这种法律以权利为本位还是以义务为本位,权利和义务总是被立法者所充分重视,也受社会各成员关注。法律上的权利和义务规定具有确定性和可预测性的特点,它明确地告诉人们该怎样行为,不该怎样行为以及必须怎样行为;人们根据法律来预先估计自己与他人之间该怎样行为,并预见到行为的后果以及法律的态度。

法律上的权利,是指法律赋予人们的某种权利能力。法律上的义务,是指法律上规定人们必须履行的某种责任。法律上的权利和义务是由一定的经济关系决定的。由于人们在经济关系中所处的地位不同,因而人们的权利和义务也不一样。

(4) 法律规范是由国家强制力保证实施的,具有普遍约束力。

社会规范都是通过一定的力量来保证实施的,但方式是不同的。法律作为一种特殊的社会规范,它是由国家权力的力量,即由国家强制力保证实施的,而且这种强制力具有普遍性。国家强制力是指国家的军队、警察、法庭、监狱等有组织的国家暴力。尽管许多社会规范也有强制力,但是其他社会规范的强制力不具有国家性。国家强制力是法律与其他社会规范的重要区别,比如道德规范就不具有国家强制的性能。由于法律是国家创制并以国家强制力保证法律在整个国家范围内实施,因而使法律具有统一性、普遍性和权威性。不同性质国家的法律规范,其强制力的性质和程度也不同。剥削阶级国家的法律规范主要靠国家的强制力保证实施,社会主义国家的法律规范是靠人们的自觉遵守和国家强制相结合来保证实施。

根据上述马克思主义法学关于法的概念、法的本质和法的基本特征的论述,我们认为法的定义可作如下表述:法是由国家制定或认可并由国家强制力保证实施的,反映统治阶级意志的规范体系,这个意志的内容是由统治阶级的物质生活条件决定的,它通过规定人们在相互关系中的权利和义务,确认、保护和发展对统治阶级有利的社会关系和社会秩序,是阶级统治和社会管理的工具。

三、法的职能和作用

（一）法的职能和作用的含义

法的职能又称法的功能、机能。法的作用是指法对社会生活的影响，法在社会生活中扮演的"角色"。两者都是法的本质在运作中的表现。不过"职能"强调活动本身，而"作用"强调活动的效用、效应，是职能的外部表现。法对社会生活的作用是通过其职能来实现的，职能是体现作用的活动或活动方向，所以职能和作用是密切联系、相互促进的。二者是事物本质的外化和外在表现，作用和职能往往被人们通用。

（二）法的职能和作用的分类

对于法的职能和作用可以从两个角度来看，一是从法本身来看，法具有规范职能和作用，也叫专门法律职能和作用；二是从法律调整的目的、法对社会生活影响的后果来看，法具有社会职能和作用。

法的这两种职能和作用是相辅相成但并不是并列的，它们之间具有手段和目的的关系。规范职能和作用是手段，社会职能和作用是目的。可以说，法通过调整人们行为这种规范作用（作为手段）来实现维护经济基础和发展生产力的社会作用（作为目的）。

1. 法的规范职能和作用

法作为一种特殊的行为规范，理所当然具有规范人们行为的职能和作用。这种规范人们行为的职能和作用经常表现为，对人们行为的评价、指引、预测，对合法行为的保护、奖励，对违法行为的谴责、警戒、预防、制裁等等。而且法作为一种思想、意志、原则的体现，对人们的思想、品德也有影响作用。同时，法所调整、规范的行为，都是一定社会关系中的行为，实际上就是确认、保护和发展一定的社会关系。所以法的规范职能和作用，或是法律专门职能和作用，又可以划分为：确认、发展一定社会关系的职能和作用，即法的调整职能和作用；法保护已调整好的社会关系和保护已建立的法律秩序的职能和作用，即法的保护职能和作用。

2. 法的社会职能和作用

法作为一种社会关系的调整器，具有广泛的社会职能和作用，这种职能和作用是通过法对政治、经济、文化各个领域的关系的调整来实现的。它又可以分为两个方面：一方面是实现阶级统治的职能和作用，另一方面是执行社会一般公共事务的社会公共职能和作用。

3. 正确认识法的职能和作用

在认识法的职能和作用时，必须注意“两点论”：对法的作用既不能夸大，也不能忽视；既认识到法不是无用的，又要认识到法不是万能的；既要反对“法律无用论”，又要防止“法律万能论”。

四、法产生和发展的一般规律

马克思主义法学认为，法不是从来就有的，也不是永远存在的。法是阶级社会和从有阶级社会过渡到无阶级社会产生和存在的特殊社会现象，是阶级矛盾不可调和的产物。法的产生和发展经历了相当长的、渐进的、复杂的历史过程。

不同国家的法产生和发展过程虽然各有自己的特点，但大都具有一些内在的共同规律性，主要表现在：从个别调整发展为规范性调整，从自发调整发展为自觉调整，从一般规范性调整发展为法律调整，从习惯法调整发展为成文法调整，从法、道德、宗教规范混为一体发展为各个相对独立的不同的社会规范。

第一，伴随生产力发展进程渐变的规律。法的起源的根本原因是社会生产力的发展。法律起源不是突变似的，它的起源经历了从量变到质变的过程。从氏族规范发展到法律的漫长的量变过程是由生产力发展的水平决定的。生产工具的改进提高了劳动生产率，并使产品有了剩余，这为产品交换和剥削他人劳动提供了可能。社会分工的发展使经常性的交换成为可能和必要，也促使私有制的出现。其中使用奴隶进行生产成为增加私有财产的重要手段。社会分工的发展也促使婚姻形态发生变化，出现了以父权为基础的个体家庭，并构成与氏族组织对抗的力量。交换的发展促使氏族成员到处杂居，逐渐使氏族结构解体，为国家的出现提供了必要前提。这都取决于生产力发展的水平，是生产力的发展促使氏族组织演变为国家，氏族规范演变为法律。

第二，与国家同步产生的规律。法与国家是基于同一原因、同一条件、同一发展趋势而产生发展的。随着阶级结构的变化，阶级矛盾的不可调和与对抗，促使氏族管理机关中产生了暴力机构，社会公共权力的管辖范围逐渐由血缘关系变为按照地域划分，同时，统治者们在氏族规范的基础上渗入了阶级性的内容，开始按照财产的多少确认不同等级的人享有不同的权利。新习惯法不再是以氏族组织名义而是以国家名义出现在社会上的。

第三，与宗教、道德从融合到分化的规律。原始社会氏族规范的一大特点是它与宗教、道德、习俗、禁忌等社会规范混为一体。在某种意义上说，法律是与道德、宗教相分化之后的社会规范。法律是自觉制定并自觉调整的，法律的自觉调整不同于氏族规范（宗教、道德）的自发调整。

第四，法律的产生经历了由习惯法再到成文法的漫长过程。最初作为行为的习惯，表现为只对个别、具体的人和事进行调整，在个别调整基础上形成了人们共同的典型的行为规则或习惯。它规定一些具有典型性的行为模式，调整一些同类行为和同类社会关系。随着国家的不断成熟和发展，开始由国家机关来认可一些行为习惯，从而使原始社会的一般规范——习惯逐渐转变为习惯法。这种习惯法和习惯相比已经有了质的变化，习惯法是由国家认可，并由国家强制力保证实施的。随着社会的不断进步，对习惯的认可又发展为国家的广泛立法，出现了成文法。它是由立法者能动地、预见性地、系统地制定出来的法律。如公元前 18 世纪两河流域的《汉穆拉比法典》、公元前 2 世纪的古印度《摩奴法典》等等，就都是成文法。成文法的优点还在于比习惯法具有更大的自觉性和能动性。

法的产生不仅经历了一个漫长的过程，而且法的发展也经历了一个相当长的历史过程。人类社会先后存在四种历史类型的法。从奴隶制法发展到封建制法，继而又发展到资本主义法和社会主义法，这是法发展的一般规律。而这一规律，又是由社会基本矛盾运动规律所决定的。马克思在《〈政治经济学批判〉序言》中深刻阐述了社会基本矛盾运动规律："社会的物质生产力发展到一定阶段，便同它们一直在其中运动的现存生产关系或财产关系（这只是生产关系的法律用语）发生矛盾。于是这些关系便由生产力的发展形式变成生产力的桎梏，那时社会革命的时代就到来了。随着经济基础的变更，全部庞大的上层建筑也或慢或快地发生变革。"① 社会基本矛盾运动规律是法发展变化的根本原因。

法的历史类型的更替，也就是法的发展变化，虽然有规律可循，但它不是自发的或自然而然就可以实现的，而是要通过人们的意识和社会革命才能实现。还应指出的是，法的历史发展并不都是通过法的历史类型变更的形式表现出来的。当生产力与生产关系、经济基础与上层建筑之间的矛盾还没有发展到非用社会革命的方式解决不可的程度，法的变更则属于同一历史类型内部的变更，它不伴随着社会经济形态的变更，而属于某一社会形态内部使生产关系适应生产力、上层建筑适应经济基础的部分调整。同一历史类型的法这种内部的变更和发展，并没有改变该历史类型的法的阶级本质。

---

① 《马克思恩格斯选集》第 2 卷，人民出版社 1995 年版，第 32—33 页。

第二节 法的渊源与效力

一、法的渊源

1. 法的渊源的含义

法的渊源通常指法的源泉、来源、源头。中西方法学著述对法的渊源的解说多种多样，但有一点是共同的，就是认为法的渊源主要指法的效力来源，亦即根据法的效力来源不同对法所作的基本分类。在中国，法的渊源专指法的各种表现形式，即由不同国家机关制定或认可的，具有不同法律效力和法律地位的各种类别的规范性法律文件的总称。

2. 对法的渊源的通常认识和理解

（1）历史渊源：即引起特定法律制度、法律原则、法律规范产生的历史事件和行为。

（2）本质渊源：即法律现象产生、存在、发展的根本原因。

（3）思想理论渊源：即对一国法律制度、法律规范起指导作用的理论原则和思想体系。

（4）效力渊源：即法律规范的效力根源、强制性效力的来源或根据。

（5）文件渊源：即法律出自于何种法律文件。

（6）形式渊源：即被承认具有法的效力和法律强制力或法律的权威性的法的形式。

3. 法的正式渊源与非正式渊源

法的渊源理论通常把法的渊源分为正式意义上的和非正式意义上的两种。法的正式渊源与非正式渊源是根据是否表现于国家制定的法律文件中的明确条文形式而进行的分类。

法的正式渊源是指那些可以从体现于国家制定的规范性法律文件中的明确条文形式中得到的渊源。主要指以规范性法律文件形式表现出来的成文法，如立法机关或立法主体制定的宪法、法律、法规、规章和条约等。

法的非正式渊源则指那些具有法律意义的准则和观念，这些准则和观念尚未在正式法律中得到权威性的明文体现。主要指具有法的意义的观念和其他有关准则，如正义和公平等观念，政策、道德和习惯等准则，还有权威性法学著作等。

法的渊源是发展的，不同时代和国情之下法的渊源多有不同。就是说，不同历史时期、不同国家，不可能有种类完全一样的法的渊源。一国有多少种法的渊源，有什么样的法的渊源体系，主要由该国的具体国情所决定。

4．法的形式与内容

法的形式是指法的内容的表现形式。法的渊源在中国也称为法的形式，用以指称法的具体的外部表现形态。任何法都有一定的表现形态，例如以成文法形式表现或以判例法形式表现，以法律形式表现或以行政法规形式表现。立法者或执政者的重要职责之一，便在于使所制定或认可的法，获得适当的、科学的形式。执法、司法和守法者要明了不同的法的形式或渊源与自己和自己经办的各方面事项的关系。

法的内容，一方面指法的阶级本质，另一方面指法所调整的社会关系，即法规定了什么内容。

法的形式与法的内容的关系呈现出两种情况：一方面，作为表现法的形式渊源和法的效力渊源的法的形式，与法的内容在一般情况下是统一的，内容决定形式。不同本质的法往往有不同形式，如封建制法的本质决定封建制法中存在皇帝的敕令、诏书这种形式。法所调整的社会关系的内容也决定法的形式，如无论资本主义国家还是社会主义国家，都存在需要以宪法、法律和法规来调整的社会关系，因而都有相应的法的形式。另一方面，在有的情况下法的内容与形式的关系又是复杂的。一是同一种法的形式往往也可以为不同阶级本质的法所采用，如宪法、法律、行政法规这些法的形式，既为资本主义法所采用，也为社会主义法所采用。二是具有相同阶级本质和调整内容的法，往往有不同的表现形式，即使在同一国家的同一历史时期内，由于创制法的国家机关的复杂性和法所调整的社会关系、所担负的任务的复杂性，也必然造成法的渊源的复杂性、多变性。前者如，同是西方国家的宪法，在美国、法国采用成文宪法形式，在英国采用不成文宪法形式。后者如，在中国，1982 年宪法之前有一种称为法令的法的渊源，它由全国人大常委会制定。但由于形势发展的需要，1982 年宪法规定全国人大常委会同全国人大共同行使国家立法权，全国人大常委会所制定的也是法律，这样，现行中国法的渊源中就不存在法令。这类情况是由不同国家或同一国家的不同历史时期的国情造成的。

5．法的渊源的意义

首先，法的渊源是区分法与其他社会规范的一个重要标志。不是所有的社会规范都是法，只有那些由一定国家机关通过一定程序制定或认可，成为法的一种渊源的社会规范才是法。要把某种意志上升为法这种特殊的社会规范，必须使这种意志采取法的表现形式。一般来说，只有成为法的渊源的社会规范，才能成为司法机关办案的依据。

其次，法的渊源所以有不同的类别，是因为它们由不同的国家机关产生或认可。立法者不能制定或认可不属于自己权限范围的法的渊源。研究法的渊源问题有助于解决什么样的国家机关有权产生什么形式的法的问题。

最后，不同的法的渊源可以表现不同的法的效力等级，研究法的渊源有助于采取适当法的形式表现不同的法的效力等级，有助于明确哪些法的效力高些，什么样的法具有最高效力。

二、法的分类

从不同的角度，按照不同的标准，可以对法进行不同的分类。这里所讲的法的分类，是根据法的某些外部特征从不同的标准、角度出发，将法划分为不同的类别。这是法理学中常用的基本分类。

（一）法的一般分类

法的一般分类是世界各国都基本适用的一种法的分类，主要有以下几种分类：

1. 国内法与国际法

这是按照法的创制与适用主体的不同所做的分类。国内法是由特定国家创制并适用于该国主权管辖范围内的法。国内法的主体一般为公民、社会组织和国家机关。国家只能在特定的法律关系中成为主体。国际法是指在国际交往中由不同的主权国家通过协议制定或确认的，适用于国家之间的法，国际法的主体一般是国家在一定条件下或范围内，类似国家的政治实体以及由一定国家参加组成的国际组织，也可以成为国际法的主体。

2. 根本法和普通法

这是按照法的效力、内容和制定程序不同所做的分类。根本法即宪法，它规定了国家的根本的政治制度和社会制度、公民的基本权利和义务、国家机关的设置、职权等内容，在一个国家中占据最高法律地位，具有最高法律效力的法，它是其他法律制定的根据。普通法即宪法以外的其他法，它规定国家的某项制度或调整某一方面的社会关系。在制定和修改程序上，根本法比普通法更为严格。

3. 一般法与特别法

这是按照法的效力范围的不同所做的分类。一般法是指在一国范围内，对一般的人和事有效的法。特别法是指在一国的特定地区、特定期间或对特定事件、特定公民有效的法。一般情况下，在同一领域，法律适用遵循特别法优于一般法的原则。

4. 实体法与程序法

这是按照法规定的具体内容的不同所做的分类,实体法是规定主要权利和义务的法。程序法是指为保障权利和义务的实现而规定的程序的法。实体法与程序法的关系是内容与形式的关系。

5. 成文法与不成文法

这是按照法的创制和表达形式的不同所做的分类。成文法是指由特定国家机关制定和公布,以文字形式表现的法,故又称制定法。不成文法是指由国家认可的不具有文字表现形式的法,主要是习惯法。

(二) 法的特殊分类

有些法的分类仅在部分地区适用因而称为法的特殊分类。这包括以下几种:

1. 公法与私法

这是按照法的调整对象和调整主体范围的不同所做的分类。公法和私法的划分在民法法系国家被普遍采用。公法是保护国家利益,调整国家与公民之间、国家机关之间的法律。私法是保护个人利益,调整公民之间关系的法律。

2. 普通法和衡平法

普通法与衡平法是普通法系国家主要的法的分类。普通法是专指诺曼人征服英国后由法官通过判决形式逐步形成的适用于全英格兰的一种法律。衡平法是英国在14世纪开始作为对普通法的修正和补充而出现的一种法律。普通法和衡平法均为判例法。

3. 联邦法和州法

这是联邦制国家对法所进行的独有分类。

三、法的效力

(一) 法的效力的层次和范围

1. 法的效力的概念

法的效力,即法律的约束力,指人们应当按照法律规定的那样约束自己的行为。通常,法的效力分为规范性法律文件的效力和非规范性法律文件的效力。规范性法律文件的效力,也叫狭义的法的效力,即指法律的生效范围或适用范围,即法律对什么人、什么事、在什么地方和什么时间有约束力。非规范性法律文件的效力,指判决书、裁定书、逮捕证、许可证、合同等的法律效力。这些文件在经过法定程序之后也具有约束力,任何人不得违反。但是,非规范性法律文件是适用法律的结果而不是法律本身,因此不具有普遍约束力。

2. 法的效力层次

法的效力层次是指规范性法律文件之间的效力等级关系。根据我国《立法法》的有关规定,我国法的效力层次可以概括为:

(1) 上位法的效力高于下位法,即规范性法律文件的效力层次决定于其制定主体的法律地位,行政法规的效力高于地方性法规。

(2) 在同一位阶的法律之间,特别法优于一般法,即同一事项,两种法律都有规定的,特别法比一般法优先,优先适用特别法。

(3) 新法优于旧法。

3. 法的效力的根据

(1) 法的效力来自于法律。法律有国家强制力,法律规定了具体的否定性后果,任何明显的违法行为都要受到国家相应的制裁——罚款、监禁甚至处死;法律保障社会成员的利益满足,因此具有效力。

(2) 法的效力来自于社会道德基础之上,法律体现公平、正义,因而人们服从政府、遵守法律。

(3) 法的效力来自于社会。民众从小就养成了模仿他人所为的习惯,包括按照别人的行为守法的习惯。法律维护社会秩序,社会要求人们的行为符合法律。

4. 法律效力的种类

法律效力可以分为四种,即对人的效力、对事的效力、空间效力、时间效力。

(二) 法律对人的效力

法律对人的效力,是指法律对谁有效力,适用于哪些人。在世界各国的法律实践中先后采用过四种对人的效力的原则,即属人主义原则;属地主义原则;保护主义原则和以属地主义为主,与属人主义、保护主义相结合的原则。根据我国法律,对人的效力包括对中国公民的效力和对外国人、无国籍人的效力两个方面。

(1) 属人主义原则,即法律只适用于本国公民,不论其身在国内还是国外,非本国公民即使身在该国领域内也不适用。

(2) 属地主义原则,法律适用于该国管辖地区内的所有人,不论是否是本国公民,都受法律约束和法律保护,本国公民不在本国,则不受本国法律的约束和保护。

(3) 保护主义原则,即以维护本国利益作为是否适用本国法律的依据,任何侵害了本国利益的人,不论其国籍和所在地域,都要受该国法律的追究。

(4) 以属地主义为主,与属人主义、保护主义相结合的原则。即既要维护本国利益,坚持本国主权,又要尊重他国主权,照顾法律适用中的实际可能性。

我国采用的是第四种原则。根据我国法律,对人的效力包括两个方面:

一是对中国公民的效力。中国公民在中国领域内一律适用中国法律。在中国境外的中国公民,也应遵守中国法律并受中国法律保护。但是,这里存在着适用中国法律与适用所在国法律的关系问题。对此,应当根据法律区分情况,分别对待。

二是对外国人和无国籍人的效力。外国人和无国籍人在中国领域内,除法律另有规定者外,适用中国法律,这是国家主权原则的必然要求。

(三) 法律对事的效力

法律对事的效力,指法律对什么样的行为有效力,适用于哪些事项。这种效力范围的意义在于:第一,告诉人们什么行为应当做、什么行为不应当做、什么行为可以做。第二,指明法律对什么事项有效,确定不同法律之间调整范围的界限。

(四) 法律的空间效力

法律的空间效力,指法律在哪些地域有效力,适用于哪些地区,一般来说,一国法律适用于该国主权范围所及的全部领域,包括领土、领水及其底土和领空,以及作为领土延伸的本国驻外使馆、在外船舶及飞机。

(五) 法律的时间效力

法律的时间效力,指法律何时生效、何时终止效力以及法律对其生效以前的事件和行为有无溯及力。

1. 法律的生效时间

法律的生效时间主要有三种:(1) 自法律公布之日起生效;(2) 由该法律规定具体生效时间;(3) 规定法律公布后符合一定条件时生效。

2. 法律终止生效的时间

法律终止生效,即法律被废止,指法律效力的消灭。它一般分为明示的废止和默示的废止两类。

3. 法的溯及力

法的溯及力,也称法律溯及既往的效力,是指法律对其生效以前的事件和行为是否适用。如果适用,就具有溯及力;如果不适用,就没有溯及力。法律是否具有溯及力,不同法律规范之间的情况是不同的。关于法律的溯及力问题,一般通行两个原则:首先"法律不溯及既往"原则,即国家不能用现在制定的法律指导人们过去的行为,更不能由于人们过去从事某种当时是合法而现在看来是违法的行为。而依照现在的法律处罚他们。其次,作为法律不溯及既往“原则的补充”,法律规范的效力可以有条件地适用于既往的行为。从我国目前有关法律溯及既往的原则的规定,一般采用“不溯及既往”的原则。具体表现在,就有关侵权、违约的法律和刑事法律而言,一般适用法律不溯及既往的原则,而在某些有关民事权利的法律中,法律有溯及力。

第三节 法律关系

一、法律关系的概念、特征和种类

1. 法律关系的概念

法律关系是法律规范在调整社会关系的过程中所形成的人们之间的权利和义务关系。它是基于法律规范而形成的特殊的社会关系。

2. 法律关系的特征

法律关系是特殊的社会关系,其特征主要有:

(1) 法律关系是根据法律规范建立的一种社会关系,具有合法性。第一,法律规范是法律关系产生的前提。第二,法律关系不同于法律规范调整或保护的社会关系本身。第三,法律关系是法律规范的实现形式,是法律规范的内容(行为模式及其后果)在现实社会生活中得到具体地贯彻。

(2) 法律关系是以法定权利和义务为内容的社会关系。

(3) 法律关系是由国家强制力保障的社会关系。

3. 法律关系的种类

(1) 调整性法律关系和保护性法律关系。

调整性法律关系是基于人们的合法行为而产生的、执行法的调整职能的法律关系,它所实现的是法律规范(规则)的行为规则(指示)的内容。调整性法律关系不需要适用法律制裁,法律主体之间即能够依法行使权利、履行义务。保护性法律关系是由违法行为而产生的,旨在恢复被破坏的权利和秩序的法律关系,它执行着法的保护职能,所实现的是法律规范(规则)的保护规则(否定性法律后果)的内容,是法实现的非正常形式。

(2) 纵向(隶属)的法律关系和横向(平权)的法律关系。

纵向(隶属)的法律关系是指在不平等的法律主体之间所建立的权力服从关系(旧法学称“特别权力关系”)。其特点是:第一,法律主体处于不平等的地位。第二,法律主体之间的权利与义务具有强制性,既不能随意转让,也不能任意放弃。横向法律关系是指平权法律主体之间的权利义务关系。其特点在于,法律主体的地位是平等的,权利和义务的内容具有一定程度的任意性。

(3) 单向(单务)法律关系、双向(双边)法律关系和多向(多边)法律关系。

所谓单向(单务)法律关系,是指权利人仅享有权利,义务人仅履行义务,两者之间不存在相反的联系。单向法律关系是法律关系体系中最基本的构成要素。双向(双边)法律关系,是指在特定的双方法律主体之间,存在着两个密不可分的单向权利义务关系,其中一方主体的权利对应另一方的义务,反之亦然。所谓多向(多边)法律关系,又称"复合法律关系"或"复杂的法律关系",是三个或三个以上相关法律关系,也包括双向法律关系。

(4) 第一性法律关系(主法律关系)和第二性法律关系(从法律关系)。

第一性法律关系(主法律关系),是人们之间依法建立的不依赖其他法律关系而独立存在的或在多向法律关系中居于支配地位的法律关系,由此而产生的,居于从属地位的法律关系,就是第二性法律关系或从法律关系。

二、法律关系的构成要素

任何一个具体的法律关系都是由法律关系的主体、客体和内容这三个要素构成,缺少其中任何一个要素,就构不成法律关系。

(一) 法律关系的主体

1. 法律关系主体的概念和种类

法律关系主体是法律关系的参加者,即在法律关系中一定权利的享有者和一定义务的承担者。在中国,根据各种法律的规定,能够参与法律关系的主体包括以下几类:

(1) 公民(自然人)。这里的公民既指中国公民,也指居住在中国境内或在境内活动的外国公民和无国籍人。

(2) 机构和组织(法人)。这主要包括三类:一是各种国家机关(立法机关、行政机关和司法机关等);二是各种企事业组织和在中国领域内设立的中外合资经营企业、中外合作经营企业和外资企业;三是各政党和社会团体。这些机构和组织主体,在法学上可以笼统称之为"法人"。

(3) 国家。在特殊情况下,国家可以作为一个整体成为法律关系主体。

2. 法律关系主体构成的资格:权利能力和行为能力

(1) 权利能力。

权利能力,又称权利义务能力,是指能够参与一定的法律关系,依法享有一定权利和承担一定义务的法律资格。它是法律关系主体实际取得权利、承担义务的前提条件。在这里,值得一提的是,权利能力有公民的权利能力和法人的权利能力之分,二者有很大区别。首先,公民的权利能力始于出生,终于死亡,而法人的权利能力始于依法成立,终止于法人消灭。其次,公民的权利能力具有平等性,而法人的权利能力因其成立的宗旨和业务范围的不同而各有所别。再次,公民的权利能力和行为能力具有不一致性,而法人的权利能力和行为能力则具有一致性。

公民的权利能力可以从不同角度进行分类。首先,根据享有权利能力的主体范围不同,可以分为一般权利能力和特殊的权利能力。其次,按照法律部门的不同可以分为民事权利能力、政治权利能力、行政权利能力、劳动权利能力、诉讼权利能力等。

(2) 行为能力。

行为能力是指法律关系主体能够通过自己的行为实际取得权利和履行义务的能力。公民的行为能力问题,是由法律予以规定的。一般而言,公民的行为能力划分为三类:① 完全行为能力人。这是指达到一定法定年龄、智力健全、能够对自己的行为负完全责任的自然人。② 限制行为能力人。这是指行为能力受到一定限制,只有部分行为能力的公民。③ 无行为能力人。这是指完全不能以自己的行为行使权利、履行义务的公民。

(二) 法律关系的客体

1. 法律关系客体的概念

法律关系客体是指法律关系主体之间权利和义务所指向的对象,它是构成法律关系的要素之一。

2. 法律关系客体的种类

(1) 物。

法律意义上的物是指法律关系主体支配的、在生产上和生活上所需要的客观实体。物要成为法律关系客体,须具备以下条件:第一,应得到法律之认可。第二,应为人类所认识和控制。第三,能够给人们带来某种物质利益,具有经济价值。第四,须具有独立性。至于哪些物可以成为法律关系客体,应由法律予以规定,但这样几种物不得进入国内商品流通领域,成为私人法律关系的客体:① 人类公共物或国家专有之物。② 文物或贵金属。③ 军事设施、武器。④ 危害人类之物。

(2) 人身。

人身是由各个生理器官组成的生理整体(有机体)。但须注意的是:第一,活人的(整个)身体,不得视为法律上之"物",不能作物权、债权和继承权的客体。第二,权利人对自己的人身不得进行违法或有伤风化的活动,不得滥用人身,或自践人身和人格。第三,对人身行使权利时必须依法进行,不得超出法律授权的界限,严禁对他人人身非法强行行使权利。

(3) 精神产品。

精神产品是人通过某种物体或大脑记载下来并加以流传的思维成果。精神产品属于非物质财富。我国法学界常称为"智力成果"或"无体财产"。

(4) 行为结果。

在很多法律关系中,其主体的权利和义务所指向的对象的是行为结果。分为两种:一种是物化结果;另一种是非物化结果。

(三) 法律关系的内容

1. 法律关系主体的法律权利和法律义务

法律关系的内容就是法律关系主体之间的法律权利和法律义务,它是法律规则的内容(行为模式、法律权利与法律义务的一般规定)在实际的社会生活中的具体落实,是法律规则在社会关系中实现的一种状态。因此,法律关系主体的权利是特定的、实有的、个别化的。

2. 法律关系主体的权利和义务的实现

法律权利和法律义务的实现是一个复杂的问题,从大的方面讲,它取决于一个国家的物质生活条件的状况以及科学文化条件和道德人文环境的改善等。从主观方面讲,权利和义务能否实现还要看法律关系主体之间各种关系的发展,法律关系主体的行为能力的状况,以及是否有法律认识上的错误和不以人的意志为转移的事件的发生,等等。权利和义务的实现最重要的是通过国家来保障。国家除了要不断创造和改善物质条件、政治条件和文化条件以外,还必须建立和健全法制,国家通过法律的保障具体表现在:(1) 通过明确规定行使权利的步骤和程序,使权利具有可操作性;(2) 通过限制国家机关(尤其是行政机关)的权力,建立"依法行政"、"依法执法"的制度来保障权利;(3) 通过及时制裁侵权行为,督促义务人积极履行义务从而使权利得以实现。

3. 权利与义务的相互关系

权利和义务作为构成法律关系的内容要素,是紧密联系、不可分割的。在法律关系中,权利和义务是互相依存的。(1) 权利不能离开义务而存在。(2) 义务也不能离开权利而存在。(3) 权利和义务在一定条件下具有同一性。(4) 权利与义务关系的表现形式。法律关系主体的权利和义务,在不同的法律关系中,往往会有不同的表现形式。

三、法律关系的产生、变更和消灭

1. 法律关系产生、变更和消灭的含义

法律关系的产生，是指在法律关系主体之间新形成某种法律上的权利和义务的关系。

法律关系的变更，是指法律关系的主体、客体或内容发生部分变化。

法律关系的消灭，是指法律关系主体之间的权利和义务的终止。

2. 法律关系产生、变更和消灭的条件

法律关系产生、变更和消灭须具备一定的条件，其中最主要的条件有二：一是法律规范；二是法律事实。法律规范是法律关系形成、变更和消灭的法律依据，没有一定法律规范就不会有相应的法律关系。但法律规范的规定只是主体权利和义务关系的一般模式，还不是现实的法律关系本身。法律关系的形成、变更和消灭还必须具备直接的前提条件，这就是法律事实。它是法律规范与法律关系联系的中介。所谓法律事实，就是法律规范所规定的、能够引起法律关系产生、变更和消灭的客观情况或现象。

3. 法律事实的种类

(1) 法律事件。

法律事件是法律规范规定的、不以当事人的意志为转移而引起法律关系形成、变更或消灭的客观事实。法律事件又分成社会事件和自然事件两种，无论哪一种事件，对于特定法律关系主体而言，都是不可避免的，是不以其意志为转移的，但由于这些事件的出现，法律关系主体之间的权利和义务关系就有可能发生、变更和消灭。

(2) 法律行为。

法律行为可以作为法律事实而存在，法律行为是指以权利主体的意志为转移，能够引起法律关系形成、变更和消灭的法律事实。行为有多种分类，其中，最常用的分类是合法行为与违法行为。合法行为是与法律规范要求相一致的行为，即法律行为。违法行为是与法律规范的要求不一致的行为，无论哪种类别的行为，都能够引起法律关系产生、变更和消灭。

4. 事实构成

在法学上，人们常常把两个或两个以上的法律事实所构成的一个有关整体，并引起同一法律关系产生、变更和消灭的客观现象称为事实构成。

第四节 法律责任与法律制裁

一、法律责任

(一) 法律责任的概念

法律责任是指由于违法行为或者不属于违法的某些法律事实的出现而使责任主体应对国家、社会或者他人承担的法律上的责任。

(二) 法律责任的特征

法律责任具有法定性、国家强制性、专门性、程序性四个特征。

法律责任与道义责任或其他社会责任相比,具有两个显著特点:一是承担法律责任的最终依据是法律。二是法律责任具有国家强制性。如果没有国家强制力,使人承担法律责任就成为一句空话。

(三) 法律责任与权力、权利与义务的关系

1. 法律责任与权力的联系

法律责任与法律权力有着密切的联系。一方面,责任的认定、归结与实现都离不开国家司法、执法机关的权力(职权)。另一方面,责任规定了行使权力的界限以及越权的后果。

2. 法律责任与权利义务的联系

首先,法律责任规范着法律关系主体行使权利的界限,以否定的法律后果防止权利行使不当或滥用权利;其次,在权利受到妨害,以及违反法定义务时,法律责任又成为救济权利,强制履行义务或追加新义务的依据;再次,法律责任通过否定的法律后果成为对权利、义务得以顺利实现的保证。总之,法律责任是国家强制责任人做出一定行为或不做出一定行为,救济受到侵害或损害的合法利益和法定权利的手段,是保障权利与义务实现的手段。

(四) 法律责任的种类

1. 刑事责任

刑事责任是指行为人因其犯罪行为所必须承受的,由司法机关代表国家所确定的否定性法律后果。刑事责任的特点是:(1) 产生刑事责任的原因在于行为人行为的严重社会危害性。(2) 与作为刑事责任前提的行为的严重社会危害性相适应,刑事责任是犯罪人向国家所负一种法律责任。(3) 刑事法律是追究刑事责任的唯一法律依据,罪行法定。(4) 刑事责任是一种惩罚性责任,因而是所有法律责任中最严厉的一种。(5) 刑事责任基本上是一种个人责任。

2. 民事责任

民事责任是指由于违反民事法律、违约或者由于民法规定所应承担的一种法律责任。民事责任的特点是:(1) 民事责任主要是一种救济责任。(2) 民事责任主要是一种财产责任。(3) 民事责任主要是一方当事人对另一方的责任,在法律允许的条件下,多数民事责任可以由当事人协商解决。

3. 行政责任

行政责任是指因违反行政法或因行政法规定而应承担的法律责任。行政责任的特点是:(1) 承担行政责任的主体是行政主体和行政相对人。(2) 产生行政责任的原因是行为人的行政违法行为和法律规定的特定情况。(3) 过错不是行政责任的构成要素。(4) 行政责任的承担方式多样化。

4. 违宪责任

违宪责任是指由于有关国家机关制定的某种法律和法规、规章,或者有关国家机关、社会组织或公民从事的与宪法规定相抵触的活动而产生的法律责任。

(五) 归责与免责

法律责任的认定和归结简称"归责",它是指对违法行为所引起的法律责任进行判断、确认、归结、缓减以及免除的活动。

1. 归责的含义

归责,也叫法律责任的归结,是指由特定国家机关或国家授权的机关依法对行为人的法律责任进行判断和确认。

2. 归责的基本原则

(1) 责任法定原则。

责任法定原则,是指法律责任作为一种否定的法律后果应当由法律规范预先规定,包括在法律规范的逻辑结构之中,当出现了违法行为或法定事由的时候,按照事先规定的责任性质、责任范围、责任方式追究行为人的责任。要贯彻责任法定原则,首先,要由特定的国家机关或国家授权的机构归责。第二,要反对责任擅断。第三,要反对有害追溯。第四,责任法定一般允许人民法院运用判例和司法解释等方法,行使自由裁量权,准确认定和归结行为人的法律责任。

(2) 公正原则。

公正包括分配的公正与矫正的公正,实质公正和形式公正。在追究法律责任方面,第一,对任何违法、违约的行为都应依法追究相应的责任。第二,责任与违法或损害相均衡。即要求法律责任的性质、种类、轻重要与违法行为、违约行为以及对他人的损害相适应。第三,公正要求综合考虑使行为人承担责任的多种因素,做到合理地区别对待。第四,公正要求在追究法律责任时依据法律程序追究法律责任,非依法律程序,不得追究法律责任。第五,坚持公民在法律面前一律平等,对任何公民的违法犯罪行为,都必须同样地追究法律责任,不允许有不受法律约束或凌驾于法律之上的特殊公民,任何超出法律之外的差别对待都是不公正的。

(3) 效益原则。

效益原则,是指在追究行为人的法律责任时,应当进行成本收益分析,讲求法律责任的效益。这是实现惩罚违法,挽回损失,威慑预防违法的功能所必需的。

(4) 合理性原则。

合理性原则,是指在设定及归结法律责任时考虑人的心智与情感因素,以期真正发挥法律责任的功能。值得一提的是,通过追究法律责任来实现法律责任的教育和预防功能也是合理性原则的内在要求。

上述四项归责的基本原则可以概括为合法、公正、有效、合理八个字。而合法、公正、有效、合理地归结法律责任,是正确、充分地发挥法律责任的功能,实现法的价值的必要条件,进而也是建设社会主义法治国家的重要保证。

3. 免责

免责,也称法律责任的免除,是指法律责任由于法定条件被部分或全部地免除。主要存在时效免责、不诉及协议免责、自首、立功免责和因履行不能而免责四种形式。

二、法律制裁

1. 法律制裁的概念

法律制裁是被动承担法律责任,是指由特定国家机关对违法者依其法律责任而实施的强制性惩罚措施。法律制裁与法律责任有着紧密的联系。一方面,法律制裁是承担法律责任的一个重要方式。法律责任是前提,法律制裁是结果或体现。另一方面,法律制裁与法律责任又有明显的区别。法律责任不等于法律制裁,有法律责任不等于一定有法律制裁。

2. 法律制裁的种类

(1) 刑事制裁:是司法机关对于犯罪者根据其刑事责任所确定并实施的强制性惩罚措施。

(2) 民事制裁:是由人民法院所确定并实施的,对民事责任主体给予的强制性惩罚措施。

(3) 行政制裁:是指国家行政机关对行政违法者依其行政责任所实施的强制性惩罚措施。

(4) 违宪制裁:是根据宪法的特殊规定对违宪行为所实施的一种强制措施。

3. 法律责任和法律制裁的关系

法律责任与法律制裁有着紧密的联系。一方面,法律制裁是承担法律责任的一个重要方式。法律责任是前提,法律制裁是结果或体现,法律制裁的目的是强制责任主体承担否定的法律后果,惩罚违法者,恢复被侵害的权利和法律秩序。另一方面,法律制裁又与法律责任有明显的区别。法律责任不等于法律制裁,有法律责任不等于一定有法律制裁,而且在追究违法者的法律责任时,可视其违法情节、危害程度、主观方面等具体情况,依法减免或从重、加重制裁,这表明,即便是有法律制裁的情况下,法律责任的承担方式也是有轻有重。

案例分析 >>>

结婚只"拜堂"不"登记",行吗?①

张女士经人介绍与林先生谈起了恋爱,半年后就举行了传统的结婚仪式,但没有办理结婚登记。张女士说,她们村里的姑娘都这样,结婚无非就是拜堂成亲,没有人提过结婚登记的事。

刚结婚那几年,虽然务农的日子很辛苦,但两人的感情还好。后来,为了多挣些钱,林先生到海口一建筑工地打工。刚开始时会往家里寄钱,也时常回家看张女士和孩子,后来就完全收不到钱,人也见不到了。有一天,张女士听村里人说,林先生和一内地女子有染,两人在海口一学校门前摆摊卖小吃。

张女士将信将疑地跑到海口,找到那所学校门口,没想到林先生真的在那里摆小吃摊,身边还站着一个抱小孩的年轻女子。林先生摊牌说,他已经另组家庭,请张女士自便。

张女士去请求法律援助,律师对她说,他们之间是同居关系,不受法律保护。在律师的再三讲解下,张女士悔恨地说,若早知道如此,当初就应该去办理结婚登记,这样自己就不会陷入如此尴尬的境地。

请问:

1. 结婚不办理结婚登记手续,受法律保护吗?

① 资料来源:http://www.sass.org.cn,有改动。

本章小结

本章讲述法的概念、法的渊源与效力、法律关系、法律责任与法律制裁等基础理论和基本知识。应重点掌握的知识点如下：

1. 法和法律的含义
2. 法的本质与特征
3. 法的职能和作用
4. 法的分类
5. 法的效力
6. 法律关系的构成要素
7. 法律关系的产生、变更和消灭
8. 法律责任
9. 法律制裁

复习思考题

1. 问答题

(1) 简要回答法的本质?

(2) 简要回答法的特征?

(3) 法的职能和作用是什么?

(4) 如何理解法的渊源?

(5) 简要回答权利能力和行为能力?

2. 案例题

河南一位农村妇女在为期十年的山林承包合同到期前夕，不顾林业管理机关多次要其办理采伐许可证的提示，擅自砍伐了三百棵树木。事后，这名妇女说，这些树是在她的承包地里，是她与她的家人花费十年心血劳动的结果。当地林业管理机关对这名妇女判处了有期徒刑三年、罚金两千元的刑事处罚。

请问此案处理的正确与否？说明理由。

3. 实训题

有四名同学对“规范性法律文件和非规范性法律文件”含义的表述，发生了争论。甲同学说：规范性法律文件具有普遍约束力，而非规范性法律文件不具有普遍约束力。乙同学说：规范性法律文件是适用法律的结果，任何人不得违反。丙同学说:非规范性法律文件必须经过立法程序,才对人们具有约束力。丁同学说:由于非规范性法律文件不具有普遍约束力,因此它属于对特定人有效的特别法。

请问他们谁说的是正确的?说明理由。

第二章　民法基础知识

本章提要

本章主要介绍了民法的概念和主要内容，重点阐述了民事主体、民事权利、民事法律行为及其特征，对民事代理及民事法律责任进行了相应的讲解。

本章学习目标

- 了解自然人、法人的概念；
- 掌握民事法律行为的形式及民事法律行为有效的条件；
- 掌握代理的相关知识；
- 掌握民事诉讼时效的相关知识；
- 重点掌握民事权利的相关知识；
- 重点掌握民事责任的相关知识。

案例导入

《兰亭序》之争[①]

赵某为文物收藏家，严某为一附庸风雅之富商。赵某谎称已得晋朝大书法家王羲之《兰亭序》正本，严某欲据为己有，便与赵某达成买卖王羲之《兰亭序》正本的协议。协议规定，该《兰亭序》正本以100万元成交，在交付并经专家鉴

① 资料来源：www.51zuoti.com。

定之前,严某预付20万元,余下80万元待经专家鉴定之后补付。严某如约预付20万元,赵某向严某交付《兰亭序》正本,后经专家鉴定,该《兰亭序》正本为明朝某一无名氏之伪作。为此,双方发生纠纷。

问题:

1. 赵某和严某订立的合同效力如何?为什么?
2. 严某能否请求赵某赔偿损失?为什么?

第一节　民法概述

一、民法的概念

民法是调整平等民事主体的自然人、法人及其他非法人组织之间人身关系和财产关系的法律规范的总称。

我国民法是调整平等主体的自然人、法人和其他组织之间的财产关系和人身关系的法律规范的总和。

民法既包括形式上的民法(即民法典),也包括单行的民事法律和其他法律、法规中的民事法律规范。

二、民法基本原则

民法基本原则贯穿于整个民事立法,确定了民事立法的基本价值取向,是制定具体民法规范,设计具体民法制度的基础。

1. 平等原则

我国《民法通则》第三条明确规定:当事人在民事活动中的地位平等。平等原则集中反映了民事法律关系的本质特征。

2. 意思自治原则

意思自治原则,是指法律确认民事主体得自由的基于其意志进行民事活动的基本准则。意思自治原则的核心是确认并保障民事主体的自由。

3. 公平原则

公平原则是进步和正义的道德观在法律上的体现,指民事主体在从事民事活动时应本着公平的观念正确行使权利和履行义务,在民事活动中兼顾他人及社会的利益。

4. 诚实信用原则

民法上的诚实信用原则是最低限度的道德要求在法律上的体现，要求民事主体在从事民事活动时应该诚实、守信，不得隐瞒事实或欺诈，不得损害他人合法权利。

5. 公序良俗原则

公序良俗，即公共秩序和善良风俗。公序良俗原则是现代民法的一项重要的法律原则，是指一切民事活动都应当遵守公共秩序和善良风俗。

第二节　民事主体

民事法律关系主体是指民事法律关系中享受权利，承担义务的当事人和参与者，包括自然人、法人和其他组织。

一、自然人

自然人包括公民、外国人和无国籍人。作为民事主体的一种，能否通过自己的行为取得民事权利、承担民事义务，取决于其是否具有民事行为能力。所谓民事行为能力，是指民事主体通过自己的行为取得民事权利、承担民事义务的资格。民事行为能力分为完全民事行为能力、限制民事行为能力和无民事行为能力三种。

《民法通则》规定："18 周岁以上的公民是成年人，具有完全民事行为能力，可以独立进行民事活动，是完全民事行为能力人。16 周岁以上不满 18 周岁的公民，以自己的劳动收入为主要生活来源的，视为完全民事行为能力人。"

"10 周岁以上的未成年人是限制民事行为能力人，可以进行与他的年龄、智力相适应的民事活动；其他民事活动由他的法定代理人代理，或者征得他的法定代理人的同意。""不能完全辨认自己行为的精神病人是限制民事行为能力人，可以进行与他的精神健康状况相适应的民事活动；其他民事活动由他的法定代理人代理，或者征得他的法定代理人的同意。"

"不满 10 周岁的未成年人是无民事行为能力人，由他的法定代理人代理民事活动。""不能辨认自己行为的精神病人是无民事行为能力人，由他的法定代理人代理民事活动。"

二、法人

法人是具有民事权利能力和民事行为能力，依法独立享有民事权利和承担民事义务的组织。法人应当具备四个条件:第一,依法成立;第二,有必要的财产和经费;第三,有自己的名称、组织机构和场所;第四,能够独立承担民事责任。

第三节　民事法律行为

一、民事法律行为的概念和特征

民事法律行为,是指民事主体为了设立、变更或者终止民事法律关系而实施的行为。

民事法律行为具有如下三项特征:

(1) 民事法律行为以行为人的意思表述为要素;

(2) 民事法律行为必须是一种合法的行为,其内容和形式均须符合法律规定;

(3) 民事法律行为是以发生一定法律后果为目的的民事行为。

二、民事法律行为的形式

民事法律行为的形式就是行为人实施民事法律行为的意思表示形式,它包括两种形式:一类是明示形式,一类是默示形式。

1. 明示形式

行为人以明确的表示表达了自己的意志和愿望,称为明示形式,它包含下面几种:

(1) 口头形式。其优点是这种形式简便明了,缺点是发生争议时往往不易证明。对于价额不大和即时清结的法律行为,以及在紧急情况下实施的民事法律行为,可以采用口头形式。但法律规定不能采用口头形式的,如果使用了,其行为就无效。

(2) 书面形式。书面形式一般经过签名盖章才具有法律效力,法律规定必须采用书面形式,不得用口头形式。

(3) 公证形式。通过公证机关公证使行为人的意思得到最有力的证明。

(4) 登记形式。经主管机关核准登记的形式确认行为人的意思。

2. 默示形式

默示形式是指不依赖语言或文字等明示形式,而通过某种事实即可推知行为人的意思表示而成立的民事法律行为形式。行为人虽然并没有作出明示的意思表示,但根据法律的规定,可以认定行为人的某种客观事实状态就是表达同意进行民事活动的意思。法律对民事法律行为的默示形式是有严格限定的。只有在法律明确规定的情况下才能认定行为人以默示的形式表示其意思。

三、民事法律行为有效的条件

1. 民事法律行为的实质有效条件

(1) 行为人具有相应的民事行为能力;

(2) 意思表示真实;

(3) 不违反法律或者社会公共利益。

2. 民事法律行为的形式有效条件

民事法律行为可以采用书面形式、口头形式或者其他形式。法律规定用特定形式的,应当依照法律规定。

第四节　民事代理

一、民事代理的概念和特征

1. 民事代理的概念

代理是指代理人在代理的权限内,以被代理人的名义并为被代理人的利益,独立地直接与第三人实施民事法律行为,而其后果由被代理人承担的一种法律制度。

2. 民事代理行为的法律特征

(1) 代理人须在被代理人授权的范围内进行民事活动。

(2) 代理人须以被代理人的名义进行民事活动。

(3) 代理实施的行为是法律行为,事实行为不能代理。

(4) 代理行为的法律后果由被代理人接受或承担。

凡依法律规定,或依法律行为的性质、或当事人的约定,必须由本人亲自进行的行为,不得代理。

二、代理权的产生与终止

代理权是指代理人基于被代理人的意思表示或法律的直接规定或有关机关的指定,能够以被代理人的名义为意思表示或受领意思表示,其法律效果直接归于被代理人的资格。我国民法将代理分为委托代理、法定代理和指定代理。代理权因法律的直接规定、有关机关或单位的指定和本人的委托而产生。代理权的终止,又称为代理权的消灭,指代理人与被代理人之间的代理关系消失。

1. 代理权的产生

(1) 委托代理。这是基于被代理人的委托而产生的代理。

(2) 法定代理。这是基于法律的直接规定而产生的代理,通常适用于被代理人是无行为能力人、限制行为能力人的情形。

(3) 指定代理。这是根据人民法院或有关单位的指定行为而产生的代理,通常发生在法定代理关系存在争议的情形。

2. 代理权终止的共同原因

(1) 代理人死亡或者丧失民事行为能力;

(2) 被代理人死亡。但是,如果代理人不知道被代理人死亡而继续进行代理行为的,其行为的后果由被代理人的继承人承受。

3. 委托代理权终止的特定原因

(1) 代理事务完成,代理已无存在的必要。

(2) 授权行为附有终止期限的,期限届满,代理权终止。

(3) 代理权撤回。代理权撤回是本人直接终止代理权的意思表示。

(4) 代理人辞去代理。辞去代理是代理人放弃代理权的意思表示。

4. 法定代理或指定代理权终止的特别原因

(1) 指定代理的人民法院或其他有关单位取消指定;

(2) 被代理人取得或恢复民事行为能力;

(3) 其他引起被代理人和代理人之间的监护关系消灭的原因。

法定代理权都是以监护人身份的存在为前提的,监护关系消灭,法定代理权必然随之终止。

三、代理权的行使

1. 代理权行使的规则

(1) 代理人行使代理权应当符合代理人的职责要求。

(2) 代理人应当亲自完成代理事务,不得擅自转委托。

(3) 代理人应当在代理权限范围内行使代理权,不得进行无权代理。

(4) 代理人行使代理权应当维护被代理人的利益。

2. 滥用代理权的行为

滥用代理权,是指代理人行使代理权违背代理的宗旨而实施损害被代理人的利益的行为。

滥用代理权的构成:(1) 代理人拥有代理权;(2) 代理人实施了代理行为;(3) 代理人损害了被代理人的利益。

滥用代理权的行为具体包括:

(1) 双方代理。双方代理指代理人既代理本人又代理第三人为同一民事法律行为的代理。

(2) 自己代理。这是指代理本人与自己订立合同,也称"自己契约"。

(3) 利己代理。这是代理人利用地位之便,实施利于自己却不利于被代理人的代理。

四、无权代理

1. 无权代理的概念及构成要件

无权代理,指的是没有代理权的人以他人的名义为民事行为的现象。有广义和狭义之分。广义的包括表见代理和表见代理以外的无权代理。狭义的仅指表见代理以外的无权代理。

构成无权代理,需要以下构成要件:

(1) 行为人既没有法定的或意定的代理权,也没有令人相信其有代理权的事实或理由;

(2) 行为人以本人的名义与第三人为民事行为;

(3) 第三人须为善意;

(4) 行为人与第三人所为的行为不是违法行为;

(5) 行为人与第三人具有相应的民事行为能力。

2. 无权代理的效力

(1) 无权代理的生效。

无权代理的生效是指通过被代理人的追认,可使无权代理行为中欠缺的代理权得以补足,转化为有权代理,发生法律效力。这就是我们通常所说的在无权代理中被代理人享有的追认权。

(2) 无权代理的无效。

无权代理的无效是指被代理人对无权代理行为不作追认,从而使无权代理行为不产生法律效力,无权代理行为自始无效。与被代理人享有追认权相对应的是善意第三人享有撤回权。

第五节 民事权利

一、物权

物权一词最早起源于罗马法。物权是指民事主体依法享有的直接支配特定物并对抗第三人的财产权利,包括所有权、用益物权和担保物权。

物权有如下特征:

(1) 物权是对世权。即物权人以外的其他人都负有不得侵犯物权人权利和不得干涉物权人行使权利的义务。

(2) 物权是支配权。即物权人可以依自己的意志就标的物直接行使权利,无须他人的意思或义务人行为的介入。

(3) 物权具有排他性。即同一物上不能有内容相同、互不相容的两个物权。

(4) 物权是以物为客体的权利。

二、债权

1. 债权的概念

根据《民法通则》第84条规定:"债是按照合同的约定或者依照法律的规定,在当事人之间产生的特定的权利和义务关系。享有权利的人是债权人,负有义务的是债务人。债权人有要求债务人按照合同约定或者依照法律的规定履行义务。"

2. 债权的特征

(1) 债权为财产上的请求权。

(2) 债权为相对权,相对性体现在只能向特定的债务人主张权利,而不得向债务人以外的第三人主张权利。

(3) 债权具有相容性和平等性。债权的相容性和平等性是指在同一标的物上可以成立内容相同的数个债权,并且其相互间是平等的,在效力上不存在排他性和优先性。

(4) 债权为有期限权利,不得设定无期限债权。

三、人身权

1. 人身权的概念

人身权,是人格权和身份权的合称,又称人身非财产权,是指民事主体依法享有的，与其自身不可分离亦不可转让的没有直接财产内容的法定民事权利。人身权是民事主体享有的最基本的民事权利，自然人可能因为某种法定原因丧失某种财产权利或者政治权利，但不可能丧失基本的人身权利。人身权包括人格权和身份权两大类，其中人格权包括生命权、身体权、健康权、姓名权、名称权、名誉权、肖像权。身份权包括亲权、配偶权、亲属权、荣誉权。

2. 人身权的特征

（1）非财产性。即人身权以民事主体的人格利益和特定的身份为客体，而人格利益和身份本身并不具有直接的财产内容，它所体现的是人们的道德情感、社会评价等。

（2）不可转让性。即人身权与民事主体不可分离决定了人身权的不可转让性。

（3）不可放弃性。即个人作为存在于社会的个体，个人利益必然隐含和体现了社会利益，对人身权的放弃就是对社会利益的侵犯，故人身权具有不可放弃性。

（4）法定性。即人身权的取得基于法律的直接规定。

（5）绝对性和支配性。即人身权是权利主体支配人格利益或者身份的对抗其他一切人的民事权利。

四、知识产权

知识产权，概括的说是指公民、法人或者其他组织对其在科学技术和文学艺术等领域内，主要基于脑力劳动创造完成的智力成果所依法享有的专有权利。

广义概念上的知识产权包括下列客体的权利：文学艺术和科学作品，表演艺术家的表演以及唱片和广播节目，人类一切领域的发明，科学发现，工业品外观设计，商标，服务标记以及商品名称和标志，制止不正当竞争，以及在工业、科学、文学和艺术领域内由于智力活动而产生成果的一切权利。

狭义概念上的知识产权只包括版权、专利权、商标权、名称标记权、制止不正当竞争，而不包括科学发现权、发明权和其他科技成果权。

知识产权的特征概括起来有以下几个方面：

（1）知识产权是对同一客体同时可以享有人身权和财产权的民事权利。

（2）知识产权的客体须有能为人所感知的客观表现形式和首创性。

（3）知识产权具有专有性、时间性和地域性。

第六节 民事责任

一、民事责任的概念与特征

1. 民事责任的概念

民事责任是民事主体违反了民事义务所应承担的法律后果，它主要是一种民事救济手段，旨在使受害人，被侵犯的权益得以恢复。

2. 民事责任的特征

(1) 民事责任是一种违反民事义务的法律责任。它以民事义务的存在为前提。没有违反民事义务的行为，就不会发生民事责任。

(2) 民事责任主要是一种财产责任。民事责任的目的不仅要对违反民事义务的人加以制裁，而且还要恢复正常的经济秩序，补偿被害人的损失。此外，民事责任中也有非财产责任，如恢复名誉、赔礼道歉等。

(3) 民事责任以恢复被侵害的民事权利为目的。民事权利的实现，以民事义务的履行为前提，对民事义务的违反，必然影响到民事权利的实现。民事责任具有补偿和恢复原状的性质。

(4) 民事责任是一种独立的法律责任。

二、民事责任的归责原则

1. 无过错责任

无过错责任原则是指依照法律规定不以当事人的主观过错为构成侵权行为的必备要件的归责原则，即不论当事人在主观上有没有过错，都应当承担民事责任。

无过错责任具有以下特征：

(1) 因果关系是决定责任的基本要件，即以损害事实与责任人的行为之间存在着因果关系为前提，若没有因果关系则不能承担无过错责任。

(2) 并不以行为人的主观过错为归责的要件，若以过错为归责的构成要件，那就成了过错责任原则。

(3) 无过错责任的宗旨在于合理补偿受害人的损失，这也是许多国家为保障受害人的权益而设立无过错责任原则的原因所在。

(4) 由被告就免责事由进行举证，实行举证责任倒置，它不同于过错责任中的“谁主张，谁举证”的举证原则。在适用无过错责任时，原告只要举出损害事实及损害事实和被告的行为之间有因果关系即可，再由被告就存在的法定免责事由进行举证，被告不能仅仅证明他已尽到了注意义务或没有一般的过失就可以被免除责任。

（5）适用无过错责任时必须有法律的特别规定，也就是针对法律明文规定的特殊侵权行为才可适用无过错责任原则。

2. 过错责任

过错责任原则也叫过失责任原则，它是以行为人主观上的过错为承担民事责任的基本条件的认定责任的准则。按过错责任原则，行为人仅在有过错的情况下，才承担民事责任。没有过错，就不承担民事责任。

过错责任原则有以下特点：

（1）以行为人的过错作为责任的构成要件。

（2）以行为人的过错程度作为确定责任范围、责任形式的依据。

（3）贯彻"谁主张谁举证"的原则，特定情况下，也采用"举证责任倒置"的方法。

3. 公平责任

公平责任原则作为一种责任分配原则，其责任分配的依据既不是行为，也不是特定事故原因，而是一种抽象的价值理念—公平。一般说来，在法律规范的结构中，价值理念不具有直接的可操作性，把一种价值理念作为调整具体社会关系的操作工具，是一种特殊的法律现象。

公平责任构成要件：

（1）当事人双方都没有过错。这是适用公平责任原则的基本条件，当事人对损害的发生都没有过错的，可以根据实际情况，由当事人分担民事责任。

（2）有较严重的损害发生。

（3）不由双方当事人分担损失，有违公平的民法理念。公平责任原则弹性较大，赋予了法官较大的自由裁量权。这就要求法官依据内心的公平、正义的道德观念，来合理确定当事人是否应当分担损失以及如何分担损失。

以下几种情况可以适用公平责任原则：

（1）无民事行为能力人、限制民事行为能力人致人损害，监护人已尽监护责任的。

（2）紧急避险造成损害，危险是由自然原因引起，且避险人采取的措施又无不当的。

（3）行为人见义勇为而遭受损害的。

（4）堆放物品倒塌致人损害，当事人均无过错的。

(5) 当事人对造成损害均无过错,但一方是在为对方的利益或共同利益进行活动的过程中受到损害的。

三、民事责任的构成要件

1. 民事违法行为的存在

关于民事违法行为有两种表现形式:一种是作为的违法行为,是法律所禁止的行为;一种是不作为的违法行为,是法律要求行为人在某种情况下,有做出某种行为的义务,必须履行,负有这种义务的人没有履行。

2. 损害事实的存在

只有在民事违法行为引起了损害后果的情况下,行为人才负民事责任。包括财产方面的损害和非财产方面的损害。

3. 违法行为与违法事实之间存在因果关系

客观现象之间的一种本质必然的联系。

4. 过错

过错是指违法行为人对自己的行为及其后果的一种心理状态,分为过失和故意两种。民法中确定行为人的民事责任,一般不因行为人的故意或过失而不同,但行为人的过错大小,又是确定民事责任的重要依据。

四、民事责任的免责事由

所谓免责事由,是指免除违反合同义务的债务人承担违约责任的原因和理由。具体包括法定的免责事由和约定的免责事由。具体内容如下:

1. 不可抗力

构成不可抗力的事件繁多,一般而言,包括自然灾害和社会事件两种,如海啸、地震和战争等。

2. 债权人过错

债权人的过错致使债务人不履行合同,债务人不负违约责任,我国法律对此有明文规定的有《合同法》第 311 条(货运合同)、第 370 条(保管合同)等。

3. 其他法定免责事由

主要有两类:第一,对于标的物的自然损耗,债务人可免责。这一情形多发生在运输合同中。第二,未违约一方未采取适当措施,导致损失扩大的,债务人对扩大的损失部分免责,我国《合同法》第 119 条对此有所规定。

4. 免责条款

免责条款,又称约定免责事由,是当事人以协议排除或限制其未来责任的合同条款。具体来说,其一,免责条款是合同的组成部分,是一种合同条款,具有约定性;其二,免责条款的提出必须是明示的,不允许以默示方式作出,也不允许法官推定免责条款的存在;其三,免责条款旨在排除或限制未来的民事责任,具有免责功能。

五、民事责任的承担方式

民事责任的承担方式,又称为民事责任的形式,是指民事主体承担民事责任的具体措施。根据《民法通则》第 134 条规定,承担民事责任的方式主要有:(1) 停止侵害;(2) 排除妨碍;(3) 消除危险;(4) 返还财产;(5) 恢复原状;(6) 修理、重作、更换;(7) 赔偿损失;(8) 支付违约金;(9) 消除影响、恢复名誉;(10) 赔礼道歉。

以上承担民事责任的方式,可以单独适用,也可以合并适用。

第七节 民事诉讼时效

一、诉讼时效的概念与特征

1. 诉讼时效的概念

诉讼时效是指民事权利受到侵害的权利人在法定的时效期间内不行使权利,当时效期间届满时,人民法院对权利人的权利不再进行保护的制度。

2. 诉讼时效的特征

(1) 诉讼时效属于消灭时效,权利人在法定期间不行使权利则丧失胜诉权。

(2) 诉讼时效具有强制性,当事人不得单方或协议变更。

(3) 诉讼时具有普遍性,除法律有特别规定外,适用各种民事权利。

二、诉讼时效的种类

诉讼时效依据时间的长短和适用范围分为一般诉讼时效和特殊诉讼时效。

1. 一般诉讼时效

一般诉讼时效指在一般情况下普遍适用的时效,这类时效不是针对某一特殊情况规定的,而是普遍适用的。如我国《民法通则》第 135 条规定:"向人民法院请求保护民事权利的诉讼时效期间为二年,法律另有规定的除外。"这表明,我国一般民事诉讼的一般诉讼时效为两年。

2. 特别诉讼时效

特别诉讼时效指针对某些特定的民事法律关而制定的诉讼时效。特殊时效优于普通时效,也就是说,凡有特殊时效规定的,适用特殊时效,我国《民法通则》141 条规定:“法律对时效另有规定的,依照法律规定。”

特殊时效可分为以下三种:

(1) 短期诉讼时效。

短期诉讼时效是指不满两年的时效。我国《民法通则》第 136 条规定,如下四种行为的时效为一年:① 身体受到伤害要求赔偿的;② 出售质量不合规格的商品未声明的;③ 延付或拒付租金的;④ 寄存财物被丢失或被损坏的。

但是第二项因《产品质量法》的出台已经变更。《产品质量法》第 45 条规定,因产品存在缺陷造成损害要求赔偿的诉讼时效期限为两年,自当事人知道或者应当知道其权益受到损害时起计算。

因产品存在缺陷造成损害要求赔偿的请求权,在造成损害的缺陷产品交付最初消费者满十年丧失;但是,尚未超过明示的安全使用期的除外。

(2) 长期诉讼时效。

长期诉讼时效指诉讼时效在两年以上二十年以下的诉讼时效。

如《环境保护法》第 42 条规定:“因环境污染损害赔偿提起诉讼的时效期限为三年,从当事人知道或者应当知道受到污染损害起时计算。”《合同法》第 129 条规定:“因国际货物买卖合同和技术进出口合同争议提起诉讼或者申请仲裁的期限为四年,自当事人知道或者应当知道其权利受到侵害之日起计算。因其他合同争议提起诉讼或者申请仲裁的期限,依照有关法律的规定。”

(3) 最长诉讼时效。

最长诉讼时效为二十年。

如《民法通则》第 137 条规定,“从权利被侵害之日起超过二十年,人民法院不予保护”。根据这一规定,最长的诉讼时效是从权利被侵害之日起计算,权利享有人不知道自己的权利被侵害,时效最长也是二十年;超过二十年,人民法院不予保护。

3. 诉讼时效的中断

诉讼时效的中断即在诉讼时效期间进行中,因发生一定的法定事由,致使已经经过的时效期间统归无效,待时效中断的事由消除后,诉讼时效期间重新起算。

4. 诉讼时效中止

诉讼时效中止即在诉讼时效进行中,因一定的法定事由产生而使权利人无法行使请求权,暂停计算诉讼时效期间。《民法通则》139 条规定:“在诉讼时效进行期间的最后六个月,因不可抗拒力或其他障碍不能行使请求权的,诉讼时效中止。”

诉讼时效中止的条件:

(1) 中止必须是因法定事由而发生。法定事由包括两大类:一是不可抗力,指当事人无法预见和克服的客观情况;二是其他阻碍权利人行使请求权的情况。

(2) 法定事由发生在诉讼时效期间的最后六个月内,始产生中止诉讼时效的效力。

(3) 诉讼时效中止之前已经经过的期间与中止时效的事由消失之后继续进行的期间合并计算。而中止的时间过程则不计入时效期间,为此,民法把时效中止视为诉讼时效完成的暂时性阻碍。我国的诉讼时效中止的效力,从中止时效的原因消除后,时效期间继续计算。中止前已经进行的时效仍然有效,中止时效的法定事由消除后,继续以前计算的诉讼时效至届满为止。

案例分析

谁享有画的所有权?①

刘某、何某、张某于2005年8月8日各出资1万元买得一幅名画,约定由刘某保管。同年10月,刘某出差遇到赵某,赵某愿购买此画,刘某即将画作价45 000元卖给赵某。事后,刘告诉何、张。何、张要求分得卖画的款项,刘某便分别给了何、张各15 000元。赵某买到该画后,于同年12月又将该画以5万元卖给王某。二人还约定:买卖合同签订后赵某即将画交付给王某,但由于本地正在筹备一次个人收藏品展览,赵欲参加,所以双方约定该画交付后如果半年内收藏品展览未举行,则该画的所有权即转移给王某。依此约定,赵某将画交付王某,王某亦先期支付价款4万元。王某得到画后,经常对朋友展示炫耀此画,他的朋友宋某也表示喜欢此画。2006年3月份宋某以6万元的价格从王某处买了此画,宋某买到之后,嫌画的装裱不够精美,遂将画送到某装裱店装裱。由于宋某未按期付给装裱店费用,该画被装裱店留置。装裱店通知宋某应在30日内支付其应付的费用,但宋某仍未能按期交付。装裱店遂将画折价受偿。扣除了费用后,将其差额补偿给了宋某。宋某不同意装裱店的这一做法。

---

① 资料来源:2010年国家司法考试卷四案例分析。

赵某于2005年12月与王某签订合同后,因经营借款需要又于2006年2月将该画抵押给朋友周某,周某以前即知赵某有这样一幅画。周某后来在装裱店看到此画,立即进行调查才发现赵某在抵押该画之前,已将其卖给王某,而王某于2006年4月份因遇车祸不幸身亡,其财产已由其妻与其子继承,周某遂找赵某说理。赵某得知后,找到宋某要求宋某或者返还该幅画,或者支付王某尚未交付的1万元价款。

问题:

1. 本案各个阶段涉及哪些主要的民事法律关系?
2. 刘某是否有权出卖该画?刘某与赵某之间的买卖行为是否有效?
3. 赵某与王某之间的买卖合同是否成立?该画的所有权何时转移?
4. 王某是否有权出卖该画?宋某能否取得该画的所有权?
5. 装裱店的做法是否合法?
6. 赵某能否以该画作抵押向周某借款?周某的权益能否得到保护?
7. 赵某对王某的债权,应由谁来承担?

本章小结

民法,是指调整平等主体的自然人、法人和其他组织之间的财产关系和人身关系的法律规范的总和。

民事主体,包括自然人、法人和其他组织。

民事法律行为,一般称为法律行为,是指民事主体为了设立、变更或者终止民事法律关系而实施的行为。民事法律行为具有引起民事法律关系产生、变更或者消灭的作用,是法律事实中行为的组成部分。

民事责任,是民事主体违反了民事义务所应承担的法律后果,它主要是一种民事救济手段,旨在使受害人,被侵犯的权益得以恢复。民事责任是财产责任,也有极少数的非财产责任如赔礼道歉等。这些责任包括:停止侵害、排除妨害、消除危险、返还财产、恢复原状、修理重作更换、赔偿损失、消除影响恢复名誉、赔礼道歉、支付违约金等十种。

复习思考题

1. 案例题

甲有两处私房,一处自用,另一处委托乙出租。乙将该房出租给丙,约定租期五年。两年后,丙之妻从单位分得一套住房。半年后,丙在外地的一亲戚丁来京治病，丙将承租的私房借给丁居住，约定在丁治疗结束后离京前将房屋返还于丙。不久，甲自住的私房因失火焚毁，甲请求终止租赁合同，收回租房。[①]

请问：

此案中有哪几种民事法律关系？各法律关系的主体、客体、内容是什么？

2. 实训题

小学生童童(8 岁)用压岁钱到某商店购买了价值 400 元一台的游戏机。童童父亲知道后便到商店要求退货，但售货员不同意，经与商店领导交涉仍不能退货，童童父亲便将商店告上了法院。商店答辩称这是一起公平买卖、童叟无欺的民事法律行为，法律应予保护；而童童父亲则认为这不是一起民事法律行为。

请问法院会如何处理？为什么？

① 资料来源：http://cache.baidu.com。

第三章　企业法

本章提要

本章讲述企业法律基础理论，重点讲解个人独资企业法、合伙企业法、外商投资企业法等内容及与之相关的基础知识。

本章学习目标

- 熟悉个人独资企业的设立与投资人及事务管理；
- 熟悉合伙企业解散和清算；
- 熟悉外资企业法；
- 掌握企业法的概念与特征；
- 掌握个人独资企业的权利和义务以及解散和清算；
- 掌握普通合伙企业与有限合伙企业；
- 掌握中外合资经营企业法、中外合作经营企业法。

案例导入

谁可以做这家美容院的投资人[①]

赵某一家人打算利用祖传美容秘方开办一家个人独资的美容院，围绕谁作为投资人展开激烈讨论。赵某一家人的情况如下：赵某，男，户主本人，47 周岁，

① 资料来源：http://zhidao.baidu.com，有改动。

某县国家税务局局长；周某，女，赵某之妻，45周岁，已经取得美国国籍，但仍随家人在国内居住；赵甲，男，赵某之子，19周岁，某美容院合伙人之一；赵乙，女，赵某长女，17周岁，某大学学生，长期从事网页设计和维护工作，收入颇丰，经济上已独立于其家庭；赵丙，男，赵某次子，15周岁，初中毕业后在某美容培训班学习美容，有较强的管理能力。

问题：

赵某一家人中谁可以作为投资人？

第一节 企业法律概述

一、企业法的概念与特征

(一) 企业的概念、特征和分类

1. 企业的概念

企业是指依法成立，从事生产、流通、服务等经济活动，实行自主经营、独立核算、自负盈亏，具有一定法律主体资格的，向社会提供产品或劳务，满足社会需要的营利性经济组织。

2. 企业的特征

企业的特征主要有：

(1) 企业是一种依法设立的经济组织。

(2) 企业是以营利为目的的从事生产经营活动的经济组织。

(3) 企业是独立核算的经济组织。

3. 企业的分类

按照不同的标准可以将企业分成不同的类型。

(1) 按生产资料所有制形式分类：国有企业、集体企业、私营企业（个体企业）、混合所有制企业和外商独资企业等。

(2) 按出资方式分类：个体企业、合伙企业、合作企业、公司制企业等。

(3) 按企业财产构成和出资者的法律责任分类：自然人企业（主要包括个人业主制企业和合伙制企业）、法人企业（主要包括有限责任公司、无限责任公司、股份有限公司、股份合作制企业）等。

(4) 按企业所属产业部门分类：工业企业、建筑企业、农业企业、商业企业、金融企业和交通运输企业等。

(5) 按企业规模分类:特大型企业、大型企业、中型企业和小型企业等。

(6) 按企业组织形式分类:单厂企业、多厂企业、联营企业和企业集团等。

(二) 企业法的概念与特征

1. 企业法的概念

企业法是关于确立企业的法律地位,调整企业在设立、变更、存续和终止过程中各种法律关系的法律规范的总称。

企业法主要调整以下几类社会关系:(1) 国家对企业的经济管理关系。(2) 企业内部组织关系。(3) 企业部分经营活动产生的经济关系。

2. 企业法的特征

企业法是国家对企业进行管理调控的法律依据。其主要特征如下:

(1) 兼具组织法与行为法的特征。

(2) 融合强制性规范与任意性规范。

(3) 具有一定的国际性的国内法。

其调整对象可划分为纵向经济管理关系和横向经营协调关系,并且涵盖内部经济关系和涉外经济关系。

二、企业法的种类

(1) 涉及国有企业改革的法律法规,主要有:《全民所有制工业企业法》(1988 年颁布)、《全民所有制工业企业转换机制条例》(1992 年颁布)。

(2) 涉及外商投资企业的法律,主要有:《中外合资经营企业法》(1979 年颁布,1990 年第一次修订,2001 年再次修订)、《中外合作经营企业法》(1988 年颁布,2000 年修订)、《外资企业法》(1986 年颁布,2000 年修订)。

(3) 涉及合伙企业与独资企业的法律,主要有:《合伙企业法》(1997 年颁布)、《个人独资企业法》(1999 年颁布)。

(4) 涉及公司企业的法律,主要有:《公司法》(1993 年颁布)。

(5) 涉及企业破产的法律,主要有:《企业破产法》(试行)(1986 年颁布)。另外,在《民事诉讼法》中对非全民所有制的法人企业破产作了规定。

第二节 个人独资企业法

一、个人独资企业法概述

1. 个人独资企业法的含义

个人独资企业法有广义和狭义之分,广义的个人独资企业法,是指国家关于个人独资企业的各种法律规范的总称。狭义的个人独资企业法是指1999年8月30日第九届全国人大常委会第十一次会议通过的《中华人民共和国个人独资企业法》,自2000年1月1日起施行,该法共六章四十八条。

2. 个人独资企业法的基本原则

我国《个人独资企业法》遵循下列基本原则:

(1) 依法保护个人独资企业的财产和其他合法权益。

(2) 个人独资企业从事经营活动必须遵守法律、行政法规,遵守诚实信用原则,不得损害社会公共利益。

(3) 个人独资企业应当依法履行纳税义务。

(4) 个人独资企业应当依法招用职工。

(5) 个人独资企业职工的合法权益受法律保护。

3. 个人独资企业的概念

个人独资企业是指依照《个人独资企业法》在中国境内设立,由一个自然人投资,财产为投资人个人所有,投资人以其个人财产对企业债务承担无限责任的经营实体。

4. 个人独资企业的特征

(1) 个人独资企业是由一个自然人投资的企业。

(2) 个人独资企业的投资人对企业的债务承担无限责任。

(3) 个人独资企业的内部机构设置简单,经营管理方式灵活。

(4) 个人独资企业是非法人企业。

二、个人独资企业的设立

(一) 个人独资企业的设立条件

根据《个人独资企业法》第八条的规定,设立个人独资企业应当具备下列条件:

(1) 投资人为一个自然人,且只能是中国公民。法律、行政法规禁止从事营利性活动的人不得作为投资人申请设立个人独资企业。

(2) 有合法的企业名称。个人独资企业的名称应当符合国家关于企业名称登记管理的有关规定,企业名称应与其责任形式及从事的营业相符合,个人独资企业的名称中不得使用“有限”、“有限责任”或者“公司”字样。

(3) 有投资人申报的出资。设立个人独资企业可以用货币出资,也可以用实物、土地使用权、知识产权或者其他财产权利出资。投资人可以个人财产出资,也可以家庭共有财产作为个人出资。以家庭共有财产作为个人出资的,投资人应当在设立(变更)登记申请书上予以注明。

(4) 有固定的生产经营场所和必要的生产经营条件。生产经营场所包括企业的住所和与生产经营相适应的处所。住所是企业的主要办事机构所在地,是企业的法定地址。

(5) 有必要的从业人员。即要有与其生产经营范围、规模相适应的从业人员。

(二) 个人独资企业的设立程序

1. 提出申请

申请设立个人独资企业,应当由投资人或者其委托的代理人向个人独资企业所在地的登记机关提出设立申请。投资人申请设立登记,应当向登记机关提交下列文件:(1) 投资人签署的个人独资企业设立申请书,设立申请书应当载明的事项有:企业的名称和住所、投资人的姓名和居所、投资人的出资额和出资方式、经营范围及方式。个人独资企业投资人以个人财产出资或者以其家庭共有财产作为个人出资的,应当在设立申请书中予以明确。(2) 投资人身份证明,主要是身份证和其他有关证明材料。(3) 企业住所证明和生产经营场所使用证明等文件,如土地使用证明、房屋产权证或租赁合同等。(4) 委托代理人申请设立登记的,应当提交投资人的委托书和代理人的身份证明或者资格证明。(5) 国家工商行政管理局规定提交的其他文件。从事法律、行政法规规定须报经有关部门审批的业务的,应当提交有关部门的批准文件。

2. 工商登记

登记机关应当在收到设立申请文件之日起 15 日内,对符合个人独资企业法规定条件的予以登记,发给营业执照;对不符合个人独资企业法规定条件的,不予登记,并发给企业登记驳回通知书。个人独资企业的营业执照的签发日期,为个人独资企业成立日期,在领取个人独资企业营业执照前,投资人不得以个人独资企业名义从事经营活动。

3. 分支机构登记

个人独资企业设立分支机构,应当由投资人或者其委托的代理人向分支机构所在地的登记机关申请设立登记。分支机构的登记事项应当包括:分支机构的名称、经营场所、负责人姓名和居所、经营范围及方式。个人独资企业申请设立分支机构,应当向登记机关提交下列文件:(1) 分支机构设立登记申请书;(2) 登记机关加盖印章的个人独资企业营业执照复印件;(3) 经营场所证明;(4) 国家工商行政管理局规定提交的其他文件。分支机构从事法律、行政法规规定须报经有关部门审批的业务,还应当提交有关部门的批准文件。个人独资企业投资人委派分支机构负责人的,应当提交投资人委派分支机构负责人的委托书及其身份证明。委托代理人申请分支机构设立登记的,应当提交投资人的委托书和代理人的身份证明或者资格证明。登记机关应当在收到按规定提交的全部文件之日起15日内,作出核准登记或者不予登记的决定。核准登记的,发给营业执照;不予登记的,发给登记驳回通知书。个人独资企业分支机构申请变更登记、注销登记,比照本办法关于个人独资企业申请变更登记、注销登记的有关规定办理。个人独资企业应当在其分支机构经核准设立、变更或者注销登记后15日内,将登记情况报该分支机构隶属的个人独资企业的登记机关备案。个人独资企业向登记机关备案,应当提交下列文件:(1) 分支机构登记机关加盖印章的分支机构营业执照复印件、变更登记通知书或者注销登记通知书;(2) 国家工商行政管理局规定提交的其他文件。分支机构经核准登记后,应将登记情况报该分支机构隶属的个人独资企业的登记机关备案。分支机构的民事责任由设立该分支机构的个人独资企业承担。

三、个人独资企业的投资人及事务管理

1. 个人独资企业投资人的条件、权利及责任

根据《个人独资企业法》的规定,个人独资企业的投资人为一个具有中国国籍的自然人,但法律、行政法规禁止从事营利性活动的人,不得作为投资人申请设立个人独资企业。根据我国有关法律、行政法规规定,国家公务员、党政机关领导干部、警官、法官、检察官、商业银行工作人员等,不得作为投资人申请设立个人独资企业。

个人独资企业投资人对本企业的财产依法享有所有权,其有关权利可以依法进行转让或继承。

个人独资企业投资人在申请企业设立登记时明确以其家庭共有财产作为个人出资的,应当依法以家庭共有财产对企业债务承担无限责任。

2. 个人独资企业的事务管理

个人独资企业投资人可以自行管理企业事务,也可以委托或者聘用其他具有民事行为能力的人负责企业的事务管理。投资人委托或者聘用他人管理个人独资企业事务,应当与受托人或者被聘用的人签订书面合同。合同应订明委托的具体内容、授予的权利范围、受托人或者被聘用的人应履行的义务、报酬和责任等。受托人或者被聘用的人员应当履行诚信、勤勉义务,以诚实信用的态度对待投资人,对待企业,尽其所能依法保障企业利益,按照与投资人签订的合同负责个人独资企业的事务管理。

投资人对受托人或者被聘用的人员职权的限制,不得对抗善意第三人。

我国《个人独资企业法》规定,投资人委托或者聘用的管理个人独资企业事务的人员不得从事下列行为:(1) 利用职务上的便利,索取或者收受贿赂;(2) 利用职务或者工作上的便利侵占企业财产;(3) 挪用企业的资金归个人使用或者借贷给他人;(4) 擅自将企业资金以个人名义或者以他人名义开立账户储存;(5) 擅自以企业财产提供担保;(6) 未经投资人同意,从事与本企业相竞争的业务;(7) 未经投资人同意,同本企业订立合同或者进行交易;(8) 未经投资人同意,擅自将企业商标或者其他知识产权转让给他人使用;(9) 泄露本企业的商业秘密;(10) 法律、行政法规禁止的其他行为。

四、个人独资企业的权利和义务

1. 个人独资企业的权利

(1) 依法申请贷款权。个人独资企业可以依法申请贷款,以供企业生产经营之用。

(2) 取得土地使用权。

(3) 经营自主权。个人独资企业依法自主经营,不受非法干涉。

(4) 拒绝摊派权。任何单位和个人不得违反法律、行政法规的规定,以任何方式强制个人独资企业提供财力、物力、人力。对于违法强制提供财力、物力、人力的行为,个人独资企业有权拒绝。

(5) 法律、行政法规规定的其他权利。

2. 个人独资企业的义务

(1) 遵守国家法律、法规和政策的义务。

(2) 依法纳税的义务。

(3) 建立健全财务会计制度的义务。依法设置会计账簿,进行会计核算。

(4) 依法用工的义务。

(5) 参加社会保险的义务。按照国家规定参加社会保险,为职工缴纳社会保险费。

(6) 服从国家监督管理的义务。

五、个人独资企业的解散和清算

(一) 个人独资企业的解散

个人独资企业的解散是指个人独资企业终止活动使其民事主体资格消灭的行为。根据《个人独资企业法》第26条的规定,个人独资企业有下列情形之一时,应当解散:(1) 投资人决定解散;(2) 投资人死亡或者被宣告死亡,无继承人或者继承人决定放弃继承;(3) 被依法吊销营业执照;(4) 法律、行政法规规定的其他情形。

(二) 个人独资企业的清算

个人独资企业解散时,应当进行清算。《个人独资企业法》对个人独资企业清算作了如下规定:

1. 通知和公告债权人

《个人独资企业法》第27条规定,个人独资企业解散,由投资人自行清算或者由债权人申请人民法院指定清算人进行清算。投资人自行清算的,应当在清算前15日内书面通知债权人,无法通知的,应当予以公告。债权人应当在接到通知之日起30日内,未接到通知的应当在公告之日起60日内,向投资人申报其债权。

2. 财产清偿顺序

《个人独资企业法》第29条规定,个人独资企业解散的,财产应当按照下列顺序清偿:(1) 所欠职工工资和社会保险费用;(2) 所欠税款;(3) 其他债务。个人独资企业财产不足以清偿债务的,投资人应当以其个人的其他财产予以清偿。

3. 清算期间对投资人的要求

《个人独资企业法》第30条规定,清算期间,个人独资企业不得开展与清算目的无关的经营活动。在按前述财产清偿顺序清偿债务前,投资人不得转移、隐匿财产。

4. 投资人的持续偿债责任

《个人独资企业法》第28条规定,个人独资企业解散后,原投资人对个人独资企业存续期间的债务仍应承担偿还责任,但债权人在5年内未向债务人提出偿债请求的,该责任消灭。

5. 注销登记

个人独资企业清算结束后，投资人或者人民法院指定的清算人应当编制清算报告，并于清算结束之日起15日内向原登记机关申请注销登记。个人独资企业申请注销登记，应当向登记机关提交下列文件：(1) 投资人或者清算人签署的注销登记申请书；(2) 投资人或者清算人签署的清算报告；(3) 国家工商行政管理局规定提交的其他文件。登记机关应当在收到按规定提交的全部文件之日起15日内，作出核准登记或者不予登记的决定。予以核准的，发给核准通知书；不予核准的，发给企业登记驳回通知书。经登记机关注销登记，个人独资企业终止。个人独资企业办理注销登记时，应当交回营业执照。

第三节　合伙企业法

一、合伙企业法概述

(一) 合伙企业的概念及分类

1. 合伙企业的概念

合伙企业，是指自然人、法人和其他组织按照《中华人民共和国合伙企业法》(下称《合伙企业法》)在中国境内设立的普通合伙企业和有限合伙企业。

2. 合伙企业的分类

合伙企业分为普通合伙企业和有限合伙企业。普通合伙企业由普通合伙人组成，合伙人对合伙企业债务承担无限连带责任。《合伙企业法》对普通合伙人承担责任的形式有特别规定的，从其规定。有限合伙企业由普通合伙人和有限合伙人组成，普通合伙人对合伙企业债务承担无限连带责任，有限合伙人以其认缴的出资额为限对合伙企业债务承担责任。

(二) 合伙企业法的概念

合伙企业法有广义和狭义之分。狭义的合伙企业法，是指由国家最高立法机关依法制定的、规范合伙企业合伙关系的专门法律，即《中华人民共和国合伙企业法》。该法于1997年2月23日由第八届全国人民代表大会常务委员会第二十四次会议通过，2006年8月27日第十届全国人民代表大会常务委员会第二十三次会议修订。广义的合伙企业法，是指国家立法机关或者其他有权机关依法制定的、调整合伙企业合伙关系的各种法律规范的总称。因此，除了《合伙企业法》外，国家有关法律、行政法规和规章中关于合伙企业的法律规范，都属于合伙企业法的范畴。

二、普通合伙企业

普通合伙企业，是指由普通合伙人组成，合伙人对合伙企业债务依照《合伙企业法》规定承担无限连带责任的一种合伙企业。

（一）普通合伙企业的设立

1. 普通合伙企业的设立条件

（1）有两个以上合伙人。关于合伙人的资格，《合伙企业法》作了以下限定：① 合伙人可以是自然人，也可以是法人或者其他经济组织。② 合伙人是自然人的，应当具有完全民事行为能力。③ 国有独资公司，国有企业、上市公司以及公益性和事业单位、社会团体不得成为普通合伙人。

（2）有书面合伙协议。合伙协议应当载明下列事项：合伙企业的名称和主要经营场所的地点；合伙目的和合伙经营范围；合伙人的姓名或者名称、住所；合伙人的出资方式、数额和缴付期限；利润分配、亏损分担方式；合伙事务的执行；入伙与退伙；争议解决办法；合伙企业的解散与清算；违约责任等。合伙协议经全体合伙人签名、盖章后生效。合伙人依照合伙协议享有权利、履行义务。修改或者补充合伙协议，应当经全体合伙人一致同意；但是，合伙协议另有约定的除外。合伙协议未约定或者约定不明确的事项，由合伙人协商决定；协商不成的，依照《合伙企业法》和其他有关法律、行政法规的规定处理。

（3）有合伙人认缴或者实际缴付的出资。合伙人可以用货币、实物、知识产权、土地使用权或者其他财产权利出资，也可以用劳务出资。合伙人以实物、知识产权、土地使用权或者其他财产权利出资，需要评估作价的，可以由全体合伙人协商确定，也可以由全体合伙人委托法定评估机构评估。合伙人以劳务出资的，其评估办法由全体合伙人协商确定，并在合伙协议中载明。合伙人应当按照合伙协议约定的出资方式、数额和缴付期限，履行出资义务。以非货币财产出资的，依照法律、行政法规的规定，需要办理财产权转移手续的，应当依法办理。

（4）有合伙企业的名称和生产经营场所。

（5）法律、行政法规规定的其他条件。

2. 普通合伙企业的设立程序

（1）申请人向企业登记机关提交相关文件。该类文件有：① 全体合伙人签署的设立登记申请书；② 全体合伙人的身份证明；③ 全体合伙人指定的代表或者共同委托的代理人的委托书；④ 合伙协议；⑤ 出资权属证明；⑥ 经营场所证明；⑦ 国务院工商行政管理部门规定提交的其他文件。此外，合伙企业的经营范围中有属于法律、行政法规规定在登记前须经批准的项目的，该项经营业务应当依法经过批准，并在登记时提交批准文件。合伙协议约定或者全体合伙人决定，委托一名或者数名合伙人执行合伙企业事务的，还应当提交全体合伙人的委托书。

（2）企业登记机关核发营业执照。申请人提交的登记申请材料齐全、符合法定形式，企业登记机关能够当场登记的，应予当场登记，发给营业执照。除此之外，企业登记机关应当自受理申请之日起 20 日内，作出是否登记的决定。对符合《合伙企业法》规定条件的，予以登记，发给营业执照；对不符合规定条件的，不予登记，并应当给予书面答复，说明理由。合伙企业的登记事项包括：合伙企业的名称、经营场所、经营范围、经营方式、合伙人的姓名及住所、出资额及出资方式等。合伙企业确定执行合伙企业事务的合伙人或者设立分支机构的，登记事项中还应当包括执行合伙企业事务的合伙人或者分支机构的情况。

合伙企业的营业执照签发日期，为合伙企业成立日期。合伙企业领取营业执照前，合伙人不得以合伙企业的名义从事合伙业务。

合伙企业设立分支机构，应当向分支机构所在地的企业登记机关申请登记，领取营业执照。合伙企业登记事项发生变更的，执行合伙事务的合伙人应当自作出变更决定或者发生变更事由之日起 15 日内，向企业登记机关申请办理变更登记。

（二）普通合伙企业的财产

1．普通合伙企业财产的构成

根据《合伙企业法》的规定，合伙人的出资、以合伙企业名义取得的收益和依法取得的其他财产，均为合伙企业的财产。从这一规定可以看出，合伙企业财产由三部分构成：（1）合伙人的出资。（2）以合伙企业名义取得的收益。（3）依法取得的其他财产。

2．普通合伙企业财产的性质

根据《合伙企业法》的规定，合伙人在合伙企业清算前，不得请求分割合伙企业的财产；但是，法律另有规定的除外。合伙人在合伙企业清算前私自转移或者处分合伙企业财产的，合伙企业不得以此对抗善意第三人。

3．普通合伙企业财产份额的转让

（1）除合伙协议另有约定外，合伙人向合伙人以外的人转让其在合伙企业中的全部或者部分财产份额时，须经其他合伙人一致同意。

（2）合伙人之间转让在合伙企业中的全部或者部分财产份额时，应当通知其他合伙人。这一规定适用于合伙人财产份额的内部转让。

（3）合伙人向合伙人以外的人转让在合伙企业中的财产份额的，在同等条件下，其他合伙人有优先购买权；但是，合伙协议另有约定的除外。

此外，由于合伙人以财产份额出质可能导致该财产份额依法发生权利转移，《合伙企业法》规定，合伙人以其在合伙企业中的财产份额出质的，须经其他合伙人一致同意；未经其他合伙人一致同意，其行为无效，由此给善意第三人造成损失的，由行为人依法承担赔偿责任。

（三）普通合伙企业事务的执行

1. 普通合伙企业事务执行的形式

根据《合伙企业法》的规定，合伙人执行合伙企业事务，可以有两种形式：（1）全体合伙人共同执行合伙事务。（2）委托一个或数个合伙人执行合伙事务。

关于合伙企业事务委托给一个或者数个合伙人执行时，其他未接受委托的合伙人是否还可以再执行合伙企业事务的问题，《合伙企业法》对此作了明确规定，即委托一个或数个合伙人执行合伙事务的，其他合伙人不再执行合伙事务。当然，对合伙协议或者全体合伙人作出的决定以外的某些事项，如果没有委托一个或数个合伙人执行时，可以由全体合伙人共同执行或者由全体合伙人决定委托给某一个特定的合伙人办理。

合伙人可以将合伙事务委托一个或者数个合伙人执行. 但并非所有的合伙事务都可以委托给部分合伙人决定。根据《合伙企业法》的规定，除合伙协议另有约定外，合伙企业的下列事项应当经全体合伙人一致同意：（1）改变合伙企业的名称；（2）改变合伙企业的经营范围、主要经营场所的地点；（3）处分合伙企业的不动产；（4）转让或者处分合伙企业的知识产权和其他财产权利；（5）以合伙企业名义为他人提供担保；（6）聘任合伙人以外的人担任合伙企业的经营管理人员。

2. 普通合伙人在执行合伙事务中的权利和义务

（1）合伙人在执行合伙事务中的权利。

① 合伙人对执行合伙事务享有同等的权利。

② 执行合伙事务的合伙人对外代表合伙企业。

③ 不执行合伙事务的合伙人的监督权利。

④ 合伙人查阅合伙企业会计账簿等财务资料的权利。

⑤ 合伙人有提出异议的权利和撤销委托的权利。

（2）合伙人在执行合伙事务中的义务。

① 合伙事务执行人向不参加执行事务的合伙人报告企业经营状况和财务

状况。

② 合伙人不得自营或者同他人合作经营与本合伙企业相竞争的业务。

③ 合伙人不得同本合伙企业进行交易。

④ 合伙人不得从事损害本合伙企业利益的活动。

(四) 普通合伙企业的损益分配

合伙企业的利润分配、亏损分担,按照合伙协议的约定办理;合伙协议未约定或者约定不明确的,由合伙人协商决定;协商不成的,由合伙人按照实缴出资比例分配、分担;无法确定出资比例的,由合伙人平均分配、分担。合伙协议不得约定将全部利润分配给部分合伙人或者由部分合伙人承担全部亏损。

(五) 普通合伙企业的债务清偿

(1) 合伙企业的债务清偿与合伙人的关系。

① 合伙企业对其债务,应先以其全部财产进行清偿。

② 合伙企业不能清偿到期债务的,合伙人承担无限连带责任。

③ 合伙人由于承担无限连带责任,清偿数额超过规定的其亏损分担比例的,有权向其他合伙人追偿。

(2) 合伙人的债务清偿与合伙企业的关系。

① 合伙人发生与合伙企业无关的债务,相关债权人不得以其债权抵消其对合伙企业的债务,也不得代位行使合伙人在合伙企业中的权利。

② 合伙人的自有财产不足清偿其与合伙企业无关的债务的,该合伙人可以以其从合伙企业中分取的收益用于清偿;债权人也可以依法请求人民法院强制执行该合伙人在合伙企业中的财产份额用于清偿。人民法院强制执行合伙人的财产份额时,应当通知全体合伙人,其他合伙人有优先购买权;其他合伙人未购买,又不同意将该财产份额转让给他人的,依照《合伙企业法》的规定为该合伙人办理退伙结算,或者办理削减该合伙人相应财产份额的结算。

(六) 普通合伙企业的入伙与退伙

1. 入伙

入伙,是指在合伙企业存续期间,合伙人以外的第三人加入合伙,从而取得合伙人资格。

(1) 入伙的条件和程序。《合伙企业法》规定,新合伙人入伙,除合伙协议另有约定外,应当经全体合伙人一致同意,并依法订立书面入伙协议。订立入伙协议时,原合伙人应当向新合伙人如实告知原合伙企业的经营状况和财务状况。

(2) 新合伙人的权利和责任。一般来讲,新合伙人与原合伙人享有同等权利，承担同等责任。但是，如果原合伙人愿意以更优越的条件吸引新合伙人入伙，或者新合伙人愿意以较为不利的条件入伙，也可以在入伙协议中另行约定。新合伙人对入伙前合伙企业的债务承担无限连带责任。

2. 退伙

退伙，是指合伙人退出合伙企业，从而丧失合伙人资格。

(1) 退伙的原因。合伙人退伙一般有两种原因：一是自愿退伙；二是法定退伙。

自愿退伙。是指合伙人基于自愿的意思表示而退伙。自愿退伙可以分为协议退伙和通知退伙两种。

关于协议退伙，《合伙企业法》规定，合伙协议约定合伙期限的，在合伙企业存续期间，有下列情形之一时，合伙人可以退伙：① 合伙协议约定的退伙事由出现；② 经全体合伙人一致同意；③ 发生合伙人难以继续参加合伙企业的事由；④ 其他合伙人严重违反合伙协议约定的义务。合伙人违反上述规定退伙的，应当赔偿由此给其他合伙人造成的损失。

关于通知退伙，《合伙企业法》规定，合伙协议未约定合伙期限的，合伙人在不给合伙企业事务执行造成不利影响的情况下，可以退伙，但应当提前30日通知其他合伙人。

法定退伙，是指合伙人因出现法律规定的事由而退伙。法定退伙分为当然退伙和除名两类。

关于当然退伙，《合伙企业法》规定，合伙人有下列情形之一的，当然退伙：① 作为合伙人的自然人死亡或者被依法宣告死亡；② 个人丧失偿债能力；③ 作为合伙人的法人或者其他组织依法被吊销营业执照、责令关闭、撤销或者被宣告破产；④ 法律规定或者合伙协议约定合伙人必须具有相关资格而丧失该资格；⑤ 合伙人在合伙企业中的全部财产份额被人民法院强制执行。此外，合伙人被依法认定为无民事行为能力人或者限制民事行为能力人的，经其他合伙人一致同意，可以依法转为有限合伙人，普通合伙企业依法转为有限合伙企业。其他合伙人未能一致同意的，该无民事行为能力或者限制民事行为能力的合伙人退伙。当然退伙以退伙事由实际发生之日为退伙生效日。

关于除名，《合伙企业法》规定，合伙人有下列情形之一的，经其他合伙人一致同意，可以决议将其除名：① 未履行出资义务；② 因故意或者重大过失给合伙企业造成损失；③ 执行合伙事务时有不正当行为；④ 发生合伙协议约定的事由。对合伙人的除名决议应当书面通知被除名人。被除名人接到除名通知之日，除名生效，被除名人退伙。被除名人对除名决议有异议的，可以自接到除名通知之日起30日内,向人民法院起诉。

(2)退伙的效果。退伙的效果,是指退伙时退伙人在合伙企业中的财产份额和民事责任的归属变动。分为两类情况:一是财产继承;二是退伙结算。

关于财产继承,《合伙企业法》规定,合伙人死亡或者被依法宣告死亡的,对该合伙人在合伙企业中的财产份额享有合法继承权的继承人,按照合伙协议的约定或者经全体合伙人一致同意,从继承开始之日起,取得该合伙企业的合伙人资格。

关于退伙结算,除合伙人死亡或者被依法宣告死亡的情形外,《合伙企业法》对退伙结算作了以下规定:① 合伙人退伙,其他合伙人应当与该退伙人按照退伙时的合伙企业财产状况进行结算,退还退伙人的财产份额。退伙人对给合伙企业造成的损失负有赔偿责任的,相应扣减其应当赔偿的数额。退伙时有未了结的合伙企业事务的,待该事务了结后进行结算。② 退伙人在合伙企业中财产份额的退还办法,由合伙协议约定或者由全体合伙人决定,可以退还货币,也可以退还实物。③ 合伙人退伙时,合伙企业财产少于合伙企业债务的,退伙人应当依照法律规定分担亏损,即如果合伙协议约定亏损分担比例的,按照合伙协议的约定办理;合伙协议未约定或者约定不明确的,由合伙人协商决定;协商不成的,由合伙人按照实缴出资比例分担;无法确定出资比例的,由合伙人平均分担。

合伙人退伙以后,并不能解除对于合伙企业既往债务的连带责任。根据《合伙企业法》的规定,退伙人对基于其退伙前的原因发生的合伙企业债务,承担无限连带责任。

(七)特殊的普通合伙企业

特殊的普通合伙企业是普通合伙企业的一种特殊类型,由两个或两个以上普通合伙人组成,当一个合伙人或者数个合伙人在执业活动中因故意或者重在过失造成合伙企业债务时,应当承担无限责任或者无限连带责任,其他合伙人以其在合伙企业中的财产份额为限承担责任。合伙人在执业活动中非因故意或者重大过失造成的合伙企业债务以及合伙企业的其他债务,由全体合伙人承担无限连带责任。

《合伙企业法》对特殊的普通合伙企业的适用范围做了明确规定,以专业知识和专门技能为客户提供有偿服务的专业服务机构,可以设立为特殊的普通合伙企业,特殊的普通合伙企业名称中应标明“特殊普通合伙”字样。

三、有限合伙企业

有限合伙企业,是指由有限合伙人和普通合伙人共同组成,普通合伙人对合伙企业债务承担无限连带责任,有限合伙人以其认缴的出资额为限对合伙企业债务承担责任的合伙组织。有限合伙企业引入有限责任制度,有利于调动各方的投资热情,实现投资者与创业者的最佳结合。

(一) 有限合伙企业的设立

1. 有限合伙企业人数

《合伙企业法》规定,有限合伙企业由 2 个以上 50 个以下合伙人设立;但是,法律另有规定的除外。有限合伙企业至少应当有 1 个普通合伙人。

2. 有限合伙企业名称

《合伙企业法》规定,有限合伙企业名称中应当标明“有限合伙”字样。按照企业名称登记管理的有关规定,企业名称中应当含有企业的组织形式。为便于社会公众以及交易相对人对有限合伙企业的了解,有限合伙企业名称中应当标明“有限合伙”的字样,而不能标明“普通合伙”、“特殊普通合伙”、“有限公司”、“有限责任公司”等字样。

3. 有限合伙企业协议

有限合伙企业协议是有限合伙企业生产经营的重要法律文件。有限合伙企业协议除符合普通合伙企业合伙协议的规定外,还应当载明下列事项:(1) 普通合伙人和有限合伙人的姓名或者名称、住所;(2) 执行事务合伙人应具备的条件和选择程序;(3) 执行事务合伙人权限与违约处理办法;(4) 执行事务合伙人的除名条件和更换程序;(5) 有限合伙人入伙、退伙的条件、程序以及相关责任;(6) 有限合伙人和普通合伙人相互转变程序。

4. 有限合伙人出资形式

《合伙企业法》规定,有限合伙人可以用货币、实物、知识产权、土地使用权或者其他财产权利作价出资。有限合伙人不得以劳务出资。有限合伙人的出资可能成为有限合伙企业的最低财产,劳务出资的实质是用未来劳动创造的收入来投资,其难以通过市场变现,法律上执行困难。如果普通合伙人用劳务出资,有限合伙人也用劳务出资,将来该有限合伙企业将难以承担债务责任,这将不利于保护债权人的利益。

5. 有限合伙人出资义务

《合伙企业法》规定,有限合伙人应当按照合伙协议的约定按期足额缴纳出资;未按期足额缴纳的,应当承担补缴义务,并对其他合伙人承担违约责任。按期足额出资是有限合伙人必须履行的义务,因此有限合伙人应当按照合伙协议的约定按期足额缴纳出资。合伙人未按照协议的约定履行缴纳出资义务的,首先应当承担补缴出资的义务,同时还应对其他合伙人承担违约责任。

6. 有限合伙企业登记事项

《合伙企业法》规定,有限合伙企业登记事项中应当载明有限合伙人的姓名或者名称及认缴的出资数额。

（三）有限合伙企业的事务执行

1. 有限合伙企业事务执行人

有限合伙企业由普通合伙人执行合伙事务。执行事务合伙人可以要求在合伙协议中确定执行事务的报酬及报酬提取方式。

2. 禁止有限合伙人执行合伙事务

有限合伙人不执行合伙事务,不得对外代表有限合伙企业。有限合伙人的下列行为,不视为执行合伙事务:(1) 参与决定普通合伙人入伙、退伙;(2) 对企业的经营管理提出建议;(3) 参与选择承办有限合伙企业审计业务的会计师事务所;(4) 获取经审计的有限合伙企业财务会计报告;(5) 对涉及自身利益的情况,查阅有限合伙企业财务会计账簿等财务资料;(6) 在有限合伙企业中的利益受到侵害时,向有责任的合伙人主张权利或者提起诉讼;(7) 执行事务合伙人怠于行使权利时,督促其行使权利或者为了本企业的利益以自己的名义提起诉讼;(8) 依法为本企业提供担保。

另外,《合伙企业法》规定,第三人有理由相信有限合伙人为普通合伙人并与其交易的,该有限合伙人对该笔交易承担与普通合伙人同样的责任。有限合伙人未经授权以有限合伙企业名义与他人进行交易,给有限合伙企业或者其他合伙人造成损失的,该有限合伙人应当承担赔偿责任。

3. 有限合伙企业利润分配

《合伙企业法》规定,有限合伙企业不得将全部利润分配给部分合伙人;但是,合伙协议另有约定的除外。

4. 有限合伙人权利

(1) 有限合伙人可以同本企业进行交易。《合伙企业法》规定,有限合伙人可以同本有限合伙企业进行交易;但是,合伙协议另有约定的除外。因为有限合伙人并不参与有限合伙企业事务的执行,对有限合伙企业的对外交易行为,有限合伙人并无直接或者间接的控制权,有限合伙人与本有限合伙企业进行交易时,一般不会损害本有限合伙企业的利益。有限合伙协议可以对有限合伙人与有限合伙企业之间的交易进行限定,如果有限合伙协议另有约定的,则必须按照约定的要求进行。普通合伙人如果禁止有限合伙人同本有限合伙企业进行交易，应当在合伙协议中作出约定。

(2) 有限合伙人可以经营与本企业相竞争的业务。《合伙企业法》规定，有限合伙人可以自营或者同他人合作经营与本有限合伙企业相竞争的业务；但是，合伙协议另有约定的除外。与普通合伙人不同，有限合伙人一般不承担竞业禁止义务。普通合伙人如果禁止有限合伙人自营或者同他人合作经营与本有限合伙企业相竞争的业务，应当在合伙协议中作出约定。

(四) 有限合伙人的债务清偿

《合伙企业法》规定，有限合伙人的自有财产不足清偿其与合伙企业无关的债务的，该合伙人可以以其从有限合伙企业中分取的收益用于清偿；债权人也可以依法请求人民法院强制执行该合伙人在有限合伙企业中的财产份额用于清偿。人民法院强制执行有限合伙人的财产份额时，应当通知全体合伙人。在同等条件下，其他合伙人有优先购买权。由此，有限合伙人清偿其债务时，首先应当以自有财产进行清偿，只有自有财产不足清偿时，有限合伙人才可以使用其在有限合伙企业中分取的收益进行清偿；也只有在有限合伙人的自有财产不足清偿其与合伙企业无关的债务的，人民法院才可以应债权人请示强制执行该合伙人在有限合伙企业中的财产份额用于清偿。人民法院强制执行有限合伙人的财产份额时，应当通知全体合伙人，且在同等条件下，其他合伙人有优先购买权。

(五) 有限合伙企业的入伙与退伙

1. 入伙

《合伙企业法》规定，新入伙的有限合伙人对入伙前有限合伙企业的债务，以其认缴的出资额为限承担责任。这里需要注意，在普通合伙企业中，新入伙的合伙人对入伙前合伙企业的债务承担连带责任，而在有限合伙企业中，新入伙的有限合伙人对入伙前有限合伙企业的债务，以其认缴的出资额为限承担责任。

2. 退伙

(1) 有限合伙人当然退伙。《合伙企业法》规定，有限合伙人出现下列之一情形时当然退伙：① 作为合伙人的自然人死亡或者被依法宣告死亡；② 作为合伙人的法人或者其他组织依法被吊销营业执照、责令关闭、撤销，或者被宣告破产；③ 法律规定或者合伙协议约定合伙人必须具有相关资格而丧失该资格；④ 合伙人在合伙企业中的全部财产份额被人民法院强制执行。

(2) 有限合伙人丧失民事行为能力的处理。《合伙企业法》规定，作为有限合伙人的自然人在有限合伙企业存续期间丧失民事行为能力的，其他合伙人不得因此要求其退伙。这是因为有限合伙人对有限合伙企业只进行投资，而不负责事务执行。作为有限合伙人的自然在有限合伙企业存续期间丧失民事行为能力，并不影响有限合伙企业的正常生产经营活动，其他合伙人不能要求该丧失民事行为能力的合伙人退伙。

(3) 有限合伙人继承人的权利。《合伙企业法》规定，作为有限合伙人的自然人死亡、被依法宣告死亡或者作为有限合伙人的法人及其他组织终止时，其继承人或者权利承受人可以依法取得该有限合伙人在有限合伙企业中的资格。

(4) 有限合伙人退伙后的责任承担。《合伙企业法》规定，有限合伙人退伙后，对由于其退伙前的原因发生的有限合伙企业债务，以其退伙时从有限合伙企业中取回的财产承担责任。

(六) 合伙人性质转变的特殊规定

《合伙企业法》规定，除合伙协议另有约定外，普通合伙人转变为有限合伙人，或者有限合伙人转变为普通合伙人，应当经全体合伙人一致同意。有限合伙人转变为普通合伙人的，对其作为有限合伙人期间有限合伙企业发生的债务承担无限连带责任。普通合伙人转变为有限合伙人的，对其作为普通合伙人期间合伙企业发生的债务承担无限连带责任。

四、合伙企业解散和清算

(一) 合伙企业解散

合伙企业解散，是指各合伙人解除合伙协议，合伙企业终止活动。

根据《合伙企业法》的规定，合伙企业有下列情形之一的，应当解散：(1) 合伙期限届满，合伙人决定不再经营；(2) 合伙协议约定的解散事由出现；(3) 全体合伙人决定解散；(4) 合伙人已不具备法定人数满 30 天；(5) 合伙协议约定的合伙目的已经实现或者无法实现；(6) 依法被吊销营业执照、责令关闭或者被撤销；(7) 法律、行政法规规定的其他原因。

(二) 合伙企业清算

合伙企业解散的，应当进行清算。《合伙企业法》对合伙企业清算作了以下几方面的规定：

1. 确定清算人

合伙企业解散，应当由清算人进行清算。清算人由全体合伙人担任；经全体合伙人过半数同意，可以自合伙企业解散事由出现后 15 日内指定一个或者数个合伙人，或者委托第三人，担任清算人。自合伙企业解散事由出现之日起

15日内未确定清算人的,合伙人或者其他利害关系人可以申请人民法院指定清算人。

2. 清算人的职责

清算人在清算期间执行下列事务:(1) 清理合伙企业财产,分别编制资产负债表和财产清单;(2) 处理与清算有关的合伙企业未了结事务;(3) 清缴所欠税款;(4) 清理债权、债务;(5) 处理合伙企业清偿债务后的剩余财产:(6) 代表合伙企业参加诉讼或者仲裁活动。

3. 通知和公告债权人

清算人自被确定之日起10日内将合伙企业解散事项通知债权人,并于60日内在报纸上公告。债权人应当自接到通知书之日起30日内,未接到通知书的自公告之日起45日内,向清算人申报债权。债权人申报债权,应当说明债权的有关事项,并提供证明材料。清算人应当对债权进行登记。清算期间,合伙企业存续,但不得开展与清算无关的经营活动。

4. 财产清偿顺序

合伙企业财产在支付清算费用和职工工资、社会保险费用、法定补偿金以及缴纳所欠税款、清偿债务后的剩余财产,依照《合伙企业法》关于利润分配和亏损分担的规定进行分配。

合伙企业财产清偿问题主要包括以下三方面的内容:

(1) 合伙企业的财产首先用于支付合伙企业的清算费用。清算费用包括:① 管理合伙企业财产的费用,如仓储费、保管费、保险费等。② 处分合伙企业财产的费用,如聘任工作人员的费用等。③ 清算过程中的其他费用,如通告债权人的费用、调查债权的费用、咨询费用、诉讼费用等。

(2) 合伙企业的财产支付合伙企业的清算费用后的清偿顺序如下:合伙企业职工工资、社会保险费用和法定补偿金;缴纳所欠税款;清偿债务。其中,法定补偿金主要是指法律、行政法规和规章所规定的应当支付给职工的补偿金,如《中华人民共和国劳动法》规定的解除劳动合同的补偿金。

(3) 分配财产。合伙企业财产依法清偿后仍有剩余时,对剩余财产依照《合伙企业法》的规定进行分配,即按照合伙协议的约定办理;合伙协议未约定或者约定不明确的,由合伙人协商决定;协商不成的,由合伙人按照实缴出资比例分配;无法确定出资比例的,由合伙人平均分配。

5. 注销登记

清算结束,清算人应当编制清算报告,经全体合伙人签名、盖章后,在15日内向企业登记机关报送清算报告,申请办理合伙企业注销登记。

合伙企业注销后,原普通合伙人对合伙企业存续期间的债务仍应承担无限连带责任。

6. 合伙企业不能清偿到期债务的处理

合伙企业不能清偿到期债务的,债权人可以依法向人民法院提出破产清算申请,也可以要求普通合伙人清偿。合伙企业依法被宣告破产的,普通合伙人对合伙企业债务仍应承担无限连带责任。

第四节　外商投资企业法

一、外商投资企业法概述

1. 外商投资企业的概念、种类、特征

外商投资企业是指外国的投资者(包括公司、企业和其他经济组织或个人)经东道国政府允许,在东道国境内设立的经济组织。我国的外商投资企业法将我国香港、澳门和台湾地区的投资者也视同为外国投资者。外商投资企业的设立地为中国内地。根据我国有关法律和行政法规规定,我国目前的外商投资企业主要有中外合资经营企业、中外合作经营企业、外资企业和中外合资的股份有限公司。

我国的外商投资企业具有以下特征:

(1) 外商投资企业是外商直接投资举办的企业。国际直接投资是指投资者将资本直接投入到另一国开办企业,并直接进行生产经营活动,直接承担风险,并获取利润的投资形式。投资者对投资企业拥有足够的所有权或具有相当程度的控制权。与间接投资相比,直接投资具有更大的稳定性。

(2) 外商投资企业是私人投资而非政府援助。我国的外商投资企业是以外商私人投资举办的企业,而不是外国政府或者国际组织的援助。

(3) 外商投资企业在中国境内设立,受中国法律的管辖。根据我国法律规定,外商投资企业的设立必须经中国政府的主管部门批准。外商投资企业是中国企业,受中国法律的管辖。

2. 外商投资企业法的概念

外商投资企业法是指由东道国政府制定的,调整外商投资企业在设立、经营、存续、终止方面的经济关系的法律规范的总称。这些经济关系主要包括外商投资企业中方和外方出资者之间的经济关系,外商投资企业与我国政府部门之间的关系,外商投资企业与中方、外方出资者之间的关系,外商投资企业在经营的过程中与其他企业之间的关系,以及外商投资企业内部管理的经济关系等。

二、中外合资经营企业法

(一) 中外合资经营企业的概念与特征

1. 中外合资经营企业的概念

中外合资经营企业是指依照中国有关法律在中国境内设立的外国公司、企业和其他经济组织或个人与中国公司、企业或其他经济组织共同举办的合营企业,即两个以上不同国籍的投资者,根据中国有关法律法规的规定共同投资设立,共同经营,共负盈亏,担当风险的有限责任公司。

2. 中外合资经营企业的特征

(1) 合营企业的一方为外国合营者,另一方为中国合营者。外国合营者可以是公司、企业、其他经济组织或者个人。中国合营者可以是公司、企业或者其他经济组织。

(2) 中外合营各方共同投资、共同经营,按各自的出资比例共担风险、共负盈亏。共同投资是指中外合营者都要有投资,并且各方出资折成一定的出资比例,其中,外方合营者的出资比例一般不低于合营企业注册资本的25%,否则,便不享受合营企业的待遇。

(3) 合营企业的组织形式为有限责任公司,合营各方对合营企业的责任以各自认缴的出资额为限。董事会为合营企业最高权力机构。

(4) 合营企业是经中国政府批准设立的中国法人,必须遵守中国的法律和行政法规,并受中国的法律和行政法规的保护。

(二) 中外合资企业的设立

1. 设立条件

在中国境内设立中外合资经营企业,应当能够促进中国经济的发展和科学技术水平的提高,有利于社会主义现代化建设。国家鼓励、允许、限制或者禁止设立中外合资经营企业的行业,按照国家指导外商投资方向的规定及外商投资产业指导目录执行。

申请设立合营企业有下列情况之一的,不予批准:(1) 有损中国主权的;(2) 违反中国法律的;(3) 不符合中国国民经济发展要求的;(4) 造成环境污染的;(5) 签订的协议、合同、章程显属不公平,损害合营一方权益的。

2. 设立合营企业的法律程序

根据《中外合资经营企业法》及其实施条例的规定,设立合营企业一般要经过以下几个步骤：

（1）由中外合营者共同向审批机关报关有关文件。申请设立合营企业，中外合营者须共同向审批机关报关下列文件：① 设立合营企业的申请书；② 合营各方共同编制的可行性研究报告；③ 由合营各方授权代表签署的合营企业协议、合同和章程；④ 由合营各方委派的合营企业董事长、副董事长、董事人选名单；⑤ 审批机关规定的其他文件。

（2）审批机关审批。审批机关应当在收到全部文件之日起3个月内决定修改，否则不予批准。合营企业经批准后由审批机关发给批准证书。须经国务院对外经济贸易主管部门审批批准的，由其发给批准证书；国务院授权的省级人民政府或国务院有关部门审批批准的，应当报国务院对外经济贸易主管部门备案，并由国务院对经济贸易主管部门发给批准证书。

（3）合营企业应当自收到批准证书后1个月内按照国家有关规定，向工商行政管理机关办理登记手续，领取营业执照，开始营业。合营企业的营业执照签发日期，即为该事营企业的成立日期。

（三）中外合资经营企业的注册资本与投资总额

1. 合营企业的注册资本

合营企业的注册资本，是指为设立合营企业在工商行政管理机关登记注册的资本，应为合营各方认缴的出资额之和。依照我国有关法律、法规的规定，合营企业的注册资本应当符合下列要求：

（1）在合营企业的注册资本中，外国合营者的出资比例一般不得低于25%，这是外国合营者认缴出资的最低限额。对其最高限法律没有明确规定。

（2）合营企业在合营期限内，不得减少其注册资本。但因投资总额和生产经营规模等发生变化，确需减少注册资本的，须经审批机关批准。对合营企业在合营期限内增加注册资本，法律没有禁止。但是，合营企业增加注册资本应当经合营各方协商一致，并由董事会会议通过，报经原审批机关核准。合营企业增加、减少注册资本，应当修改合营企业章程，并办理变更注册资本登记手续。

（3）合营企业的注册资本应符合《公司法》规定的有限责任公司的注册资本的最低限额，即：以生产经营为主的公司人民币50万元；以商品批发为主的公司人民币50万元；以商业零售为主的公司人民币30万元；科技开发、咨询、服务性公司人民币10万元。

2. 合营企业的投资总额

合营企业的投资总额，是指按照合营企业的合同、章程规定的生产规模需要投入的基本建设资金和生产流动资金的总和。由注册资本与借款构成。合营企业的借款是指为弥补投资总额的不足,以合营企业的名义向金融机构借入的款项。合营企业的注册资本和投资总额之间应当保持正确、合理的比例关系。为了正确处理这二者之间的关系,1987 年 3 月 1 日经国务院批准,国家工商行政管理局发布了《关于中外合资经营企业注册资本与投资总额比例的暂行规定》,明确了合营企业注册资本与投资总额的比例,其主要内容是:(1) 投资总额在 300 万(含 300 万)美元以下的,注册资本至少应占投资总额的 7/10;(2) 投资总额在 300 万美元以上至 1 000 万(含 1 000 万)美元的,注册资本至少应占投资总额的 1/2,其中投资总额在 420 万美元以下的,注册资本不得低于 210 万美元;(3) 投资总额在 1 000 万美元以上至 3 000 万(含 3 000 万)美元的,注册资本至少应占投资总额的 2/5,其中投资总额在 1 250 万美元以上的,注册资本不得低于 500 万美元;(4) 投资总额在 3 000 万美元以上的,注册资本至少应占投资总额的 1/3,其中投资总额在 3 600 万美元以下的,注册资本不得低于 1 200 万美元。

合营企业如遇特殊情况不能执行此规定的,由国务院对外经济贸易主管部门合同国家工商行政管理机关批准。

(四) 中外合资经营企业的组织机构

1. 中外合资经营企业的内部管理体制

根据《中外合资经营企业法》及其实施条例的规定,合营企业的组织机构是董事会和经营机构,或者说是董事会领导下的总经理负责制。

(1) 董事会。

董事会是合营企业的最高权力机构,根据合营企业章程的规定,讨论决定合营企业的一切重大问题。董事会由董事长、副董事长及董事组成。董事会成员不得少于 3 人。董事长和副董事长由合营各方协商确定或者由董事会选举产生。中外合营者的一方担任董事长的,由他方担任副董事长。董事名额的分配由合营各方参照出资比例协商确定,董事由合营各方按照分配的名额委派和撤换。董事任期 4 年,可以连任。

董事会会议由董事长召集,董事长不能召集时,可以由董事长委托副董事长或者其他董事召集。董事会每年至少召开一次董事会会议,经 1/3 以上董事提议,可以召开临时会议。董事会会议讨论在重大问题具体包括:企业发展规划、生产经营活动方案、收支预算、利润分配、劳动工资计划、停业以及总经理、副总经理等高级管理人员的任命或聘请及其职权和待遇等。董事会会议应有 2/3 以上董事出席,其决议方式可以根据合营企业章程载明的议事规则作出。

但涉及合营企业的下列事项,必须经出席董事会会议的董事一致通过方可作出决议:① 合营企业章程的修改;② 合营企业的终止、解散;③ 合营企业注册资本的增加、减少;④ 合营企业的合并、分立。

(2) 经营管理机构。

经营管理机构负责合营企业的日常经营管理工作。经营管理机构设总经理1人,副总经理若干人,其他高级管理人员若干人。总经理的职责主要有:执行董事会会议的各项决议;组织领导合营企业的日常经营管理工作;在董事会的授权范围内,代表合营企业对外进行各项经营业务;任免下属人员;先例董事会授予的其他职权。

(五) 中外合资经营企业解散和清算

1. 中外合资经营企业的解散

根据《中外合资经营企业法》及其实施条例的规定,合营企业解散的原因主要有以下几项:

(1) 合营期限届满。合营企业合同或章程确定的合营期限已经到期,而投资各方又无意继续延长合营期限,则合营企业解散。

(2) 合营企业发生严重亏损,无力继续经营。企业因经营管理不善或者其他原因,造成严重亏损,企业无力继续经营,则合营企业解散。

(3) 合营一方不履行合营企业协议、合同、章程规定的义务,致使企业无法继续经营。

(4) 因自然灾害、战争等不可抗力遭受严重损失,无法继续经营。

(5) 合营企业未达到其经营目的,同时又无发展前途。

(6) 合营合同、章程所规定的其他解散原因已经出现。

(7) 根据《中华人民共和国破产法》规定,企业无力偿还到期债务的,企业债权人可以向法院要求宣告该企业破产;企业也可以自行申请破产。法院宣告企业破产后,企业应予解散。

上述第(2)、(4)、(5)、(6)项情况发生的,由董事会提出解散申请书,报审批机关批准。第(3)项情况发生的,由履行合同一方提出申请,报审批机关批准。

2. 中外合资经营企业的清算

合营企业宣告解散时,应当进行清算。除企业破产清算应当按照有关法律规定的程序进行清算外,合营企业的清算应当按照《外商投资企业清算办法》的规定成立清算委员会,由清算委员会负责清算事宜。

清算委员会的成员一般应当在合营企业的董事中选任。董事不能担任或者不适合担任清算委员会成员时,合营企业可以聘请中国的注册会计师、律师担任。审批机关认为必要时,可以派出进行监督。

清算委员会的任务主要有:(1) 对合营企业财产、债权、债务进行全面清查;(2) 编制资产负债表和财产目录,提出财产作价依据,制订清算方案;(3) 履行企业偿债义务。清算委员会制订的清算方案经董事会通过后,由清算委员会代合营企业履行偿债义务,偿债顺序按照国家有关法律和行政法规执行。(4) 清算期间,清算委员会代表该合营企业起诉或者应诉。

合营企业以其全部资产对其债务承担责任。合营企业清偿债务后的剩余财产按照合营各方的出资比例进行分配,但合营企业协议、合同、章程另有规定的除外。合营企业解散时,其资产净额或者剩余财产减除企业未分配利润、各项基金和清算费用后的余额,超过实缴资本的部分为清算所得,应当依法缴纳所得税。

合营企业的清算工作结束后,由清算委员会提出清算结束报告,提请董事会会议通过后,报告审批机关,并向登记管理机关办理注销登记手续,缴销营业执照。

三、中外合作经营企业法

(一) 中外合作经营企业的概念与特征

1. 中外合作经营企业的概念

中外合作经营企业,是指中国合作者与外国合作者依照中华人民共和国法律的规定,在中国境内共同举办的,按合作企业合同的约定分配收益或者产品、分担风险和亏损的企业。

2. 中外合作经营企业的特征

(1) 合作企业的一方为外国合作者,另一方为中国合作者。外国合作者可以是公司、企业、其他经济组织或者个人。中国合作者可以是公司、企业或者其他经济组织。

(2) 合作企业合作各方的权利和义务都在签订的合同中确定,包括投资或者提供合作条件、利润或者产品的分配、风险和亏损的分担、经营管理的方式和合作企业解散时财产的归属等事项,都在合作各方签订的合同中确定。

(3) 合作企业的法人资格有可选择性。合作企业可以是依法取得中国法人资格的企业,也可以是不具备法人资格的企业。具备法人资格的合作企业,为有限责任公司,以其投资或者提供的合作条件为限对合作企业承担责任;不具备法人资格的合作企业及其合作各方,依照中国民事法律的有关规定承担民事责任。

(4) 合作企业中的外国合作者可以先行回收投资。合作期满后,合作企业的全部固定资产一般归中国合作者所有。

(5) 合作企业的管理机构具有多样性。合作企业可以采用董事会制,也可以采用联合管理委员会制,还可以采用委托管理制,即委托中外合作者以外的他人经营管理。

(二) 中外合作经营企业的设立

1. 设立合作企业的条件

在中国境内设立合作企业,应当符合国家的发展政策和产业政策,遵守国家关于指导外商投资方向的规定。根据《中外合作经营企业法》的规定,国家鼓励举办的合作企业是:(1) 产品出口的生产型合作企业。这是指企业产品主要用于出口创汇的生产的生产型合作企业。(2) 技术先进的生产型合作企业。这是指外国合作者提供先进技术,从事新产品的开发,实现产品升级换代,以增加出口创汇或者替代进口的生产型合作企业。

2. 设立合作企业的法律程序

(1) 由中国合作者向审查批准机关报送有关文件。这些文件包括:① 设立合作企业的项目建议书;② 合作各方共同编制的可行性研究报告;③ 合作企业协议、合同、章程;④ 合作各方的营业执照或注册登记证明、资信证明及法定代表人的有效证明文件;⑤ 合作各方协商确定的合作企业董事长、副董事长、董事或者联合管理委员会主任、副主任、委员的人选名单;⑥ 审查批准机关要求报送的其他文件。

(2) 审查批准机关审批。审查批准机关应当自收到规定的全部文件之日起45日内决定批准或者不予批准。审查批准机关认为报送的文件不全或者有不当之处的,有权要求合作各方在指定期间内补正或修正。

(3) 批准设立的合作企业依法向工商行政管理机关申请登记,领取营业执照。

以上所称审查批准机关,是指国务院对外经济贸易主管部门或者国务院授权的部门和地方人民政府。国务院对外经济贸易主管部门和国务院授权的部门批准设立的合作企业,由国务院对外经济贸易主管部门颁发批准证书;国务院授权的地方人民政府批准设立的合作企业,由有关地方人民政府颁发批准证书,并自批准之日起30日内将有关批准文件报送国务院对外经济贸易主管部门备案。

（三）中外合作经营企业的组织机构

合作企业设立董事会或者联合管理委员会作为合作企业的组织机构。具备法人资格的合作企业，一般设立董事会；不具备法人资格人合作企业一般设立联合管理委员会。董事会或者联合管理委员会是合作企业的权力机构，按照合作企业章程的规定，决定合作企业的重大问题。董事会或者联合管理委员会成员不得少于3人，其名额的分配由中外合作者参照其投资或者提供的合作条件协商确定。董事会或者联合管理委员会成员由合作各方自行委派或者撤换。董事会董事长、副董事长或者联合管理委员会主任、副主任的产生办法由合作企业章程规定；中外合作者的一方担任董事长、主任的，副董事长、副主任由他方担任。董事或者委员的任期由合作企业章程规定，但是每届任期不得超过3年。董事或者委员任期届满，委派方继续委任的，可以连任。

董事会会议或者联合管理委员会会议每年至少召开一次，由董事长或者主任召集并主持。董事长或者主任因特殊情况不能履行职务时，由指定的副董事长、副主任或者其他董事、委员召集并主持。1/3以上的董事或者委员可以提议召开董事会会议或者联合管理委员会会议。董事会议或者联合管理委员会会议应当有2/3以上董事或者委员出席方能举行。董事会会议或者联合管理委员会会议作出决议，须经全体董事或者委员过半数通过。但对合作企业章程的修改、注册资本的增减、资产抵押以及合作企业的合并、分立、解散等事项，应由出席董事会会议或者联合管理委员会会议的董事或者委员一致通过。

合作企业成立后，改为委托合作各方以外的他人经营管理的，必须经董事会或者联合管理委员会一致同意，报审查批准机关批准，并向工商行政管理机关办理变更登记手续。

（四）中外合作经营企业的解散和清算

1. 合作企业的解散

根据《中外合作经营企业法》及其实施细则的规定，合作企业解散的原因主要有以下几项：

（1）合作期限届满；

（2）合作企业发生严重亏损，或者因不可抗力遭受严重损失，无力继续经营；

（3）中外合作者一方或者数方不履行合作企业合同、章程规定的义务，致使合作企业无法继续经营；

（4）合作企业合同、章程中规定的其他解散原因已经出现；

（5）合作企业违反法律、行政法规，被依法责令关闭。

上述第(2)项、第(4)项所列情形发生,应当由合作企业的董事会或者联合管理委员会作出决定,报审查批准机关批准。在上述第(3)项所列情形下,不履行合作企业合同、章程规定的义务的中外合作者一方或者数方,应当对履行合同的他方因此遭受的损失承担赔偿责任。履行合同的一方或者数方有权向审查批准机关提出申请,解散合作企业。

2. 合作企业的清算

《中外合作经营企业法》第23条规定:"合作企业期满或者提前终止时,应当依照法定程序对资产和债权、债务进行清算。中外合作者应当依照合作企业合同的约定确定合作企业财产的归属。"也就是说,合作企业的清算事宜,应依照国家有关法律、行政法规及合作企业合同、章程的规定办理。

四、外资企业法

(一) 外资企业的概念与特征

1. 外资企业的概念

外资企业,是指依照中华人民共和国法律的规定,在中国境内设立的,全部资本由外国投资者投资的企业。

2. 外资企业的特征

(1) 外资企业是依照中国的法律规定在中国境内设立的法人企业。外资企业必须遵守中国的法律、行政法规,不得损害中国社会的公共利益。同时,外资企业受到中国法律的管辖和保护。

(2) 外资企业的全部资本由外国投资者投入。这也是外资企业与中外合资经营企业、中外合作经营企业的主要区别。

(3) 外资企业不包括外国企业和其他经济组织在中国境内的分支机构。外国企业和其他经济组织在中国境内设立的分支机构,一般属于外国企业的分公司,它们与其母公司共同核算,因此,它们不属于我国《外资企业法》的调整范围。

(4) 外资企业是一个独立的经济实体,独立核算,自负盈亏,独立承担法律责任。

(二) 外资企业的设立

1. 外资企业的设立条件

根据《外资企业法》及其实施细则的规定,设立外资企业,必须有利于中国国民经济的发展,能够取得显著的经济效益。国家鼓励外资企业采用先进技术和设备,从事新产品开发,实现产品升级换代,节约能源和原材料,并鼓励举办产品出口的外资企业。

申请设立外资企业,有下列情况之一的,不予批准:

(1) 有损中国主权或者社会公共利益的;

(2) 危及中国国家安全的;

(3) 违反中国法律、法规的;

(4) 不符合中国国民经济发展要求的;

(5) 可能造成环境污染的。

2. 外资企业设立的法律程序

根据《外资企业法》及其实施细则的规定,设立外资企业的法律程序一般有申请、审批和登记三个阶段。但在申请之间,须经企业所在地县级或者县级以上人民政府签署意见。设立外资企业的具体步骤是:

(1) 外国投资者向拟设外资企业所在地的县级或者县级以上人民政府提交报告。报告的内容包括:设立外资企业的宗旨;经营范围、规模;生产的产品;使用的技术设备;用地面积及要求;需要的能源条件和数量;对公共设施的要求等。收到报告的人民政府应自收到之日起 30 日内以书面形式答复外国投资者。

(2) 外国投资者通过外资企业所在地的县级或者县级以上人民政府向审批机关提出申请,并报送下列文件:设立外资企业申请书;可行性研究报告;外资企业章程;外资企业法定代表人名单;外国投资者的法律证明文件和资信证明文件;拟设立外资企业所在地的县级或者县级以上人民政府的书面答复;需要进口的物资清单等。

(3) 审批机关(国务院对外经济贸易主管部门及国务院授权的省级人民政府和计划单列市、经济特区人民政府)在收到申请文件之日起 90 日内决定批准或者不批准。

(4) 外国投资者在收到批准证书之日起 30 日内向工商行政管理机关申请登记,领取营业执照。外资企业的营业执照签发之日为该企业成立日期。外国投资者在收到批准证书之日起满 30 日未向工商行政管理机关申请登记的,外资企业批准证书自动失效。外资企业在企业成立之日起 30 日内向税务机关办理税务登记。

外资企业的分立、合同或者由于其他原因导致资本发生重大变化,须经审批机关批准,并应聘请中国的注册会计师验证和出资报告;经审批机关批准后,向工商行政管理机关办理变更登记手续。

（三）外资企业的组织机构

外资企业的组织机构可以由外国投资者根据企业不同的经营内容、经营规模、经营方式，本着精简、高效率、科学合理的原则自行商团设置，中国政府不加干涉。但是，按照国际惯例，设立外资企业的权力机构应遵循资本占有权同企业控制权相统一的原则，根据这一原则，外交企业的最高权力机构由资本持有者组成。

外资企业应根据其组织形式设立董事会。如果一个企业是由多个外国投资者出资建立的，则该企业所设立的董事会中董事的名额，一般应按照每个股东的出资比例分配。外资企业设立的董事会应推选出董事长。董事长是企业的法定代表人，须向中国政府申报备案。

（四）外资企业的终止和清算

1. 外资企业的终止

根据《外资企业法》及其实施细则的规定，外资企业有下列情形之一的应予终止：(1) 经营期限届满；(2) 经营不善，严重亏损，外国投资者决定解散；(3) 因自然灾害、战争等不可抗力而遭受严重损失，无法继续经营；(4) 破产；(5) 违反中国法律、法规，危害社会公共利益被依法撤销；(6) 外资企业章程规定的其他解散的事由已经出现。

外资企业如存在上述第(2)项、第(3)项、第(4)项所列情形，应当自行提交终止申请书，报审批机关核准，审批机关作出核准的日期为企业的终止日期。

2. 外资企业的清算

外资企业宣告终止时，应当进行清算。除企业破产或者撤销清算，应当按照中国有关法律规定进行清算外，外资企业的清算应由外资企业提出清算程序、原则和清算委员会人选，报审批机关审核后进行清算。清算委员会应当由外资企业的法定代表人、债权人代表以及有关主管机关的代表组成，并聘请中国的注册会计师、律师等参加。

外资企业清算结束，其资产净额和剩余财产超过注册资本的部分视同利润，应当依照中国税法缴纳所得税。同时，应当向工商行政管理机关办理注销登记手续，缴销营业执照。

案例分析 >>>

这份中外合资经营企业合同有效吗?①

一家中国公司与一家美国公司拟在中国设立一合资经营企业,经协商,双方达成以下协议:合营企业的注册资本600万美元,其中中方投资480万美元(含场地使用权作价100万美元,机器设备作价100万美元,现金280万美元),美方投资120万美元(含专利权作价25万美元,以合营企业名义租赁的机器设备作价15万美元,现金80万美元);合营企业为了鼓励外商投资,约定在分配方式上允许美方投资者先行回收投资,但合营期满后全部固定资产归中方投资者,外方的投资者投资收回后,合营各方按投资比例分享利润,分担风险及亏损;合营企业以股东大会为最高权力机构,以总经理为企业的法定代表人。该合同中,双方同意选择适用外国法律。

问题:

1. 上述中外合资经营企业合同有什么法律问题?说明理由。

本章小结

本章讲述了企业法律概述、个人独资企业法、合伙企业法、外商投资企业法等基础理论和基本知识。应掌握的知识点如下:

1. 企业法的概念与特征
2. 个人独资企业的设立
3. 个人独资企业的投资人及事务管理
4. 个人独资企业的权利和义务
5. 个人独资企业的解散和清算
6. 违反个人独资企业法的法律责任
7. 普通合伙企业
8. 有限合伙企业
9. 合伙企业解散和清算
10. 违反合伙企业法的法律责任
11. 外资企业法

① 资料来源:http://www.zhongzhao.com,有改动。

复习思考题

1. 问答题

(1) 简要回答企业法的概念与特征及种类。

(2) 简要回答个人独资企业的特征。

(3) 简要回答个人独资企业的权利和义务。

(4) 简要回答普通合伙企业的入伙与退伙。

(5) 简要回答有限合伙企业的入伙与退伙。

(6) 简要回答合伙企业解散和清算。

(7) 简要回答外商投资企业的种类和特征。

(8) 简要回答中外合资经营企业的特征和设立条件。

(9) 简要回答中外合作经营企业的特征和设立条件。

(10) 简要回答外资企业的特征和设立条件。

2. 案例题

王某与甲、乙、丙三人合伙成立了一个汽车修理部,由王某、甲、乙各出资1万元,丙提供技术入伙,与王某、甲、乙三人平均分配盈余。四人办理了有关手续并租赁了房屋,但并未订立书面协议。一年后,由于经营状况不好,甲抽回了自己的1万元资金。汽车修理部继续经营了半年后决定散伙,此时已亏损3万元。

根据以上事实,回答下列问题:

(1) 该合伙关系是否成立?为什么?

(2) 丙可否作为合伙人?为什么?

(3) 甲对合伙期间的亏损债务是否应承担清偿责任?为什么?

(4) 如果合伙剩余的财产按价共计25 000 元全部用来清偿了债务之后,对于剩余的5 000 元债务合伙人是否可以不予清偿?为什么?

第四章　公　司　法

本章提要

本章讲述公司法的基础理论，重点述及公司法；有限责任公司；股份有限公司；公司董事、监事、高级管理人员的资格和义务；公司债券和财务、会计制度；公司的合并、分立、解散和清算；外国公司的分支机构；违反公司法的法律责任等内容。

本章学习目标

- 熟悉公司法的立法宗旨及适用范围；
- 熟悉有限责任公司的设立与股东出资及股权转让；
- 熟悉股份有限公司的设立与股份及组织机构；
- 熟悉公司的财务、会计制度；
- 掌握公司法的概念和特征；
- 掌握公司债券与解散和清算；
- 掌握公司的合并和分立；
- 掌握公司的法律责任与清算组的法律责任。

案例导入

新民服装有限责任公司是否合法?[1]

新民服装有限责任公司,是以服装零售为主的公司。股东是两个私营主,该公司有注册资本28万元,并于1998年6月正式成立。公司决定两个股东,一个为执行董事,一个为财务负责人,其中执行董事兼任监事。

问题:

(1)本案中,该公司注册资本是否符合法定条件?

(2)该公司的组织机构是否合法?

第一节 公司法概述

一、公司的概念、特征及分类

1. 公司的概念

公司是指依照公司法的规定,由法定数额的股东以出资方式设立,股东以其出资额或所持股份为限对公司承担责任,公司以其全部资产对公司债务承担责任的企业法人。

2. 公司的特征

(1)公司是依照公司法设立的经济组织。

(2)公司是由法定数额的股东共同出资组成的营利性经济组织。

(3)公司是具有法人资格的经济组织。

3. 公司的分类

公司有多种分类方法,最基本的分类方法是按照股东对公司所负责任的不同来分类,按照这种方法可将公司分为以下五类:

(1)无限责任公司。它是由两个以上股东组成,全体股东对公司债务负无限连带清偿责任的公司。

(2)有限责任公司。它是全体股东对公司的债务仅以各自的出资额为限承担责任的公司。

(3)两合公司。它是一部分股东对公司债务负无限责任,而另一部分股东

---

① 资料来源:http://www.chsi.com.cn,有改动。

对公司债务仅负有限责任的公司。

(4) 股份有限公司。它是由有限责任股东组成,全部资本分为等额股份,股东仅以其认购的股份对公司债务承担责任的公司。

(5) 股份两合公司。它是由无限责任股东与股份有限责任股东组成的公司,其中一部分股东对公司债务负无限责任,另一部分股东仅以其认购的股份对公司债务负责。

我国公司法只规定了有限责任公司和股份有限公司这两种类型的公司。

表 4-1　公司的种类简表

以公司资本结构和股东对公司债务承担责任的方式为标准	(1) 有限责任公司。是指股东以其认缴的出资额为限对公司承担责任,公司以其全部财产对公司的债务承担责任的公司。 (2) 股份有限公司。是指将公司全部资本分为等额股份;股东以其认购的股份为限对公司承担责任,公司以其全部财产对公司的债务承担责任的公司。 (3) 无限公司。 (4) 两合公司。
	我国《公司法》规定的公司形式仅为有限责任公司和股份有限公司。
以公司的信用基础为标准	(1) 资合公司。是指以资本的结合作为信用基础的公司,其典型的形式为股份有限公司。 (2) 人合公司。是指以股东个人的财力、能力和信誉作为信用基础的公司,其典型的形式为无限公司。 (3) 资合兼人合的公司。
以公司组织关系为标准	(1) 母公司和子公司。公司可以设立子公司,子公司具有法人资格,依法独立承担民事责任。 (2) 总公司与分公司。公司可以设立分公司,分公司不具有法人资格,其民事责任由公司承担。(所以“分公司”不是真正意义上的公司。)

注意:企业内部组织,如分公司、分厂、车间等分支机构或生产单位,虽无独立法律人格,但在一定条件下也是经济法律关系的主体。

二、公司法的概念和特征

1. 公司法的概念

公司法就是调整公司的设立、变更、终止和其在经营管理过程中发生的社会关系的法律规范的总称。因此,公司法既是公司的组织法,又是公司的行为法。作为公司组织法,公司法主要规定了公司作为法人组织的设立、变更、终止和公司的组织机构等内容。作为公司行为法,公司法主要规定了公司债券和公司股票的发行和转让,公司财务、会计以及其他经营活动等内容。

2. 公司法的特征

(1) 公司法是一种组织法。

(2) 公司法是一种行为法。

(3) 公司法是一种强制性规范较多的法律。

三、公司法的立法宗旨及适用范围

1. 公司法的立法宗旨

立法宗旨就是制定公司法所要达到的目的,也是贯穿公司法的基本指导原则。具体来说,包括以下方面:

(1) 规范公司的组织和行为。

(2) 保护公司、股东和债权人的合法权益。

(3) 维护社会经济秩序。

(4) 促进社会主义市场经济的发展。

2. 公司法的适用范围

公司法适用于在中国境内设立的有限责任公司和股份有限公司。

除此之外,还适用于国有独资公司;国企改建的公司;旧公司能在规定期限内达到《公司法》规定的条件的;外国公司在华分支机构;三资企业法(中外合资、中外合作、外资)中规定的公司。

第二节　有限责任公司

一、有限责任公司的概念和特征

有限责任公司,是依照《公司法》在中国境内设立的,股东以其出资额为限对公司承担责任,公司以其全部资产对公司的债务承担责任的企业法人。

有限责任公司通常具备如下特征:

(1) 有限责任公司具备公司的一般特征,它由法定数额的股东共同出资组织,依《公司法》设立,是具有法人资格,能够独立享有权利、承担义务的经济实体。

(2) 有限责任公司与无限公司、两合公司、股份两合公司相比较,最主要的特征是其股东均负有限责任。所谓有限责任,是指公司的股东以其出资额为限对公司负责。也就是说,股东除了自己认缴的股本以外,对公司债务不负任何责任。公司的债务完全以公司的财产清偿。

(3) 有限责任公司与股份有限公司相比较,其主要特征是:有限责任公司的资本不分为等额股份,证明股东出资份额的权利凭证是出资证明书(或股单),而不是股票。

另外,有限责任公司具有人合公司与资合公司的双重性质,而股份有限公司具有典型的资合公司性质。

二、有限责任公司的设立

1. 有限责任公司设立的条件

(1) 股东符合法定人数。《公司法》规定,有限责任公司由 50 个以下股东出资设立。《公司法》对有限责任公司股东人数没有规定下限,即有限责任公司股东人数可以为 1 个或 50 个以下股东,既可以是自然人,也可以是法人。

(2) 股东出资达到法定资本最低限额。根据《公司法》第 26 条规定,有限责任公司的注册资本,即在公司登记机关登记的全体股东认缴的出资额,最低限额为人民币 3 万元。法律、行政法规对有限责任公司注册资本的最低限额有较高规定的,从其规定。

(3) 股东共同制定公司章程。

(4) 有公司的名称,建立符合有限责任公司要求的组织机构。

(5) 有公司住所。

2. 有限责任公司设立的程序

(1) 订立公司章程。

股东设立有限责任公司,必须先订立公司章程,将要设立的公司基本情况以及各方面的权利义务加以明确规定。

(2) 股东缴纳出资。

股东应当按期足额缴纳公司章程中规定的各自所认缴的出资额。股东以货币出资的,应当将货币出资足额存入为设立有限责任公司而在银行开设的账户;以非货币财产出资的,应当依法办理其财产权的转移手续。

股东不按照规定缴纳出资的,除应当向公司足额缴纳外,还应当向已按期足额缴纳出资的股东承担违约责任。

股东缴纳出资后,必须经依法设立的验资机构验资并出具证明。依法设立的会计师事务所等,可以依法承担股东出资的验资工作。

(3) 申请设立登记。

① 股东的首次出资经依法设立的验资机构验资后,由全体股东指定的代表或者共同委托的代理人向公司登记机关申请设立登记。

② 有限责任公司成立后,发现作为设立公司出资的非货币财产的实际价额显著低于公司章程所定价额的,应当由交付该出资的股东补足其差额,公司设立时的其他股东承担连带责任。

③ 有限责任公司成立后,应当向股东签发出资证明书。

④ 有限责任公司应当置备股东名册。记载于股东名册的股东,可以依股东名册主张行使股东权利。公司应当将股东的姓名或者名称及其出资额向公司登记机关登记,登记事项发生变更的,应当办理变更登记。未经登记或者变更登记的,不得对抗第三人。

三、有限责任公司的股东出资及股权转让

(一) 股东的出资

股东可以用货币出资,也可以用实物、知识产权、土地使用权等可以用货币估价并可以依法转让的非货币财产作价出资;但是,法律、行政法规规定不得作为出资的财产除外。

对作为出资的非货币财产应当评估作价,核实财产,不得高估或者低估作价。法律、行政法规对评估作价有规定的,从其规定。全体股东的货币出资金额不得低于有限责任公司注册资本的30%。

股东应当按期足额缴纳公司章程中规定的各自认缴的出资额。股东不按规定缴纳所认缴的出资额,应当向已足额缴纳出资的股东承担违约责任。股东在公司登记后,不得抽回出资。股东缴纳出资后,必须经依法设立的验资机构验资并出具证明。

《公司法》第31条规定:有限责任公司成立后,发现作为设立公司出资的非货币财产的实际价额显着低于公司章程所定价额的,应当由交付该出资的股东补足其差额,公司设立时的其他股东对其承担连带责任。

股东出资达到注册资本最低限额。注册资本是指公司向公司登记机关登记的出资额,即经登记机关登记确认的资本。有限责任公司的注册资本为在公司登记机关登记的全体股东认缴的出资额,最低限额为人民币3万元。法律、行政法规有较高规定的,从其规定。

股东出资额和出资期限:有限责任公司全体股东的首次出资额不得低于注册资本的20%,也不得低于法定的注册资本最低限额,其余部分由股东自公司成立之日起2年内缴足;其中,投资公司可以在5年内缴足。

股东出资方式:股东可以用货币出资,也可以用实物、知识产权、土地使用权等可以用货币估价并可以依法转让的非货币财产作价出资;但是,法律、行政

法规规定不得作为出资的财产除外。全体股东的货币出资金额不得低于有限责任公司注册资本的30%。

（二）股权转让

1. 股东的股权

公司股东是持有公司股份或者出资的人，股东的股权是基于股东资格而享有的权利，公司股东依法享有资产受益、参与重大决策和选择管理者等权利。

（1）股东权分类。

① 以股东权行使的目的是为股东个人利益还是涉及全体股东共同利益为标准，可以将股东权分为共益权和自益权。

第一，共益权是指股东依法参加公司事务的决策和经营管理的权利，它是股东基于公司利益同时兼为自己的利益而行使的权利，包括股东会或股东大会参加权、提案权、质询权，在股东会或股东大会上的表决权、累积投票权，股东会或股东大会召集请求权和自行召集权，了解公司事务、查阅公司账簿和其他文件的知情权，提起诉讼权等权利。

第二，自益权是指股东仅以个人利益为目的而行使的权利，即依法从公司取得收益、财产或处分自己股权的权利，包括股利分配请求权、剩余财产分配权、新股认购优先权、股份质押权和股份转让权等。

② 以股权行使的条件为标准划分，分为单独股东权和少数股东权。

第一，单独股东权是指每一单独股份均享有的权利，即只持有一股股份的股东也可单独行使的权利，如自益权、表决权等。

第二，少数股东权是指须单独或共同持有占股本总额一定比例以上股份方可行使的权利，如请求召开临时股东会或股东大会的权利等。

（2）股东滥用股东权的责任。

① 公司股东滥用股东权利给公司或者其他股东造成损失的，应依法承担赔偿责任。

② 公司股东滥用公司法人独立地位和股东有限责任，逃避债务，严重损害公司债权人利益的，应当对公司债务承担连带责任。这一规定在我国确立了公司法人人格否认原则。公司法人人格否认，是指为阻止公司独立人格的滥用和保护公司债权人利益及社会公共利益，就具体法律关系中的特定事实，否认公司与股东各自独立的人格及股东的有限责任，责令股东对公司债权人或公共利益直接负责，以实现公平、正义的法律制度。

③《公司法》规定公司的控股股东、实际控制人、董事、监事、高级管理人员不得利用其关联关系损害公司利益，违反规定给公司造成损失的，应当承担赔

偿责任。

2. 股东之间转让股权

《公司法》对股东之间转让股权没有作任何限制。

3. 股东向股东以外的人转让股权

(1) 股东向股东以外的人转让股权,应当经其他股东过半数同意。股东应就其股权转让事项书面通知其他股东征求同意,其他股东自接到书面通知之日起满30日未答复的,视为同意转让。其他股东半数以上不同意转让的,不同意的股东应当购买该转让的股权;不购买的,视为同意转让。

(2) 经股东同意转让的股权,在同等条件下,其他股东有优先购买权。两个以上股东主张行使优先购买权的,协商确定各自的购买比例;协商不成的,按照转让时各自的出资比例行使优先购买权。

(3) 公司章程对股权转让另有规定的,从其规定。

4. 人民法院强制转让股东股权

人民法院依照法律规定的强制执行程序转让股东的股权时,应当通知公司及全体股东,其他股东在同等条件下有优先购买权。其他股东自人民法院通知之日起满20日不行使优先购买权的,视为放弃优先购买权。

5. 履行股权转让手续

有限责任公司股东转让股权后,公司应当注销原股东的出资证明书,向新股东签发出资证明书,并相应修改公司章程和股东名册中有关股东及其出资额的记载。

6. 有限责任公司股东退出公司

(1) 股东退出公司的法定条件。

《公司法》规定,有下列情形之一的,对股东会该项决议投反对票的股东可以请求公司按照合理的价格收购其股权,退出公司:① 公司连续5年不向股东分配利润,而该公司5年连续盈利,并且符合公司法规定的分配利润条件的;② 公司合并、分立、转让主要财产的;③ 公司章程规定的营业期限届满或者章程规定的其他解散事由股东会会议通过决议修改章程使公司存续的。

根据上述规定,股东退出公司应当满足两个条件:一是具备上述三种情形之一,二是对股东会上述事项决议投了反对票,投赞成票的股东就不能以上述事项为由,要求退出公司。

(2) 股东退出公司的法定程序。

① 请求公司收购其股权。股东要求退出公司时,首先应当请求公司收购其股权。② 依法向人民法院提起诉讼。根据《公司法》规定,自股东会会议决议

通过之日起 60 日内,股东与公司不能达成股权收购协议的,股东可以自股东会会议决议通过之日起 90 日内向人民法院提起诉讼。

四、有限责任公司的组织机构

（一）股东会

有限责任公司股东会是公司的权力机构,由全体股东组成。股东会只就法定事项和公司章程规定的事项形成决议,不对外代表公司,也不对内执行管理业务。

1. 股东会的职权

（1）决定公司的经营方针和投资计划;（2）选举和更换非由职工代表担任的董事、监事,决定有关董事、监事的报酬事项;（3）审议批准董事会的报告;（4）审议批准监事会或者监事的报告;（5）审议批准公司的年度财务预算方案、决算方案;（6）审议批准公司的利润分配方案和弥补亏损方案;（7）对公司增加或者减少注册资本作出决议;（8）对发行公司债券作出决议;（9）对公司合并、分立、变更公司形式、解散和清算等事项作出决议;（10）修改公司章程;（11）公司章程规定的其他职权。

2. 股东会的形式

股东会会议分为定期会议和临时会议。定期会议应当按照公司章程的规定按时召开。代表 1/10 以上表决权的股东,1/3 以上的董事,监事会或者不设监事会的公司的监事提议召开临时会议的,应当召开临时会议。

3. 股东会的召开

（1）首次股东会会议由出资最多的股东召集和主持,依法行使职权。① 公司设立董事会的,由董事会召集,董事长主持;董事长不能履行职务或者不履行职务的,由副董事长主持;副董事长不能履行职务或者不履行职务的,由半数以上董事共同推举一名董事主持。② 公司不设董事会的,股东会会议由执行董事召集和主持。

（2）董事会或者执行董事不能履行或者不履行召集股东会会议职责的,由监事会或者不设监事会的公司的监事召集和主持;监事会或者监事不召集和主持的,代表 1/10 以上表决权的股东可以自行召集和主持。所谓不能履行职务,是指因生病、出差在外等客观上的原因导致其无法履行职务的情形。所谓不履行职务,是指不存在无法履行职务的客观原因,但以其他理由或者根本就没有理由而不履行职务的情形。

（3）召开股东会会议,应当于会议召开 15 日前通知全体股东;但是,公司章程另有规定或者全体股东另有约定的除外。股东会应当对所议事项的决定作成会议记录,出席会议的股东应当在会议记录上签名。

4. 股东会的决议

(1) 股东会会议由股东按照出资比例行使表决权;但是,公司章程另有规定的除外。股东会的议事方式和表决程序,除《公司法》有规定的外,由公司章程规定。

(2) 股东会会议作出修改公司章程、增加或者减少注册资本的决议,以及公司合并、分立、解散或者变更公司形式的决议,必须经代表2/3以上表决权的股东通过。

(二) 董事会

董事会是公司股东会的执行机构,对股东会负责。

1. 董事会的组成

(1) 有限责任公司设董事会(依法不设董事会的除外),其成员为3人至13人。两个以上的国有企业或者其他两个以上的国有投资主体投资设立的有限责任公司,其董事会成员中应当有公司职工代表;其他有限责任公司董事会成员中也可以有公司职工代表。董事会中的职工代表由公司职工通过职工代表大会、职工大会或者其他形式民主选举产生。

董事分为两种:① 内部董事,一般在公司中担任职务;② 外部董事,不担任管理职务,其中独立董事是外部董事的特殊类型,有特殊权利。合营企业董事会成员不得少于3人。

(2) 董事会设董事长1人,可以设副董事长。董事长、副董事长的产生办法由公司章程规定。

(3) 董事任期由公司章程规定,但每届任期不得超过3年。董事任期届满,可以连选连任。

2. 董事会的职权

董事会对股东会负责,行使下列职权:(1) 召集股东会会议,并向股东会报告工作;(2) 执行股东会的决议;(3) 决定公司的经营计划和投资方案;(4) 制订公司的年度财务预算方案、决算方案;(5) 制订公司的利润分配方案和弥补亏损方案;(6) 制订公司增加或者减少注册资本以及发行公司债券的方案;(7) 制订公司合并、分立、解散或者变更公司形式的方案;(8) 决定公司内部管理机构的设置;(9) 决定聘任或者解聘公司经理及其报酬事项,并根据经理的提名决定聘任或者解聘公司副经理、财务负责人及其报酬事项;(10) 制定公司的基本管理制度;(11) 公司章程规定的其他职权。

3. 董事会的召开

董事会会议由董事长召集和主持;董事长不能履行职务或者不履行职务的,由副董事长召集和主持;副董事长不能履行职务或者不履行职务的,由半数以上董事共同推举一名董事召集和主持。

4. 董事会的决议

(1) 董事会的议事方式和表决程序,除《公司法》有规定的外,由公司章程规定。董事会应当对所议事项的决定作成会议记录,出席会议的董事应当在会议记录上签名。(2) 董事会决议的表决,实行一人一票。(3) 有限责任公司股东人数较少或者规模较小的,可以设 1 名执行董事,不设董事会。执行董事可以兼任公司经理。执行董事的职权由公司章程规定。

5. 经理

有限责任公司可以设经理,由董事会决定聘任或者解聘。

(三) 监事会

监事会是公司的监督机构。

1. 监事会的组成

(1) 有限责任公司设监事会,其成员不得少于 3 人。股东人数较少或者规模较小的有限责任公司,可以设 1—2 名监事,不设监事会。

(2) 监事会应当包括股东代表和不得低于 1/3 比例的公司职工代表,具体比例由公司章程规定。监事会中的职工代表由公司职工通过职工代表大会、职工大会或者其他形式民主选举产生。

(3) 董事、高级管理人员不得兼任监事。

(4) 监事会设主席 1 人,由全体监事过半数选举产生。监事会主席召集和主持监事会会议;监事会主席不能履行职务或者不履行职务的,由半数以上监事共同推举 1 名监事召集和主持监事会会议。

(5) 监事的任期每届为 3 年。监事任期届满,连选可以连任。监事任期届满未及时改选,或者监事在任期内辞职导致监事会成员低于法定人数的,在改选出的监事就任前,原监事仍应当依照法律、行政法规和公司章程的规定,履行监事职务。

2. 监事会的职权

监事会、不设监事会的公司的监事行使下列职权:(1) 检查公司财务;(2) 对董事、高级管理人员执行公司职务的行为进行监督,对违反法律、行政法规、公司章程或者股东会决议的董事、高级管理人员提出罢免的建议;(3) 当董事、高级管理人员的行为损害公司的利益时,要求董事、高级管理人员予以纠正;(4) 提议召开临时股东会会议,在董事会不履行规定的召集和主持股东会会议职责时召集和主持股东会会议;(5) 向股东会会议提出提案;(6) 依照《公司法》的规定,对董事、高级管理人员提起诉讼;(7) 公司章程规定的其他职权。

3. 监事会的决议

监事会每年度至少召开1次会议,监事可以提议召开临时监事会会议。监事会的议事方式和表决程序,除《公司法》有规定的外,由公司章程规定。监事会决议应当经半数以上监事通过。监事会应当对所议事项的决定做成会议记录,出席会议的监事应当在会议记录上签名。

五、一人有限责任公司

1. 一人有限责任公司的概念

(1) 一人有限责任公司,是指只有一个自然人股东或者一个法人股东的有限责任公司。

(2) 一人有限责任公司是独立的企业法人,具有完全的民事权利能力、民事行为能力和民事责任能力,是有限责任公司中的特殊类型。

2. 一人有限责任公司的特别规定

(1) 一人有限责任公司的注册资本最低限额为人民币10万元,股东应当一次足额缴纳公司章程规定的出资额,不允许分期缴付出资。

(2) 一个自然人只能投资设立一个一人有限责任公司,该一人有限责任公司不能投资设立新的一人有限责任公司。

(3) 一人有限责任公司应当在公司登记中注明自然人独资或者法人独资,并在公司营业执照中载明。

(4) 一人有限责任公司不设股东会。法律规定的股东会职权由股东行使,当股东行使相应职权作出决定时,应当采用书面形式,并由股东签字后置备于公司。

(5) 一人有限责任公司应当在每一会计年度终了时编制财务会计报告,并经会计师事务所审计。

(6) 一人有限责任公司的股东不能证明公司财产独立于股东自己财产的,应当对公司债务承担连带责任。

六、国有独资公司

1. 国有独资公司的概念和特征

国有独资公司是指国家单独出资、由国务院或者地方人民政府委托本级人民政府国有资产监督管理机构履行出资人职责的有限责任公司。

与一般意义上的有限责任公司相比较,国有独资公司具有以下特征:

(1) 公司股东的单一性。国有独资公司的股东只有1个。

(2) 单一股东的特定性。国有独资公司的股东只能是国有资产监督管理机构。

2. 国有独资公司的特别规定

国有独资公司的设立和组织机构适用特别规定,没有特别规定的,适用有限责任公司的相关规定。

(1) 国有独资公司章程由国有资产监督管理机构制定,或者由董事会制定报国有资产监督管理机构批准。

(2) 国有独资公司不设股东会,由国有资产监督管理机构行使股东会职权。① 国有资产监督管理机构可以授权公司董事会行使股东会的部分职权,决定公司的重大事项。② 公司的合并、分立、解散、增减注册资本和发行公司债券,必须由国有资产监督管理机构决定;其中,重要的国有独资公司合并、分立、解散、申请破产的,应当由国有资产监督管理机构审核后,报本级人民政府批准。上述所称重要的国有独资公司,按照国务院的规定确定。

(3) 国有独资公司设立董事会,依照法律规定的有限责任公司董事会的职权和国有资产监督管理机构的授权行使职权。① 董事会成员中应当有公司职工代表。② 董事会成员由国有资产监督管理机构委派;但是,董事会成员中的职工代表由公司职工代表大会选举产生。董事每届任期不得超过3年。③ 董事会设董事长1人,可以设副董事长。董事长、副董事长由国有资产监督管理机构从董事会成员中指定。

(4) 国有独资公司设经理,由董事会聘任或者解聘。国有独资公司经理的职权与一般有限责任公司经理的职权相同。经国有资产监督管理机构同意,董事会成员可以兼任经理。

(5) 国有独资公司的董事长、副董事长、董事、高级管理人员,未经国有资产监督管理机构同意,不得在其他有限责任公司、股份有限公司或者其他经济组织兼职。

(6) 国有独资公司设监事会,其成员不得少于5人,其中职工代表的比例不得低于1/3,具体比例由公司章程规定。监事会成员由国有资产监督管理机构委派;但是,监事会中的职工代表由公司职工代表大会选举产生。监事会主席由国有资产监督管理机构从监事会成员中指定。

第三节　股份有限公司

一、股份有限公司的概念和特征

1. 股份有限公司的概念

股份有限公司，是指依照《公司法》在中国境内设立的，其全部资本分为等额股份，股东以其所持股份为限对公司承担责任，公司以其全部财产对公司的债务承担责任的企业法人。

2. 股份有限公司的特征

(1) 股份有限公司的资本划分为等额股份。公司注册资本总额由若干股份组成，股份的单位数额由公司根据自身情况而定，但无论多少，每股(份)金额必须是相等的。

(2) 公司的股份体现为股票形式。股票可以向社会公开发行和转让，但一般不能退股。股份有限公司的这一特征，是区别于有限责任公司的显著标志。

(3) 股份有限公司实行有限责任制。有限责任是指财产责任，是针对公司和股东双方而言的，股东以其投资入股财产即所持股份为限，公司以其全部资产为限对公司债务承担责任。

(4) 股份有限公司的设立程序较为复杂。

二、股份有限公司的设立

1. 股份有限公司的设立方式

(1) 发起设立，是指由发起人认购公司应发行的全部股份而设立公司。以发起设立方式设立的股份有限公司，在其发行新股之前，其全部股份都由发起人持有，公司的全部股东都是设立公司的发起人。

(2) 募集设立，是指由发起人认购公司应发行股份的一部分，其余股份向社会公开募集或者向特定对象募集而设立公司。法律对采用募集设立方式设立公司规定了较为严格的程序。

2. 股份有限公司的设立条件

(1) 发起人符合法定人数。

发起人是指依法筹办创立股份有限公司事务的人。发起人既可以是自然人，也可以是法人；既可以是中国公民，也可以是外国公民。

设立股份有限公司，应当有 2 人以上 200 人以下为发起人，其中须有半数以上的发起人在中国境内有住所。

股份有限公司发起人承担公司筹办事务。发起人应当签订发起人协议,明确各自在公司设立过程中的权利和义务。

(2) 发起人认购和募集的股本达到法定资本最低限额。

① 股份有限公司注册资本的最低限额为人民币500万元。法律、行政法规对股份有限公司注册资本的最低限额有较高规定的,从其规定。

股份有限公司采取发起设立方式设立的,注册资本为在公司登记机关登记的全体发起人认购的股本总额。公司全体发起人的首次出资额不得低于注册资本的20%,其余部分由发起人自公司成立之日起2年内缴足;其中,投资公司可以在5年内缴足。在缴足前,不得向他人募集股份。

股份有限公司采取募集方式设立的,注册资本为在公司登记机关登记的实收股本总额。即公司的注册资本为公司实际收到作为公司股本的财产总额,已由股东认购但实际并未缴纳的部分,不得计入公司的注册资本额中。

② 发起人可以用货币出资,也可以用实物、知识产权、土地使用权等可以用货币估价并可以依法转让的非货币财产作价出资;但是,法律、行政法规规定不得作为出资的财产除外。全体发起人的货币出资金额不得低于股份有限公司注册资本的30%。

(3) 股份发行、筹办事项符合法律规定。

(4) 发起人制订公司章程,采用募集方式设立的须经创立大会通过。

对于以发起设立方式设立的股份有限公司,由全体发起人共同制订公司章程。对于以募集设立方式设立的股份有限公司,发起人制订的公司章程,还应当经有其他认股人参加的创立大会。以出席会议的认股人所持表决权的半数以上通过,方为有效。

(5) 有公司名称,建立符合股份有限公司要求的组织机构。

(6) 有公司住所。

3. 股份有限公司的设立程序

(1) 发起设立。

① 发起人书面认定公司章程规定其认购的股份。② 缴纳出资。发起人不是以货币出资的,应当依法进行评估作价,核实财产,办理其财产权的转移手续。发起人不按照规定缴纳出资的,应当按照发起人协议的约定承担违约责任。③ 选举董事会和监事会。④ 申请设立登记。

（2）募集设立。

① 发起人认购股份。发起人认购的股份不得少于公司股份总数的35%。法律、行政法规另有规定的，从其规定。

② 向社会公开募集股份。

③ 召开创立大会。发起人应当在创立大会召开15日前将会议日期通知各认股人或者予以公告。创立大会应有代表股份总数过半数的发起人、认股人出席，方可举行。

④ 申请设立登记。发行的股份超过招股说明书规定的截止期限尚未募足的，或者发行股份的股款缴足后，发起人在30日内未召开创立大会的，或创立大会作出不设立公司决议的，认股人可以按照所缴股款并加算银行同期存款利息，要求发起人返还。

发起人、认股人缴纳股款或者交付抵作股款的出资后，除上述情形外不得抽回其股本。

4. 股份有限公司发起人承担的责任

（1）公司不能成立时，对设立行为所产生的债务和费用负连带责任；

（2）公司不能成立时，对认股人已缴纳的股款，负返还股款并加算银行同期存款利息的连带责任；

（3）在公司设立过程中，由于发起人的过失致使公司利益受到损害的，应当对公司承担赔偿责任。

三、股份有限公司的股份

1. 股份和股票的概念

（1）股份是指将股份有限公司的注册资本按相同的金额或比例划分为相等的份额。

① 所有股东持有的股份加起来所代表的资本数额即为公司的资本总额。

② 每股金额相等，所表现出的股东权利和义务是相等的。

（2）股票是指公司签发的证明股东所持股份的凭证，是股份的表现形式。

① 股票是有价证券。股票记载着股票种类、票面金额及代表的股份数。

② 股票是证权证券。任何人只要合法占有股票，其就可以依法向公司行使权利。

③ 股票是要式证券。股票应当采取纸面形式或者国务院证券监督管理机构规定的其他形式。

④ 股票是流通证券。股票可以在证券交易市场依法进行交易。

2. 股票的种类

(1) 普通股和优先股。普通股是指享有普通权利、承担普通义务的股份,是股份的最基本形式。依照规定,普通股股东享有决策参与权、利润分配权、优先认股权和剩余资产分配权。

优先股是指享有优先权的股份。公司对优先股的股利须按约定的股利率支付,不受公司盈利大小的影响。在公司进行清算时,优先股股东先于普通股股东取得公司剩余财产。但是,优先股股东不参与公司决策,不参与公司红利分配。

(2) 国有股、发起人股和社会公众股。国有股包括国家股和国有法人股,国家股是指有权代表国家投资的政府部门或机构以国有资产投入公司形成的股份或依法定程序取得的股份。发起人股是指股份公司的发起人认购的股份。社会公众股是指个人和机构以合法财产购买并可依法流通的股份。

(3) 记名股票和无记名股票。记名股票是指在票面上记载股东姓名或名称的股票。公司向发起人、法人发行的股票,应当为记名股票。无记名股票是指在票面上不记载股东姓名或名称的股票。

3. 股份的发行原则

(1) 公平、公正的原则。

同一次发行中的同一种股份应当具有同等的权利,享有同等的利益,同类股份必须同股同权、同股同利;在同次股份发行中,相同种类的股份,每股的发行条件和发行价格应当相同;不允许任何人进行内幕交易、价格操纵、价格欺诈等不正当行为获得超过其他人的利益。

(2) 同股同价原则。

同股同价,是指同次发行的同种类股票,每股的发行条件和价格应当是相同的。

4. 股票的发行价格

股票发行价格可以按票面金额,也可以超过票面金额,但不得低于票面金额。因为,低于票面金额发行股票,违背资本充实原则,使股票发行募集的资金低于公司相应的注册资本数额。

5. 公司发行新股

(1) 发行新股是指股份有限公司成立后再向社会募集股份的法律行为。股份有限公司发行新股是股份有限公司向社会募集股份,增加公司注册资本的行为。

(2) 公司发行新股,股东大会应当对下列事项作出决议:新股种类及数额;

新股发行价格;新股发行的起止日期;向原有股东发行新股的种类及数额。

6. 股份转让

(1) 股份转让是指股份有限公司的股份持有人依法自愿将自己所拥有的股份转让给他人,使他人取得股份成为股东或增加股份数额的法律行为。① 股份转让在公司法中特指股份有限公司的股份转让。《公司法》将有限责任公司股东转让出资的行为称为股权转让(或称出资的转让)。② 股份转让须依法进行。

(2) 股份转让的法律规定。

① 股份转让的地点。股东转让其股份,应当在依法设立的证券交易场所进行或者按照国务院规定的其他方式进行。

② 股份转让的方式。第一,记名股票,由股东以背书方式或者法律、行政法规规定的其他方式转让,转让后由公司将受让人的姓名或者名称及住所记载于股东名册。股东大会召开前 20 日内或者公司决定分配股利的基准日前 5 日内,不得进行上述规定的股东名册的变更登记。但是,法律对上市公司股东名册变更登记另有规定的,从其规定。

第二,无记名股票的转让,由股东将该股票交付给受让人后即发生转让的效力。

(3) 股份转让的限制。

① 对发起人转让股份的限制:发起人持有的本公司股份,自公司成立之日起 1 年内不得转让。公司公开发行股份前已发行的股份,自公司股票在证券交易所上市交易之日起 1 年内不得转让。

② 对公司董事、监事、高级管理人员转让股份的限制:公司董事、监事、高级管理人员应当向公司申报所持有的本公司的股份及其变动情况,在任职期间每年转让的股份不得超过其所持有本公司股份总数的 25%;所持本公司股份自公司股票上市交易之日起 1 年内不得转让。

上述人员离职后半年内,不得转让其所持有的本公司股份。公司章程可以对公司董事、监事、高级管理人员转让其所持有的本公司股份作出其他限制性规定。

(4) 公司不得收购本公司股份。但是,有下列情形之一的除外:

① 减少公司注册资本。如果公司在经营期间,出于某种原因,需要削减公司注册资本,应当通过注销部分股份的方式进行。公司为注销股份,可以在证券市场上收购本公司股份。② 与持有本公司股份的其他公司合并。股份有限公司的股份可以为其他公司所持有,在公司与持有本公司股份的其他公司合并

后,公司就会因此而持有自己公司的股份。③ 将股份奖励给本公司职工。公司不得持有本公司的股份,但是公司职工可以持有本公司的股份,将股份奖励给本公司职工是一种被广泛运用的激励措施。④ 股东因对股东大会作出的公司合并、分立决议持异议,要求公司收购其股份的。

公司因上述第①项至第③项的原因收购本公司股份的,应当经股东大会决议。

公司依照上述规定收购本公司股份后,属于第①项情形的,应当自收购之日起 10 日内注销;属于第②项、第④项情形的,应当在 6 个月内转让或者注销。公司依照上述第③项规定收购的本公司股份不得超过本公司已发行股份总额的 5%;用于收购的资金应当从公司的税后利润中支出:所收购的股份应当在 1 年内。

(5) 公司不得接受本公司的股票作为质押权的标的。主要是为了防止变相违规收购本公司股份。转让给职工。

(6) 记名股票被盗、遗失或者灭失,股东可以依照《民事诉讼法》规定的公示催告程序,请求人民法院宣告该股票失效。人民法院宣告该股票失效后,股东可以向公司申请补发股票。公示催告的期间,由人民法院根据情况决定,但不得少于 60 日。公示催告期间,转让票据权利的行为无效。

(7) 上市公司的股票,依照有关法律、行政法规及证券交易所交易规则上市交易。

四、股份有限公司的组织机构

(一) 股东大会

1. 股东大会的性质和组成

股份有限公司的股东大会是公司的权力机构。股份有限公司的股东大会由全体股东组成,公司的任何一个股东,无论其所持股份有多少,都是股东大会的成员。

2. 股东大会的职权

(1) 股份有限公司股东大会的职权与有限责任公司股东会的职权的规定基本相同。

(2) 上市公司的股东大会还有权对公司聘用、解聘会计师事务所作出决议;审议代表公司发行在外有表决权股份总数的 5% 以上的股东的提案;审议法律、法规和公司章程规定应当由股东大会决定的其他事项。

3．股东大会的形式

股东大会分为年会与临时大会。股东大会应当每年召开 1 次年会。有下列情形之一的，应当在两个月内召开临时股东大会：

（1）董事人数不足《公司法》规定人数或者公司章程所定人数的 2/3 时；

（2）公司未弥补的亏损达实收股本总额 1/3 时；

（3）单独或者合计持有公司 10% 以上股份的股东请求时；

（4）董事会认为必要时；

（5）监事会提议召开时；

（6）公司章程规定的其他情形。

4．股东大会的召开

（1）股东大会会议由董事会召集，董事长主持；董事长不能履行职务或者不履行职务的，由副董事长主持；副董事长不能履行职务或者不履行职务的，由半数以上董事共同推举一名董事主持。

（2）董事会不能履行或者不履行召集股东大会会议职责的，监事会应当及时召集和主持；监事会不召集和主持的，连续 90 日以上单独或者合计持有公司 10% 以上股份的股东可以自行召集和主持。

（3）召开股东大会会议，应当将会议召开的时间、地点和审议的事项于会议召开 20 日前通知各股东；临时股东大会应当于会议召开 15 日前通知各股东；发行无记名股票的，应当于会议召开 30 日前公告会议召开的时间、地点和审议事项。

（4）单独或者合计持有公司 3% 以上股份的股东，可以在股东大会召开 10 日前提出临时提案并书面提交董事会；董事会应当在收到提案后 2 日内通知其他股东，并将该临时提案提交股东大会审议。临时提案的内容应当属于股东大会职权范围，并有明确议题和具体决议事项。

（5）股东大会不得对召开会议的通知中未列明的事项作出决议。

5．股东大会的决议

（1）股东出席股东大会会议，所持每一股份有一表决权。股东可以委托代理人出席股东大会会议，代理人应当向公司提交股东授权委托书，并在授权范围内行使表决权。但是，公司持有的本公司股份没有表决权。

（2）股东大会对普通事项作出决议，必须经出席会议的股东所持表决权过半数通过。

（3）股东大会作出修改公司章程、增加或者减少注册资本的决议，以及公司合并、分立、解散或者变更公司形式的决议，必须经出席会议的股东所持表决权的2/3以上通过。

(4)《公司法》和公司章程规定公司转让、受让重大资产或者对外提供担保等事项必须经股东大会作出决议的，董事会应当及时召集股东大会会议，由股东大会就上述事项进行表决。

所谓“重大资产”，通常是指公司转让、受让的资产总额、资产净额、主营业务收入三项指标中的任意一项指标，占公司最近一个会计年度经审计的合并报表的相对应指标的50%以上的资产。

(5)股东大会选举董事、监事，可以根据公司章程的规定或者股东大会的决议，实行累积投票制。

(6)股东大会应当对所议事项的决定作成会议记录，主持人、出席会议的董事应当在会议记录上签名。会议记录应当与出席股东的签名册及代理出席的委托书并保存。

(二)董事会、经理

1. 董事会的性质和组成

(1)股份有限公司的董事会是股东大会的执行机构，对股东大会负责。

(2)股份有限公司设董事会，其成员为5人至19人。董事会成员中可以有公司职工代表。董事会中的职工代表由公司职工通过职工代表大会、职工大会或者其他形式民主选举产生。

(3)股份有限公司的董事任期由公司章程规定，但每届任期不得超过3年。董事任期届满，连选可以连任。

2. 董事会的职权

股份有限公司董事会的职权与有限责任公司董事会的职权的规定基本相同。

3. 董事会的召开

(1)董事会设董事长1人，可以设副董事长。董事长和副董事长由董事会以全体董事的过半数选举产生。

(2)董事长召集和主持董事会会议，检查董事会决议的实施情况。副董事长协助董事长工作，董事长不能履行职务或者不履行职务的，由副董事长履行职务；副董事长不能履行职务或者不履行职务的，由半数以上董事共同推举1名董事履行职务。

(3)董事会每年度至少召开2次会议，每次会议应当于会议召开10日前通知全体董事和监事。代表1/10以上表决权的股东、1/3以上董事或者监事会，可以提议召开董事会临时会议。董事长应当自接到提议后10日内，召集和主持董事会会议。董事会召开临时会议,可以另定召集董事会的通知方式和通知时限。

4. 董事会的决议

(1) 董事会会议应有过半数的董事出席方可举行。董事会作出决议,必须经全体董事的过半数通过。董事会决议的表决,实行一人一票,即每个董事只能享有一票表决权。

(2) 董事会会议,应由董事本人出席;董事因故不能出席,可以书面委托其他董事代为出席,委托书中应载明授权范围。董事会应当对会议所议事项的决定作成会议记录,出席会议的董事应当在会议记录上签名。

(3) 董事应当对董事会的决议承担责任。董事会的决议违反法律、行政法规或者公司章程、股东大会决议,致使公司遭受严重损失的,参与决议的董事对公司负赔偿责任。但经证明在表决时曾表明异议并记载于会议记录的,该董事可以免除责任。

5. 经理

股份有限公司设经理,由董事会决定聘任或者解聘。股份有限公司经理的职权与有限责任公司经理的职权的规定基本相同。公司董事会可以决定由董事会成员兼任公司经理。

(三) 监事会

股份有限公司依法应当设立监事会,监事会为公司的监督机构。

1. 监事会的组成

(1) 股份有限公司监事会成员不得少于3人,应当包括股东代表和适当比例的公司职工代表,其中职工代表的比例不得低于1/3,具体比例由公司章程规定。监事会中的职工代表由公司职工通过职工代表大会、职工大会或者其他形式民主选举产生。

(2) 董事、高级管理人员不得兼任监事。

(3) 监事的任期每届为3年。监事任期届满,连选可以连任。

2. 监事会的职权

股份有限公司监事会的职权与有限责任公司监事会的职权的规定基本相同。

3. 监事会的召开

(1) 监事会设主席1人,可以设副主席。监事会主席和副主席由全体监事过半数选举产生。

(2) 监事会每6个月至少召开1次会议。监事可以提议召开临时监事会会议。监事会的议事方式和表决程序,除《公司法》有规定的外,由公司章程规定。

(3) 监事会应当对所议事项的决定作成会议记录,出席会议的监事应当在会议记录上签名。

(四) 上市公司组织机构的特别规定

上市公司,是指其股票在证券交易所上市交易的股份有限公司。

1. 增加股东大会特别决议事项

上市公司在1年内购买、出售重大资产或者担保金额超过公司资产总额30%的,应当由股东大会作出决议,并经出席会议的股东所持表决权的2/3以上通过。

2. 上市公司设立独立董事

(1) 独立董事,是指既不是公司股东,又不在公司担任除董事外的其他职务,并与其受聘的上市公司及其主要股东不存在可能妨碍其进行独立客观判断的关系的董事。

(2) 担任独立董事应当符合下列基本条件:① 根据法律、行政法规及其他有关规定,具备担任上市公司董事的资格;② 具有所要求的独立性;③ 具备上市公司运作的基本知识,熟悉相关法律、行政法规、规章及规则;④ 具有5年以上法律、经济或者其他履行独立董事职责所必需的工作经验;⑤ 公司章程规定的其他条件。

(3) 下列人员不得担任独立董事:

① 在上市公司或者其附属企业任职的人员及其直系亲属、主要社会关系(直系亲属是指配偶、父母、子女等;主要社会关系是指兄弟姐妹、岳父母、儿媳女婿、兄弟姐妹的配偶、配偶的兄弟姐妹等);

② 直接或间接持有上市公司已发行股份1%以上或者是上市公司前10名股东中的自然人股东及其直系亲属;

③ 在直接或间接持有上市公司已发行股份5%以上的股东单位或者在上市公司前5名股东单位任职的人员及其直系亲属;

④ 最近1年内曾经具有前三项所列举情形的人员;

⑤ 为上市公司或者其附属企业提供财务、法律、咨询等服务的人员;

⑥ 公司章程规定的其他人员;

⑦ 中国证监会认定的其他人员。

(4) 独立董事除依法行使股份有限公司董事的职权外,还行使下列职权:

① 对公司关联交易、聘用或者解聘会计师事务所等重大事项进行审核并发

表独立意见；

② 就上市公司董事、高级管理人员的提名、任免、报酬、考核事项以及其认为可能损害中小股东权益的事项发表独立意见。

独立董事发表的独立意见应当作成记录，并经独立董事书面签字确认。股东有权查阅独立董事发表的独立意见。

3. 上市公司设立董事会秘书

董事会秘书是指掌管董事会文件并协助董事会成员处理日常事务的人员。

4. 增设关联关系董事的表决权排除制度

(1) 上市公司董事与董事会会议决议事项所涉及的企业有关联关系的，不得对该项决议行使表决权，也不得代理其他董事行使表决权。

(2) 该董事会会议由过半数的无关联关系董事出席即可举行，董事会会议所作决议须经无关联关系董事过半数通过。出席董事会的无关联关系董事人数不足 3 人的，应将该事项提交上市公司股东大会审议。这里所称关联关系，是指上市公司的董事与董事会决议事项所涉及的企业之间存在直接或者间接的利益关系。

第四节　公司董事、监事、高级管理人员的资格和义务

一、公司董事、监事、高级管理人员的资格

高级管理人员，是指公司的经理、副经理、财务负责人，上市公司董事会秘书和公司章程规定的其他人员。

《中华人民共和国公司法》第 147 条以列举排除的方式规定了公司董事、监事、高级管理人员的任职资格。有下列五种情形之一的，不得担任公司的董事、监事、高级管理人员：

(1) 无民事行为能力或者限制民事行为能力；

(2) 因贪污、贿赂、侵占财产、挪用财产或者破坏社会主义市场经济秩序，被判处刑罚，执行期满未逾五年，或者因犯罪被剥夺政治权利，执行期满未逾五年；

(3) 担任破产清算的公司、企业的董事或者厂长、经理，对该公司、企业的破产负有个人责任的，自该公司、企业破产清算完结之日起未逾三年；

(4) 担任因违法被吊销营业执照、责令关闭的公司、企业的法定代表人，并负有个人责任的，自该公司、企业被吊销营业执照之日起未逾三年；

（5）个人所负数额较大的债务到期未清偿。

公司选举、委派的董事、监事或聘任的高级管理人员具有以上五种情形之一的，其选举、委派或聘任无效；董事、监事、高级管理人员任职期间出现以上五种情形之一的，公司应当解除其职务。

需要注意的是，第 147 条关于董事、监事、高级管理人员的任职资格的规定是强制性规定，不能通过公司章程作出相违背的规定；但公司章程可在不违背第 147 条的基础上，对董事、监事、高级管理人员的任职资格做进一步规定。

二、公司董事、监事、高级管理人员的义务

（1）遵守法律、行政法规和公司章程的义务。

（2）忠实、勤勉的义务。按照我国有关法规与学者的概括，忠实义务是指义务人对由其所控制公司负有的忠实“维护公司利益，不得利用在公司的地位和职权为自己谋取私利”之义务；“当其自身的利益与公司和股东的利益相冲突时，应当以公司和股东的最大利益为行动准则”之义务；具体表现有不得利用职权收受贿赂或者其他非法收入，不得侵占公司的财产等。勤勉义务又被称为“注意义务”，是指义务人对由其控制的公司所负有的对于公司事务勤勉尽责、合理注意和做出合理商业判断的义务；具体要求义务人不失职、不越权。

（3）董事、监事、高级管理人员被要求列席股东会或股东大会的，则负有列席会议并接受股东质询的义务。

三、公司董事、监事、高级管理人员的禁止行为

（1）挪用公司资金；

（2）将公司资金以其个人名义或者以其他个人名义开立账户存储；

（3）违反公司章程的规定，未经股东会、股东大会或者董事会同意，将公司资金借贷给他人或者以公司财产为他人提供担保；

（4）违反公司章程的规定或者未经股东会、股东大会同意，与本公司订立合同或者进行交易；

（5）未经股东会或者股东大会同意，利用职务便利为自己或者他人谋取属于公司的商业机会，自营或者为他人经营与所任职公司同类的业务；

（6）接受他人与公司交易的佣金归为己有；

（7）擅自披露公司秘密；

（8）违反对公司忠实义务的其他行为。

对第(7)项应理解为，除依法律规定或经股东会同意外，不得披露公司秘

密。公司秘密包括技术信息、经营信息、管理秘密、投资秘密等。

公司董事、监事、高级管理人员因上述不得从事之行为所得的收入应归公司所有。

四、公司董事、监事、高级管理人员的法律责任

《中华人民共和国公司法》第 150 条规定："董事、监事、高级管理人员执行公司职务时违反法律、行政法规或者公司章程的规定，给公司造成损失的，应当承担赔偿责任。"此为董事、监事、高级管理人员的民事责任。

《中华人民共和国公司法》第 216 条规定："违反本法规定，构成犯罪的，依法追究刑事责任。"据此，若董事、监事、高级管理人员违反公司法的行为构成犯罪的话，还需追究刑事责任。

第五节　公司债券和财务、会计制度

一、公司债券

（一）公司债券的概念和特征

1. 公司债券的概念

公司债券，是指公司依照法定程序发行、约定在一定期限还本付息的有价证券。

2. 公司债券的特征

公司债券与公司股票比较，有如下不同的法律特征：

（1）公司债券的持有人是公司的债权人，对于公司享有民法上规定的债权人的所有权利，而股票的持有人则是公司的股东，享有《公司法》所规定的股东权利；

（2）公司债券的持有人，无论公司是否有盈利，对公司享有按照约定给付利息的请求权，而股票持有人，则必须在公司有盈利时才能依法获得股利分配；

（3）公司债券到了约定期限，公司必须偿还债券本金，而股票持有人仅在公司解散时方可请求分配剩余财产；

（4）公司债券的持有人享有优先于股票持有人获得清偿的权利，而股票持有人必须在公司全部债务清偿之后，方可就公司剩余财产请求分配；

（5）公司债券的利率一般是固定不变的，风险较小，而股票股利分配的高低，与公司经营好坏密切相关，故常有变动，风险较大。

（二）公司债券的种类

1. 记名公司债券和不记名公司债券

（1）记名公司债券是指债券票面载有持有人姓名或者名称的公司债券。

（2）不记名公司债券是指债券票面没有载有持有人姓名或者名称的公司债券。

2. 可转换公司债券和不可转换公司债券

（1）可转换公司债券是指可以转换成公司股票的公司债券。这种公司债券在发行时规定了转换为公司股票的条件与办法。当条件具备时，债券持有人拥有将公司债券转换为公司股票的选择权。（2）不可转换公司债券是指不能转换为公司股票的公司债券。凡在发行债券时未作出转换约定的，均为不可转换公司债券。

（三）公司债券的发行

发行公司债券应当符合《中华人民共和国证券法》规定的发行条件：

（1）发行公司债券的申请经国务院授权的部门核准后，应当公告公司债券募集办法。

（2）公司以实物券方式发行公司债券的，必须在债券上载明公司名称、债券票面金额、利率、偿还期限等事项，并由法定代表人签名，公司盖章。

（3）公司发行公司债券应当置备公司债券存根簿。

（4）记名公司债券的登记结算机构应当建立债券登记、存管、付息、兑付等相关制度。

（四）公司债券的转让

公司债券可以转让，转让价格由转让人与受让人约定。

公司债券在证券交易所上市交易的，按照证券交易所的交易规则转让。

（1）记名公司债券，由债券持有人以背书方式或者法律、行政法规规定的其他方式转让；转让后由公司将受让人的姓名或者名称及住所记载于公司债券存根簿。无记名公司债券的转让，由债券持有人将该债券交付给受让人后即发生转让的效力。

（2）上市公司经股东大会决议可以发行可转换为股票的公司债券，并在公司债券募集办法中规定具体的转换办法。上市公司发行可转换为股票的公司债券，应当报国务院证券监督管理机构核准。

发行可转换为股票的公司债券，应当在债券上标明可转换公司债券字样，并在公司债券存根簿上载明可转换公司债券的数额。

（3）发行可转换为股票的公司债券的，公司应当按照其转换办法向债券持有人换发股票,但债券持有人对转换股票或者不转换股票有选择权。

二、公司的财务、会计制度

1. 公司财务会计制度的概念和作用

公司财务会计制度是公司财务制度和会计制度的统称,是公司法、相关法律法规以及公司章程所确立的公司财务会计规则。公司法规定的财务会计制度主要包括公司财务会计报告、利润分配、会计账簿管理等规则。

建立公司财务会计制度具有如下作用:

(1) 有利于保护投资者和债权人的利益。

(2) 有利于保护社会公共利益和职工集体利益。

(3) 有利于吸收社会投资。

(4) 有利于政府的宏观管理。

2. 公司财务、会计的基本要求

(1) 公司应当依照法律、行政法规和国务院财政部门的规定建立本公司的财务、会计制度。

(2) 公司应当在每一会计年度终了时编制财务会计报告,并依法经会计师事务所审计。

(3) 有限责任公司应当按照公司章程规定的期限将财务会计报告送交各股东。股份有限公司的财务会计报告应当在召开股东大会年会的20日前置备于本公司,供股东查阅;公开发行股票的股份有限公司必须公告其财务会计报告。

(4) 公司应当依法建立账簿开立账户。公司除法定的会计账簿外,不得另立会计账簿。对公司资产,不得以任何个人名义开立账户存储。

(5) 公司应当依法聘用、解聘会计师事务所。

3. 公司利润分配

公司利润,是指公司在一定会计期间的经营成果。

公司应当按照如下顺序进行利润分配:(1) 弥补以前年度的亏损,但不得超过税法规定的弥补期限;(2) 缴纳所得税;(3) 弥补在税前利润弥补亏损之后仍存在的亏损;(4) 提取法定公积金;(5) 提取任意公积金;(6) 向股东分配利润。

公司弥补亏损和提取公积金后所余税后利润,有限责任公司按照股东实缴的出资比例分配,但全体股东约定不按照出资比例分配的除外;股份有限公司按照股东持有的股份比例分配,但股份有限公司章程规定不按持股比例分配的除外。

公司股东会、股东大会或者董事会违反规定,在公司弥补亏损和提取法定公积金之前向股东分配利润的,股东必须将违反规定分配的利润退还公司。公司持有的本公司股份不得分配利润。

第六节 公司的合并、分立、解散和清算

一、公司的合并

公司合并是指两个以上的公司依照法定程序变为一个公司的行为。

公司合并有两种形式:一是吸收合并;二是新设合并。吸收合并是指一个公司吸收其他公司加入本公司,被吸收的公司解散。新设合并是指两个以上公司合并设立一个新的公司,合并各方解散。

公司合并应遵循以下程序:(1) 签订合并协议。(2) 编制资产负债表及财产清单。(3) 作出合并决议。(4) 通知债权人。公司应当自作出合并决议之日起10日内通知债权人,并于30日内在报纸上公告。债权人自接到通知书之日起30日内,未接到通知书的自公告之日起45日内,可以要求公司清偿债务或者提供相应的担保。(5) 依法进行登记。

公司合并时,合并各方的债权、债务,应当由合并后存续的公司或者新设的公司承继。

二、公司的分立

公司分立是指一个公司依法分为两个以上的公司。

公司分立一般有两种:一是派生分立,即公司以其部分财产和业务另设一个新的公司,原公司存续;二是新设分立,即公司以其全部财产设立两个以上的新公司,原公司解散。

公司分立的程序与公司合并的程序基本一样。

公司分立前的债务由分立后的公司承担连带责任。但是,公司在分立前与债权人就债务清偿达成的书面协议另有约定的除外。

三、公司注册资本的减少和增加

1. 公司注册资本的减少

(1) 公司需要减少注册资本时,必须编制资产负债表及财产清单。

（2）公司减少注册资本时，应当自作出减少注册资本决议之日起10内通知债权人，并于30日内在纸上公告。债权人自接到通知书之日起30日内，未接到通知书的自公告之日起45日内，有权要求公司清偿债务或者提供相应的担保。

（3）公司减资后的注册资本不得低于法定的最低限额。

（4）公司减少注册资本，应当依法向公司登记机关办理变更登记。

2. 公司注册资本的增加

公司增加注册资本，应当依法向公司登记机关办理变更登记。

四、公司的解散

《公司法》规定，公司解散的原因有：

（1）公司章程规定的营业期限届满或者公司章程规定的其他解散事由出现；

（2）股东会或者股东大会决议解散；

（3）因公司合并或者分立需要解散；

（4）依法被吊销营业执照、责令关闭或者被撤销；

（5）人民法院依法予以解散。

《公司法》第183条规定，公司经营管理发生严重困难，继续存续会使股东利益受到重大损失，通过其他途径不能解决的，持有公司全部股东表决权10%以上的股东，可以请求人民法院解散公司。

单独或者合计持有公司全部股东表决权10%以上的股东，以下列事由之一提起解散公司诉讼，并符合《公司法》有关规定的，人民法院应予受理：

（1）公司持续两年以上无法召开股东会或者股东大会，公司经营管理发生严重困难的；

（2）股东表决时无法达到法定或者公司章程规定的比例，持续两年以上不能做出有效的股东会或者股东大会决议，公司经营管理发生严重困难的；

（3）公司董事长期冲突，且无法通过股东会或者股东大会解决，公司经营管理发生严重困难的；

（4）经营管理发生其他严重困难，公司继续存续会使股东利益受到重大损失的情形。

股东以知情权、利润分配请求权等权益受到损害，或者公司亏损、财产不足以偿还全部债务，以及公司被吊销企业法人营业执照未进行清算等为由，提起解散公司诉讼的，人民法院不予受理。

股东提起解散公司诉讼应当以公司为被告。经人民法院调解公司收购原告股份的,公司应当自调解书生效之日起 6 个月内将股份转让或者注销。股份转让或者注销之前,原告不得以公司收购其股份为由对抗公司债权人。

公司被依法宣告破产的,依照有关企业破产的法律制度实施破产清算。

五、公司的清算

1. 成立清算组

公司应当在解散事由出现之日起 15 日内成立清算组。有下列情形之一,债权人申请人民法院指定清算组进行清算的,人民法院应予受理:

(1) 公司解散逾期不成立清算组进行清算的;

(2) 虽然成立清算组但故意拖延清算的;

(3) 违法清算可能严重损害债权人或者股东利益的。

具有上述情形,而债权人未提起清算申请,公司股东申请人民法院指定清算组对公司进行清算的,人民法院应予受理。

有限责任公司的清算组由股东组成,股份有限公司的清算组由董事或者股东大会确定的人员组成。人民法院受理公司清算案件,应当及时指定有关人员组成清算组。清算组成员可以从下列人员或者机构中产生:

(1) 公司股东、董事、监事、高级管理人员;

(2) 依法设立的律师事务所、会计师事务所、破产清算事务所等社会中介机构;

(3) 依法设立的律师事务所、会计师事务所、破产清算事务所等社会中介机构中具备相关专业知识并取得执业资格的人员。

2. 清算组的职权

清算组在公司清算期间代表公司进行一系列民事活动,全权处理公司经济事务和民事诉讼活动。

3. 清算工作程序

(1) 登记债权。

① 清算组应当自成立之日起 10 日内通知债权人,并于 60 日内在报纸上公告。债权人应当自接到通知书之日起 30 日内,未接到通知书的自公告之日起 45 日内,向清算组申报其债权。

② 债权人在规定的期限内未申报债权,在公司清算程序终结前补充申报的,清算组应予登记。债权人补充申报的债权,可以在公司尚未分配财产中依法清偿。

③ 在申报债权期间，清算组不得对债权人进行清偿。

(2) 清理公司财产，制订清算方案。

① 清算组应当对公司财产进行清理，编制资产负债表和财产清单，制订清算方案。清算方案应当报股东会、股东大会或者人民法院确认。

② 公司解散时，股东尚未缴纳的出资均应作为清算财产。股东尚未缴纳的出资，包括到期应缴未缴的出资，以及依照公司法的规定分期缴纳尚未届满缴纳期限的出资。

③ 清算组在清理公司财产、编制资产负债表和财产清单后，发现公司财产不足清偿债务的，应当依法向人民法院申请宣告破产。

(3) 清偿债务。

① 公司财产在分别支付清算费用、职工的工资、社会保险费用和法定补偿金，缴纳所欠税款，清偿公司债务后的剩余财产，有限责任公司按照股东的出资比例分配，股份有限公司按照股东持有的股份比例分配。

② 清算期间，公司存续，但不得开展与清算无关的经营活动。

③ 公司财产在未按上述规定清偿前，不得分配给股东。

(4) 公告公司终止。

公司清算结束后，清算组应当制作清算报告，报股东会、股东大会或者人民法院确认，并报送公司登记机关，申请注销公司登记，公告公司终止。

第七节　外国公司的分支机构

一、外国公司的分支机构的概念和特征

所谓外国公司的分支机构，是指外国公司在中华人民共和国境内设立的不具有法人资格的从事生产经营活动的经济实体。

外国公司的分支机构具有如下特征：

(1) 不具有法人资格，不能独立承担法律责任。这是外国公司分支机构最突出的特点。(2) 不具有公司法人的内部组织结构。(3) 没有自己的公司名称和公司章程，其名称中要表明该外国公司的国籍及责任形式。(4) 没有自己的独立财产。

二、外国公司分支机构的设立及法律地位

1. 设立条件

(1) 外国公司在中国境内设立分支机构，必须向中国主管机关提出申请，

并提交其公司章程、所属国的公司登记证书等有关文件,经批准后,向公司登记机关依法办理登记,领取营业执照。

(2) 外国公司在中国境内设立分支机构,必须在中国境内指定负责该分支机构的代表人或者代理人,并向该分支机构拨付与其所从事的经营活动相适应的资金。

(3) 外国公司的分支机构应当在其名称中表明该外国公司的国籍及责任形式。外国公司的分支机构应当在本机构中置备该外国公司章程。

2. 法律地位和待遇

外国公司在中国境内设立的分支机构不具有中国法人资格。外国公司对其分支机构在中国境内进行经营活动承担民事责任。

外国公司撤销其在中国境内的分支机构时,必须依法清偿债务,依照本法有关公司清算程序的规定进行清算。未清偿债务之前,不得将其分支机构的财产移至中国境外。

三、外国公司分支机构的撤销和清算

根据《公司法》规定,外国公司撤销其在中国境内的分支机构时,必须依法清偿债务,进行清算。因其他原因而撤销,是否必须清算,《公司法》未作规定。

外国公司分支机构的清算程序依照《公司法》有关公司清算的规定执行。未清偿债务之前,不得将分支机构的财产移至中国境外。

第八节 违反公司法的法律责任

一、发起人或股东的法律责任

(1) 违反《公司法》规定,虚报注册资本、提交虚假材料或者采取其他欺诈手段隐瞒重要事实取得公司登记的,由公司登记机关责令改正,对虚报注册资本的公司,处以虚报注册资本金额5%—15%的罚款:对提交虚假材料或者采取其他欺诈手段隐瞒重要事实的公司,处以5万—50万元的罚款;情节严重的,撤销公司登记或者吊销营业执照。构成犯罪的,依法追究刑事责任:处3年以下有期徒刑或者拘役,并处或者单处虚报注册资本金1%—5%的罚金。单位犯此罪的,对单位处以罚金,并对其直接负责的主管人员和其他直接责任人员,处3年以下有期徒刑或者拘役。

(2) 发起人、股东“虚假出资”的,由公司登记机关责令改正,处以虚假出资

金额5%—15%的罚款。构成犯罪的,依法追究刑事责任:处5年以下有期徒刑或者拘役,并处或者单处虚假出资金额2%—10%的罚金。单位犯此罪的,对单位处以罚金,并对其直接负责的主管人员和其他直接责任人员,处5年以下有期徒刑或者拘役。

(3) 发起人、股东"抽逃出资"的,由公司登记机关责令改正,处以所抽逃出资金额5%—15%的罚款。构成犯罪的,依法追究刑事责任:处5年以下有期徒刑或者拘役,并处或者单处抽逃出资金额2%—10%的罚金。单位犯此罪的,对单位处以罚金,并对其直接负责的主管人员和其他直接责任人员,处5年以下有期徒刑或者拘役。

二、公司的法律责任

(1) 在法定的会计账簿以外另立会计账簿的,由县级以上人民政府财政部门责令改正,处以5万—50万元的罚款。构成犯罪的,依法追究刑事责任。

(2) 公司在财务会计报告上作虚假记载或者隐瞒重要事实的,由有关主管部门对直接负责的主管人员和其他直接责任人员处以3万元—30万元的罚款。

(3) 公司违反《公司法》规定,应当承担民事赔偿责任和缴纳罚款、罚金的,其财产不足以支付时,先承担民事赔偿责任。

三、清算组的法律责任

《公司法》第190条规定,清算组成员不得利用职权收受贿赂或者其他非法收入,不得侵占公司财产。如果违反上述规定,清算组成员因故意或者重大过失给公司或者债权人造成损失的,应当承担赔偿责任。这样将清算组的义务和民事责任对应,以保障清算组成员严格履行清算义务。

四、承担资产评估、验资或验证的机构的法律责任

(1) 承担资产评估、验资或者验证的机构"故意"提供虚假材料的,由公司登记机关没收违法所得,处以违法所得1倍以上5倍以下的罚款,并可以由有关主管部门依法责令该机构停业、吊销直接责任人员的资格证书,吊销营业执照。构成犯罪的,依法追究刑事责任:处5年以下有期徒刑或者拘役,并处罚金。如果犯此罪并有索取他人财物或者非法收受他人财物的,处5年以上10年以下有期徒刑,并处罚金。

(2) 承担资产评估、验资或者验证的机构因"过失"提供有重大遗漏的报告的,由公司登记机关责令改正,情节较重的,处以所得收入1倍以上5倍以下的

罚款，并可以由有关主管部门依法责令该机构停业、吊销直接责任人员的资格证书，吊销营业执照。严重不负责任，出具的证明文件有重大失实，造成严重后果的，处3年以下有期徒刑或者拘役，并处或者单处罚金。

（3）承担资产评估、验资或者验证的机构因其出具的评估结果、验资或者验证证明不实，给公司债权人造成损失的，除能够证明自己没有过错的外，在其评估或者证明不实的金额范围内承担赔偿责任。

五、政府有关主管部门的法律责任

（1）公司登记机关对不符合《公司法》规定条件的登记申请予以登记，或者对符合《公司法》规定条件的登记申请不予登记的，对直接负责的主管人员和其他直接责任人员，依法给予行政处分。构成犯罪的，依法追究刑事责任。

（2）公司登记机关的上级部门强令公司登记机关对不符合《公司法》规定条件的登记申请予以登记，或者对符合《公司法》规定条件的登记申请不予登记的，或者对违法登记进行包庇的，对直接负责的主管人员和其他直接责任人员依法给予行政处分。构成犯罪的，依法追究刑事责任。

案例分析 >>>

甲股份有限公司董事会决议事项存在哪些问题？[①]

甲股份有限公司（以下简称甲公司）于2006年2月1日召开董事会会议，该次会议召开情况及讨论决议事项如下：

（1）甲公司董事会的7名董事中有6名出席该次会议。其中，董事谢某因病不能出席会议，电话委托董事李某代为出席会议并行使表决权。

（2）甲公司与乙公司有业务竞争关系，但甲公司总经理胡某于2003年下半年擅自为乙公司从事经营活动，损害甲公司的利益，故董事会作出如下决定：解聘公司总经理胡某；将胡某为乙公司从事经营活动所得的收益收归甲公司所有。

（3）为完善公司经营管理制度，董事会会议通过了修改公司章程的决议，并决定从通过之日起执行。

---

① 资料来源：http://jyzhangyg.blog.163.com，有改动。

问题：

(1) 董事谢某电话委托董事李某代为出席董事会会议并行使表决权的做法是否符合法律规定？简要说明理由。

(2) 董事会作出解聘甲公司总经理的决定是否符合法律规定？简要说明理由。

(3) 董事会作出将胡某为乙公司从事经营活动所得的收益收归甲公司所有的决定是否符合法律规定？简要说明理由。

(4) 董事会作出修改公司章程的决议是否符合法律规定？简要说明理由。

本章小结

本章主要讲述公司法基础知识。应掌握的知识点如下：

1. 掌握公司法的概念和特征；公司法的立法宗旨及适用范围。

2. 掌握有限责任公司的概念和特征；有限责任公司的股东出资及股权转让。

3. 掌握股份有限公司的概念和特征；股份有限公司的组织机构。

4. 掌握公司董事、监事、高级管理人员的资格、义务、禁止行为与法律责任。

5. 掌握公司的合并与分立；公司注册资本的减少和增加；公司的解散与清算。

6. 掌握发起人或股东的法律责任；公司的法律责任；清算组的法律责任。

复习思考题

1. 问答题

(1) 简要回答公司法的立法宗旨及适用范围。

(2) 一人有限责任公司的特别规定有哪些？

(3) 国有独资公司的特别规定有哪些？

(4) 简要回答公司财务会计制度的概念和作用。

(5) 简要回答外国公司分支机构的设立及法律地位。

2. 案例题

2006 年 5 月 1 日，甲、乙、丙、丁四公司经协商签订了一份协议，该协议约定：四方共同出资改造甲所属的电视机厂，并把厂名定为荣和有限责任公司。公司注册资本为 4 200 万元，其中：甲以厂房作价 1 000 万元，并以红星牌电视机商标作价 200 万元作为出资；乙以现金 550 万元，并以电视机生产技术作价

450 万元作为出资；丙、丁各以现金 1 000 万元作为出资。在协议生效后 10 日内四方资金必须到位，由甲负责办理公司登记手续。2006 年 5 月 5 日，甲、丙、丁都按照协议约定办理了出资手续和财产转移手续，但乙提出，因资金困难，要求退出。甲、丙、丁均表示同意，并重新签订了一份协议，将公司的注册资本改为 3 200 万元。2006 年 6 月 1 日，经公司登记机关登记，荣和有限责任公司正式成立。2006 年 8 月 6 日，丙提出自己的公司因技术改造缺少资金，要求抽回自己的出资，同时愿意赔偿其他股东的经济损失各 50 万元，荣和公司的股东会经研究后没有同意丙的要求。2006 年 11 月 12 目，甲提出将自己所有的股权的 1/3 转让给戊公司。

要求：根据以上事实，回答下列问题：

(1) 甲、乙、丙、丁四公司协议约定的出资是否符合规定？请说明理由。

(2) 对乙退出行为，甲、丙、丁是否应当接受？请说明理由。

(3) 对丙的要求，荣和公司股东会的决议是否正确？请说明理由。

(4) 对甲的要求，应如何处理？

3. 实训题

张某拟投资成立一个一人有限责任公司 A 公司，专门从事旅游咨询。现就以下问题向你咨询，请回答：

(1) 根据我国《公司法》，该公司注册资本最低为多少？

(2) 如果 A 公司经营状况良好，A 公司欲再投资设立一个一人有限责任公司 B 公司从事房地产开发，是否允许？为什么？

(3) 张某对 A 公司的债务在什么情况下承担连带责任？

第五章　合　同　法

本章提要

本章讲述合同法的基础理论，重点讲解合同的订立、合同的效力、合同的履行、合同的变更和转让、合同权利义务的终止、违约责任等内容。

本章学习目标

- 熟悉合同订立的程序与合同的内容；
- 熟悉可变更、可撤销合同与效力待定合同；
- 熟悉无效合同和可撤销合同的法律后果；
- 熟悉合同的保全与合同履行的担保；
- 掌握合同的变更与转让；
- 掌握合同权利义务终止的概念；
- 掌握违约责任及其构成与承担方式；
- 掌握归责原则、预期违约。

案例导入

一幅画惹来的官司[①]

孙某与桑某两人是好朋友，一日，孙某到桑某家作客，孙某见桑某家里有一

① 资料来源：http://hi.baidu.com，有改动。

幅画很是喜欢，桑某见状对孙某说让我先挂几天就送给你。孙某表示不信，桑某当即立据为凭，后因孙某与桑某两人因事发生争执导致关系恶化，桑某一直也就没有将画送给孙某。孙某很生气，拿着桑某所立凭据找桑某索要画不成，遂孙某起诉至法院，要求桑某承担违约责任。

试分析：

（1）桑某与孙某所订立的合同是什么性质的合同？

（2）法院会支持孙某的主张吗？为什么？

第一节　合同法概述

一、合同

1. 合同的概念

合同是指平等主体的双方或多方当事人（自然人、法人或其他组织）关于建立、变更、终止民事法律关系的协议。此类合同是产生债的一种最为普遍和重要的根据，故又称债权合同。《中华人民共和国合同法》所规定的经济合同，属于债权合同的范围。合同有时也泛指发生一定权利、义务的协议，又称契约。

《中华人民共和国合同法》第一章第二条：本法所称合同是平等主体的自然人、法人、其他组织之间设立、变更、终止民事权利义务关系的协议。

婚姻、收养、监护等有关身份关系的协议，适用其他法律的规定。

2. 合同的法律特征

（1）合同是双方的法律行为。

（2）合同是当事人在自由、平等、公平基础上的意思表示相一致的协议。

（3）合同系以发生、变更、终止民事法律关系为目的。

（4）合同是当事人在符合法律规范要求条件下而达成的协议，故应为合法行为。

3. 合同的法律性质

（1）合同是一种民事法律行为。

（2）合同是两方或多方当事人意思表示一致的民事法律行为。

（3）合同是以设立、变更、终止民事权利义务关系为目的的民事法律行为。

4. 合同的分类

(1) 计划合同与普通合同。

凡直接根据国家经济计划而签订的合同,称为计划合同。普通合同亦称非计划合同,不以国家计划为合同成立的前提。公民间的合同是典型的非计划合同。

(2) 双务合同与单务合同。

双务合同即缔约双方相互负担义务,双方的义务与权利相互关联、互为因果的合同。单务合同指仅由当事人一方负担义务,而他方只享有权利的合同。

(3) 有偿合同与无偿合同。

有偿合同为合同当事人一方因取得权利需向对方偿付一定代价的合同。无偿合同即当事人一方只取得权利而不偿付代价的合同,故又称恩惠合同。

(4) 诺成合同与实践合同。

以当事人双方意思表示一致,合同即告成立的,为诺成合同。除双方当事人意思表示一致外,尚须实物给付,合同始能成立,为实践合同,亦称要物合同。

(5) 要式合同与非要式合同。

凡合同成立须依特定形式始为有效的,为要式合同;反之,为非要式合同。

(6) 主合同与从合同。

凡不依他种合同的存在为前提而能独立成立的合同,称为主合同。凡必须以他种合同的存在为前提始能成立的合同,称为从合同。

(7) 本约与预约。

约定将来订立一定合同的协议为预约。嗣后履行预约而订立的合同为本约,即本合同。凡订有预约的,即负有订立本合同的义务,违背预约而使对方遭受损失时亦应负民事责任。

(8) 其他合同形式。

通常合同当事人均为自己或自己的被代理人取得一定权利而缔结合同。但在某些情况下,缔结合同的一方是为第三人取得权利或利益的,从而赋予第三人对债务人的独立请求权,故称为第三人利益缔结的合同。依据法律或合同规定向受益人给付保险金额的人寿保险合同,是典型的为第三人利益订立的合同,因被保险人死亡后,受益人为第三人。此外,合同还可分为总合同与分合同;要因合同与不要因合同;有名合同与无名合同等。

二、合同法

1. 合同法的概念

合同法是调整平等主体的自然人、法人、其他组织之间设立、变更、终止民事权利义务关系的法律规范的总称。

《中华人民共和国合同法》第九届全国人民代表大会第二次会议于1999年3月15日审议通过。《合同法》分为总则、分则、附则三编，共二十三章四百二十八条。《合同法》于1999年10月1日起施行，《中华人民共和国经济合同法》、《中华人民共和国涉外经济合同法》、《中华人民共和国技术合同法》同时废止。为了正确适用《合同法》，1999年12月1日最高人民法院审判委员会第1090次会议通过了《最高人民法院关于适用〈中华人民共和国合同法〉若干问题的解释》。

2. 合同法的适用范围

合同法的适用范围应该为各类由平等主体的自然人、法人和其他组织之间设立、变更和终止民事权利义务关系的协议，简单地说，合同法应适用于各类民事合同。

但是，根据《合同法》第二条的规定："婚姻、收养、监护等有关身份关系的协议，适用其他法律的规定。"

3. 合同法的基本原则

合同法的基本原则，是指合同立法的指导思想以及调整合同主体间合同关系所必须遵循的基本方针、准则，其贯通于合同法律规范之中。合同法的基本原则也是制定、解释、执行和研究合同法的基本依据和出发点。

(1) 平等的原则。

平等原则是指民法赋予民事主体平等的民事权利能力，并要求所有民事主体共同受法律的约束。合同当事人的法律地位平等，一方不得将自己的意志强加给另一方。

(2) 自愿的原则。

当事人依法享有自愿订立合同的权利，任何单位和个人不得非法干预。

(3) 公平的原则。

当事人应当遵循公平原则确定各方的权利和义务。公平原则要求民事主体本着公正的观念从事活动，正当行使权利和履行义务，在民事活动中兼顾他人利益和社会公共利益。

(4) 诚实信用的原则。

当事人行使权利、履行义务应当遵循诚实信用原则。诚实信用原则是指当事人在从事民事活动时,应诚实守信,以善意的方式履行其义务,不得滥用权利及规避法律或合同规定的义务。

(5) 守法、不损害社会公共利益的原则。

当事人订立、履行合同,应当遵守法律、行政法规,尊重社会公德,不得扰乱社会经济秩序,损害社会公共利益。

第二节 合同的订立

一、合同成立的条件

1. 合同成立的概念

所谓合同的成立,是指订约当事人就合同的主要条款达成合意。

2. 合同成立的条件

第一,存在双方或多方订约当事人。

第二,订约当事人对主要条款达成合意。

第三,合同的成立应具备要约和承诺阶段。

以上只是合同的一般成立要件。实际上由于合同的性质和内容不同,许多合同还可能具有其特定的成立要件。

二、合同订立的程序

合同订立的概念:合同订立是指合同双方在平等、自愿的基础上,就合同的主要条款达成一致。

当事人订立合同的资格:当事人订立合同应当具备相应的资格,即具有相应的民事权利能力和民事行为能力。除依据合同性质不能代理的以外,当事人可以委托代理人订立合同。

订立合同采取要约、承诺的方式进行。当事人意思表示真实一致时,合同即可成立。

1. 要约

要约是指希望和他人订立合同的意思表示。根据《合同法》规定。该意思表示应当符合下列规定:内容具体确定,此项条件要求该意思表示已经具备了未来合同的必要内容;表明经受要约人承诺,要约人即受该意思表示约束。

（1）要约邀请。要约邀请是希望他人向自己发出要约的意思表示。在实践中要注意要约与要约邀请的区分，如根据《最高人民法院关于审理商品房买卖合同纠纷案件适用法律若干问题的解释》规定，商品房的销售广告和宣传资料为要约邀请，但是出卖人就商品房开发规划范围内的房屋及相关设施所作的说明和允诺具体确定，并对商品房买卖合同的订立以及房屋价格的确定有重大影响的，应当视为要约。该说明和允诺即使未载入商品房买卖合同，亦应当视为合同内容，当事人违反的，应当承担违约责任。

（2）要约的生效时间。要约到达受要约人时生效。采用数据电文形式订立合同，收件人指定特定系统接收数据电文的。该数据电文进入该特定系统的时间，视为到达时间；未指定特定系统的，该数据电文进入收件人的任何系统的首次时间，视为到达时间。

（3）要约的撤回。要约可以撤回。撤回要约的通知应当在要约到达受要约人之前或者与要约同时到达受要约人。撤回要约是在要约尚未生效的情形下发生的。如果要约已经生效，则非要约的撤回，而是要约的撤销。

（4）要约的撤销。要约可以撤销。撤销要约的通知应当在受要约人发出承诺通知之前到达受要约人。但下列情形下的要约不得撤销：要约人确定了承诺期限的；以其他形式明示要约不可撤销的；受要约人有理由认为要约是不可撤销的，并已经为履行合同作了准备工作。

（5）要约的失效。有下列情形之一的，要约失效：① 拒绝要约的通知到达要约人；② 要约人依法撤销要约；③ 承诺期限届满，受要约人未作出承诺；④ 受要约人对要约的内容作出实质性变更。

2. 承诺

承诺是受要约人同意要约的意思表示。承诺应当由受要约人向要约人作出。

（1）承诺期限。承诺应当在要约确定的期限内到达要约人。要约没有确定承诺期限的，承诺应当依照下列规定到达：要约以对话方式作出的，应当即时作出承诺，但当事人另有约定的除外；要约以非对话方式作出的，承诺应当在合理期限内到达。所谓合理期限，是指依通常情形可期待承诺到达的期间，一般包括要约到达受要约人的期间、受要约人作出承诺的期间、承诺通知到达要约人的期间。

要约以信件或者电报作出的，承诺期限自信件载明的日期或者电报交发之日开始计算。信件未载明日期的，自投寄该信件的邮戳日期开始计算。要约以电话、传真等快速通讯方式作出的，承诺期限自要约到达受要约人时开始计算。

（2）承诺的生效时间。承诺自通知到达要约人时生效。承诺不需要通知的，自根据交易习惯或者要约的要求作出承诺的行为时生效。采用数据电文形式订立合同。收件人指定特定系统接收数据电文的，该数据电文进入该特定系统的时间，视为承诺到达时间；未指定特定系统的，该数据电文进入收件人的任何系统的首次时间，视为承诺到达时间。承诺生效时合同成立。

（3）承诺的撤回。承诺人发出承诺后反悔的，可以撤回承诺，其条件是撤回承诺的通知应当在承诺通知到达要约人之前或者与承诺通知同时到达要约人，即在承诺生效前到达要约人。

（4）承诺的迟延与迟到。受要约人超过承诺期限发出承诺的，为迟延承诺，除要约人及时通知受要约人该承诺有效的以外，迟延的承诺应视为新要约。受要约人在承诺期限内发出承诺，按照通常情形能够及时到达要约人．但因其他原因使承诺到达要约人时超过承诺期限的，为迟到承诺，除要约人及时通知受要约人因承诺超过期限不接受该承诺的以外，迟到的承诺为有效承诺。

（5）承诺的内容。承诺的内容应当与要约的内容一致。这在学理上称为镜像规则。但严格执行镜像规则不能适应市场发展的需要。在实践中，受要约人可能对要约的文字乃至内容作出某些修改，此时承诺是否具有法律效力需根据具体情况予以确认。《合同法》规定，受要约人对要约的内容作出实质性变更的，为新要约。有关合同标的、数量、质量、价款或者报酬、履行期限、履行地点和方式、违约责任和解决争议方法等内容的变更，是对要约内容的实质性变更。承诺对要约的内容作出非实质性变更的，除要约人及时表示反对或者要约表明承诺不得对要约的内容作出任何变更的以外，该承诺有效，合同的内容以承诺的内容为准。

三、合同的内容

合同的内容，就是合同当事人的权利与义务，具体体现为合同的各项条款。

（1）合同条款。根据《合同法》规定，在不违反法律强制性规定的情况下，合同条款可以由当事人自由约定，但一般包括以下条款：① 当事人的名称或者姓名和住所；② 标的，即合同双方当事人权利义务所共同指向的对象；③ 数量；④ 质量；⑤ 价款或者报酬；⑥ 履行期限、地点和方式；⑦ 违约责任；⑧ 解决争议的方法。

（2）合同条款的解释。当事人对合同条款的理解有争议的，应当按照合同所使用的词句、合同的有关条款、合同的目的、交易习惯以及诚实信用原则，确定该条款的真实意思。合同文本采用两种以上文字订立并约定具有同等效力的,对各文本使用的词句推定具有相同含义。各文本使用的词句不一致的,应当根据合同的目的予以解释。

(3) 合同的法律适用。涉外合同的当事人可以选择处理合同争议所适用的法律,但法律另有规定的除外。涉外合同的当事人对此没有选择的,适用与合同有最密切联系的国家的法律。但在中华人民共和国境内履行的中外合资经营企业合同、中外合作经营企业合同、中外合作勘探开发自然资源合同,只能适用中华人民共和国法律。

(4) 格式条款。格式条款是指一方当事人为了与不特定多数人订立合同重复使用而单方预先拟定,并在订立合同时不允许对方协商变更的条款。格式条款的适用可以简化签约程序,加快交易速度,减少交易成本。因此并非格式条款就是不公平的。但是,由于格式条款是由一方当事人拟定,且在合同谈判中不容对方协商修改,条款内容难免有不公平之处。所以《合同法》对格式条款的效力及解释作有特别规定,以保证合同相对人的合法权益:① 采用格式条款订立合同的,提供格式条款的一方应当遵循公平原则确定当事人之间的权利和义务,并采取合理的方式提请对方注意免除或者限制其责任的条款,按照对方的要求,对该条款予以说明。② 格式条款具有《合同法》规定的合同无效和免责条款无效的情形,或者提供格式条款一方免除其责任、加重对方责任、排除对方主要权利的,该条款无效。③ 对格式条款的理解发生争议的,应当按照通常理解予以解释。对格式条款有两种以上解释的,应当作出不利于提供格式条款一方的解释。格式条款和非格式条款不一致的,应当采用非格式条款。

(5) 免责条款。免责条款是指合同当事人在合同中规定的排除或限制一方当事人未来责任的条款。基于合同自由原则,对双方当事人自愿订立的免责条款,尤其是事后订立的免责条款,法律原则上不加干涉。但如事先约定的免责条款明显违反诚实信用原则及社会公共利益的,则法律规定其为无效。《合同法》规定,合同中的下列免责条款无效:造成对方人身伤害的;因故意或者重大过失造成对方财产损失的。

四、合同成立的时间和地点

1. 合同成立的时间

由于合同订立方式的不同,合同成立的时间也有不同:(1) 承诺生效时合同成立。这是大部分合同成立的时间标准。(2) 当事人采用合同书形式订立合同的,自双方当事人签字或者盖章时合同成立。如双方当事人未同时在合同书上签字或盖章,则以当事人中最后一方签字或盖章的时间为合同的成立时间。(3) 当事人采用信件、数据电文等形式订立合同的,可以要求在合同成立之前签订确认书。签订确认书时合同成立。

对于第(2)、(3) 种情况要注意一点:如果当事人未采用法律要求或者当事人约定的书面形式、合同书形式订立合同,或者当事人没有在合同书上签字盖章的,只要一方当事人履行了主要义务,对方接受的,合同仍然成立。

2. 合同成立的地点

由于合同订立方式的不同,合同成立地点的确定标准也有不同:(1) 承诺生效的地点为合同成立的地点。这是大部分合同成立的地点标准。(2) 采用数据电文形式订立合同的,收件人的主营业地为合同成立的地点;没有主营业地的,其经常居住地为合同成立的地点。当事人另有约定的,按照其约定。(3) 当事人采用合同书形式订立合同的,双方当事人签字或者盖章的地点为合同成立的地点。如双方当事人未在同一地点签字或盖章,则以当事人中最后一方签字或盖章的地点为合同成立的地点。

五、缔约过失责任

1. 缔约过失责任的概念

缔约过失责任,是指当事人在订立合同的过程中,因违背诚实信用原则而致对方损失时所应承担的损害赔偿责任。缔约过失责任发生于合同订立阶段,它不同于违约责任。承担违约责任的前提是合同已成立并生效。

2. 缔约过失责任的适用

根据《合同法》的规定,当事人在订立合同过程中有下列情形之一,给对方造成损失的,应当承担损害赔偿责任:(1) 假借订立合同,恶意进行磋商;(2) 故意隐瞒与订立合同有关的重要事实或者提供虚假情况;(3) 有其他违背诚实信用原则的行为。此外,当事人在订立合同过程中知悉的商业秘密,无论合同是否成立,不得泄露或者不正当地使用。泄露或者不正当地使用该商业秘密给对方造成损失的,应当承担损害赔偿责任。

第三节 合同的效力

一、合同生效的条件

合同生效因合同的性质不同,生效的条件也不同。一般有下列三种情况:

(1) 依法成立的合同,合同自成立时生效。所谓依法成立的合同,是指合同订立的各个要件不存在瑕疵，也不存在违法行为，具体表现为：订立合同的主体是合法主体，没有虚假主体（如未经过工商登记的组织、被撤销的组织）情况；订立合同各方的意，思表示一致，没有强迫表示的情况；合同各方的意思表示是真实的，没有虚假表示情况（如谎称有外贸经营权、谎称自己对某件财产有所有权）；合同采取了法定或约定形式；合同中所涉及的经济交易是合法的，生产流通的财产是国家允许的。如果合同不具备前述所有的条件，则合同存在订立的瑕疵，可能影响合同的效力。

（2）依法律规定，合同在成立之后需要办理批准、登记手续的，合同自批准或登记之日起具有法律效力。主要是指一些如房产转让合同、车辆买卖合同等。

（3）当事人还可以约定如合同经过公证、见证、或鉴证后生效等。

二、无效合同

无效合同，就是当事人虽然协商订立，但因其违反法律要求，国家不承认其法律效力的合同。无效合同从订立时起，就没有法律约束力，不受国家法律的保护。

根据《合同法》第 52 条的规定，以下五种情况合同无效：

（1）一方以欺诈、胁迫的手段订立合同，损害国家利益的。

（2）恶意串通，损害国家、集体或者第三人利益。

（3）以合法形式掩盖非法目的。

（4）损害社会公共利益。

（5）违反法律、行政法规的强制性规定。

根据《合同法》的规定，合同的无效由人民法院或仲裁机构确认。合同被确认无效后，对其引起的财产后果按以下三种方法处理：

（1）返还财产。合同被确认无效后，当事人首先应将其根据该合同约定而取得的财产返还给对方当事人，不能返还或者没有必要返还的，应当折价补偿。

（2）赔偿损失。在返还财产的同时，有过错的一方当事人，如欺诈或胁迫一方，应赔偿因过错行为给对方造成的经济损失。如果双方当事人都有过错，则由双方当事人各自承担相应的责任和损失。

（3）收归国家所有。《合同法》第 59 条明确规定："当事人恶意串通，损害国家、集体或者第三人利益的，因此取得的财产收归国家所有或者返还集体、第三人。"在当事人恶意串通的合同中，当事人存在共同过错，而且是故意的，所以这类合同理应无效，当事人理应受到制裁。对这类合同，如果是损害国家利益的，当事人一方或双方取得的财产都应当收缴归入国库。如果是损害集体或者第三人利益的，则应将取得的财产返还给集体或者第三人。

三、可变更、可撤销合同

1. 可变更、可撤销合同的概念和特征

这类合同是指在订立时，当事人的意思表示不真实，或一方当事人使对方在违背真实意思的情况下签订的合同，是一种相对无效的合同。《合同法》对这一合同制度的规定，既体现了法律对公平交易的要求，又体现了意思自治原则。

这类合同具有以下特征：

(1) 可撤销合同的效力取决于撤销权人。

(2) 可撤销的合同在未被撤销前有效。

(3) 被撤销的合同自始无效。

2. 可变更、可撤销的合同的三种情况

(1) 重大误解的合同。重大误解的合同是指一方当事人因自己的过失导致对合同的内容等发生误解而订立的合同。

(2) 显失公平的合同。显失公平的合同是指一方当事人在紧迫或者缺乏经验的情况下而订立的，明显对自己有重大不利的合同。

(3) 欺诈、胁迫的合同。一方以欺诈、胁迫的手段或者乘人之危，使对方在违背真实意思的情况下订立的合同。

《合同法》规定，具有撤销权的当事人自知道或者应当知道撤销事由之日起1年内没有行使撤销权的，权利归于消灭。同时还规定，具有撤销权的当事人知道撤销事由后，明确表示或者以自己的行为放弃撤销权的，撤销权也归于消灭。

3. 被撤销的合同的效力和结果

可撤销的合同一旦被人民法院或仲裁机构予以撤销，就将产生溯及力，即自合同订立时起就不具有法律约束力，因此，被撤销的合同效力灭失的时间与无效合同效力灭失的时间是相同的。由于被撤销而导致无效合同的财产后果，与由于违反法律和社会公共利益而导致无效合同的财产后果相同。

四、效力待定合同

效力待定的合同是指合同已经成立，但因其不完全符合有关合同生效的要件，其效力能否发生还尚未确定的合同。一般来说，这类合同须经有权人表示承认才能生效。效力待定的合同主要是因为当事人缺乏缔约能力、处分能力和代理资格所造成的。效力待定的合同可以因有权人的承认而生效，也可以因有

权人的不承认而不生效。《合同法》主要规定了以下三种效力待定的合同:

1. 限制行为能力人订立的合同

限制行为能力人在我国主要指年满10周岁但未满18周岁的人,以及不能完全辨认自己行为的精神病人。限制民事行为能力的人订立的合同,经法定代理人追认后,该合同有效,但是纯获利益的合同或者与其年龄、智力和精神状况相适应而订立的合同,不必经法定代理人追认。

与限制民事行为能力的人订立合同的人,可以催告法定代理人对其与限制民事行为能力人签订的合同予以追认,法律规定的催告追认的法定期限为1个月。法定代理人予以追认的,合同有效;如果法定代理人在1个月内未作表示或表示不予追认的,视为拒绝追认,合同不生效。

2. 无代理权人以他人的名义订立的合同

无代理权人以他人名义订立合同的行为是一种无权代理行为,即指无代理权的人代理他人从事民事行为。这种行为包括行为人没有代理权、超越代理权或者代理权终止后以被代理人名义订立合同三种情况。《合同法》规定:无代理权人以他人的名义订立的合同,未经被代理人追认的,对被代理人不发生法律效力,由行为人承担责任。《合同法》同时规定:与无代理权的人签订合同的人可以催告被代理人在1个月内予以追认。被代理人未作表示或表示拒绝的,视为拒绝追认,该合同不生效。被代理人表示予以追认的,该合同对被代理人发生法律效力。在催告开始至被代理人追认之前,该合同的效力处于待定状态。但是,表见代理除外。表见代理是善意相对人通过被代理人的行为,足以相信无权代理人具有代理权,并基于这种信赖与无权代理人签订合同,由此造成的法律后果由被代理人承担的代理制度。表见代理制度的设立,是为了保护善意相对人的信赖利益和交易安全。《合同法》第49条明确规定:"行为人没有代理权、超越代理权或者代理权终止后以被代理人名义订立合同,相对人有理由相信行为人有代理权的,该代理行为有效。"

3. 无处分权的人处分他人财产的合同

无处分权的人处分他人财产,是指对他人财产在法律上的处分,包括财产的赠与、转让、设定抵押等。处分财产只能由享有处分权的人处分,即使是共有财产,共有人也只能依法处分其占有的份额,因此无处分权的人无权处分他人财产。但是,如果经对财产享有处分权的人追认,也就是说权利人同意无处分权人处分他的财产,那么无处分权人的行为有效。

另外,无处分权人如果在订立处分他人财产的合同后取得了处分权,如由于继承、买受、受赠等原因使无处分权人取得了该项财产的处分权,那么无处分权人取得处分权是符合原权利人意愿的,无处分权人订立的处分财产的合同具有法律效力。

五、无效合同和可撤销合同的法律后果

1. 无效合同

合同是一种双方民事行为,因此无效合同的内容,应当结合民事法律行为部分的内容掌握。根据《合同法》的规定,下列情形的合同无效:(1) 一方以欺诈、胁迫的手段订立合同,损害国家利益;(2) 恶意串通,损害国家、集体或者第三人利益;(3) 以合法形式掩盖非法目的;(4) 损害社会公共利益;(5) 违反法律、行政法规的强制性规定。

根据《合同法解释》规定,关于合同的无效还要注意几点:(1) 合同法实施以后,人民法院确认合同无效,应当以全国人大及其常委会制定的法律和国务院制定的行政法规为依据,不得以地方性法规、行政规章为依据。(2) 当事人超越经营范围订立合同,人民法院不因此认定合同无效,但违反国家限制经营、特许经营以及法律、行政法规禁止经营规定的除外。

2. 可撤销合同

可撤销合同是指因合同当事人意思表示的瑕疵,撤销权人可以请求人民法院或者仲裁机构予以撤销或者变更的合同。

与无效合同相比,可撤销合同在撤销前已经生效。在被撤销以前,其法律效果可以对抗除撤销权人以外的任何人。而无效合同在法律上当然无效,从一开始即不发生法律效力。而且可撤销合同的撤销,应由撤销权人以撤销行为为之,人民法院不主动干预。无效合同在内容上具有明显的违法性,故对无效合同的确认,司法机关和仲裁机构可以主动干预,宣告其无效。

根据《合同法》规定,可撤销合同主要有:(1) 因重大误解订立的合同。所谓重大误解是指当事人对合同的性质、对方当事人、标的物的种类、质量、数量等涉及合同后果的重要事项存在错误认识,违背其真实意思表示订立合同,并因此可能受到较大损失的行为。合同订立后因商业风险等发生的错误认识,不属于重大误解。

(2) 在订立合同时显失公平的合同。显失公平是指一方当事人利用优势或者对方没有经验,在订立合同时致使双方的权利与义务明显违反公平、等价有偿原则的行为。此类合同的"显失公平"必须发生合同订立时,如果合同订立以后,因为商品价格发生变化而导致的权利义务不对等不属于显失公平。

(3) 一方以欺诈、胁迫的手段或者乘人之危,使对方在违背真实意思的情

况下订立的合同。

撤销权在性质上是一种形成权,即依据撤销权人单方面的意思表示即可使得双方当事人之间的法律关系发生变动。为了确保当事人之间法律关系的稳定性,《合同法》特别规定撤销权因一定的事由或者期限而消灭:

(1) 具有撤销权的当事人自知道或者应当知道撤销事由之日起 1 年内没有行使撤销权。此"一年"期间的性质为除斥期间,不适用诉讼时效中止、中断或者延长的规定。

(2) 具有撤销权的当事人知道撤销事由后明确表示或者以自己的行为放弃撤销权。

合同无效或者被撤销后发生的法律后果主要有:

(1) 无效或者可撤销的合同在被认定无效或者被撤销后自始没有法律约束力。

(2) 合同部分无效,不影响其他部分效力的,其他部分仍然有效。

(3) 合同无效、被撤销或者终止的,不影响合同中独立存在的有关解决争议方法的条款的效力。如关于管辖权、法律适用的条款即属于有关争议方法的条款。

(4) 合同无效或者被撤销后,因该合同取得的财产,应当予以返还;不能返还或者没有必要返还的,应当折价补偿。有过错的一方应当赔偿对方因此所受到的损失,双方都有过错的,应当各自承担相应的责任。当事人恶意串通,损害国家、集体或者第三人利益的,因此取得的财产收归国家所有或者返还集体、第三人。

第四节 合同的履行

一、合同履行及其原则

合同履行,是指债务人通过完成合同规定的义务,使债权人的合同权利得以实现的行为。

合同的履行应遵循以下几个原则:

(1) 全面履行的原则。合同订立后,当事人应当按照合同的约定全面履行自己的义务。包括履行义务的主体、标的、数量、质量、价款或者报酬以及履行期限、地点、方式等。

(2) 诚实信用的原则。当事人履行合同要遵循诚实信用的原则,要守信用、讲实话、办实事,要有善意。双方当事人在合同履行中要相互配合协作,以利合同更好地履行。《合同法》规定,当事人应当根据合同的性质、目的和交易习惯履行义务。这就要求当事人要根据不同合同的不同情况,按照诚实信用原则履行自己的义务。如有的需要提供必要的条件和说明;有的需要协作;有的需要及时通知对方,以便做好准备;有的需要保密等。

(3) 公平合理的原则。在订立合同时,由于当事人的疏忽,有的问题没有约定或者约定不明,应以公平合理的原则,采取补救措施、由双方当事人协商一致,签订补充条款加以解决;若当事人协商不成,就应按照有关条款或者交易习惯确定。如果不能确定,就按《合同法》的有关规定来确定。

二、合同履行约定不明时的履行

合同生效后,合同约定不明的,可以协议补充;不能达成补充协议的,按照合同有关条款或者交易习惯确定;仍不能确定的,适用下列规定:

(1) 当事人就质量要求没有约定或约定不明确时,按照国家标准、行业标准履行;没有国家标准、行业标准的,按照通常标准或者符合合同目的的标准。

(2) 当事人就价款或报酬没有约定或约定不明确时,按照订立合同时履行地的市场价格履行;依法应当执行政府定价或者政府指导价的,按照规定履行。

(3) 当事人就履行地点没有约定或约定不明确时,给付货币的,在接受货币一方所在地履行;交付不动产的,在不动产所在地履行;其他标的,在履行义务一方所在地履行。

(4) 当事人就履行期限没有约定或约定不明确时,债务人可以随时履行,债权人可以随时请求债务人履行。但应当给对方必要的准备时间。

(5) 当事人就履行方式没有约定或约定不明确时,按照有利于实现合同目的的方式履行。

(6) 当事人履行费用的负担不明确时,由履行义务一方负担。

三、合同履行的抗辩权

合同履行中的抗辩权,是指合同一方当事人依法具有的,对抗对方当事人的履行请求,暂时拒绝履行其合同债务的权利。合同履行中的抗辩权,只存在于双务合同之中。依据《合同法》的规定,双务合同的当事人依法享有以下抗辩权:

1. 同时履行抗辩权

同时履行抗辩权又称不履行抗辩权,是指在没有规定先后履行顺序的双务合同中,当事人一方在对方当事人未予给付之前,有权拒绝先为给付。《合同法》第66条明确规定:“当事人互负债务,没有先后履行顺序的,应当同时履行。一方在对方履行之前有权拒绝其履行要求。一方在对方履行债务不符合约定时,有权拒绝其相应的履行要求。”同时履行抗辩权的适用应符合以下几个条件:

(1) 订立的合同必须是双务合同;

(2) 当事人所负的债务没有先后履行顺序;

(3) 双方所负合同债务均已届履行期限;

(4) 对方当事人没有履行债务。

2. 后履行抗辩权

后履行抗辩权是指在异时履行中,后履行的一方有权要求应该先履行的一方先行履行自己的义务,如果应该先履行的一方未履行债务或者履行债务不符合约定,后履行的一方有权拒绝应该先履行的一方的履行请求。《合同法》第67条明确规定:“当事人互负债务,有先后履行顺序,先履行一方未履行的,后履行一方有权拒绝其履行要求。先履行一方履行债务不符合约定的,后履行一方有权拒绝其相应的履行要求。”后履行抗辩权的行使应符合以下几个条件:

(1) 订立的合同必须是双务合同;

(2) 当事人有先后履行顺序;

(3) 应当先履行的一方不履行或者不适当履行。

3. 不安抗辩权

不安抗辩权又称先履行抗辩权,是指合同成立后,如果后履行债务的一方当事人有财产状况恶化等情况,先履行债务的一方当事人确有财产恶化等情况的证据时,在后履行债务的一方未履行或未提供担保之前有权拒绝先为履行。《合同法》第68条明确规定,应当先履行债务的当事人,有确切证据证明对方有下列情形之一的,可以中止履行:

(1) 经营状况严重恶化;

(2) 转移财产、抽逃资金,以逃避债务;

(3) 丧失商业信誉;

(4) 有丧失或者可能丧失履行债务能力的其他情形。

当事人没有确切证据中止履行的,应当承担违约责任。

在不安抗辩权的行使程序上,先履行合同的一方当事人,即不安抗辩权人,除了应负举证责任外,还应当及时通知对方当事人,即将中止合同履行的情况及时通知对方,并有权要求对方提供适当担保或者在合理期限内恢复履行能力。

行使不安抗辩权在法律上产生以下效力：

(1) 先履行合同的一方当事人在后履行义务方未提供担保之前，可以中止履行合同；

(2) 在后履行义务方提供适当担保后，先履行合同义务方应当恢复合同履行；

(3) 如后履行义务方在合理期限内未恢复履行能力，并且不提供适当担保的，先履行义务方可以解除合同。

四、合同的保全

1. 合同保全的概念与意义

合同保全是指为防止因债务人的财产不当减少而给债权人的债权带来危害，法律赋予债权人行使代位权或撤消权，以维护其债权的法律制度。

合同保全制度的设立，对于保障合同债务的履行和债权的实现，从而保障市场秩序和交易安全，都具有重要意义。只有充分保障债权人的利益，督促债务人切实履行义务，才能促成交易的实现，实现市场的有序化发展。

2. 代位权的概念和特点

代位权是指债权人代债务人之位，以自己的名义向第三人行使债务人的权利。

代位权具有以下特点：代位权是法定的，而非约定的；债权人以自己的名义行使债务人的债权；代位权是合同保全权能而非请求权；代位权须通过诉讼方式行使，并不得超过债权范围；代位权行使的对象只能是非专属于债务人的权利。

3. 代位权的构成要件

(1) 债务人享有对第三人的权利；

(2) 债务人怠于行使其债权；

(3) 债务人已陷于迟延履行；

(4) 有保全的必要。

4. 代位权的效力

(1) 对债权人的效力。

① 债权人行使代位权不得超过债务人权利的范围；

② 如果债务人拒绝受领代位权行使的效果时，债权人可以代位受领。但是，受领的财产不得专供清偿或抵消自己的债权；

③ 债权人行使代位权所支出的必要费用,由债务人偿还。

(2) 对债务人的效力。

① 代位权行使的效果直接归属于债务人;

② 代位权的行使,使债务人对该项权利的处分权受到限制;

③ 债权人行使代位权的必要费用,由债务人负担。

(3) 对第三人的效力。

代位权的行使,一般不影响第三人的利益和权利,因为第三人应履行自己的义务。行使代位权时,第三人对债务人享有的抗辩权,如同时履行抗辩权,时效届满抗辩权等,均可用以对抗债权人。在代位权行使时,第三人不得以其与债权人无合同关系为由抗辩,必须依债权人的请求,及时向债务人履行,否则会构成对债务人的违约。

5. 撤销权的概念与构成要件

撤销权是指债权人请求法院撤销债务人与第三人的法律行为。具体说来是指债务人放弃其到期债权,无偿或低价处分财产而损害债权人的债权时,债权人可依法请求法院撤销债务人的行为的法律制度。

撤销权的成立要件因无偿行为和有偿行为而不同。

在无偿行为情况下,只需具备客观要件;客观要件包括:债务人有放弃债权或无偿转让财产的行为;债务人减少清偿能力,危害债权的实现;债务人的行为以财产为目的。

在有偿行为情况下,主客观要件需同时具备。主观要件:债务人的恶意和第三人的恶意。

6. 撤销权的行使与效力

(1) 撤销权的主体,是指因债务人不当处分财产而使债权受到损害的债权人。

(2) 撤销权行使的方式。撤销权的行使,须由债权人以自己的名义,请求人民法院撤销债务人的不当处分行为。

(3) 撤销权行使的范围。根据《合同法》第 74 条第 2 款的规定,撤销权的行使范围以债权人的债权为限。

(4) 撤销权的行使期间。我国《合同法》第 75 条规定:“撤销权自债权人知道或者应当知道撤销事由之日起一年内行使。自债务人的行为发生之日起五年内没有行使撤销权的,该撤销权消灭。”因而,撤销权的期间为除斥期间而不是诉讼时效,不发生中止、中断或延长,超过该期间未行使撤销权的,该权利归于消灭。

（5）撤销权行使的效力。撤销权行使的效力，依法院判决的确定而产生，并对债权人、债务人及第三人均产生效力。债务人的行为一旦被撤销，即从行为开始发生时起失去约束力，因此，撤销具有溯及既往的效力。

对债务人及第三人的效力。债务人的行为一旦被撤销，即自始不发生法律效力。

对债权人的效力。债权人行使撤销权的必要费用，有权要求债务人承担。

债权人通过行使撤销权而获得的财产或收益，应作为全体一般债权人的共同担保，一般债权人对这些财产平等受偿，撤销权人无优先受偿权。

五、合同履行的担保

1．合同担保的概念和方式

担保是依照法律规定，或由当事人双方经过协商一致而约定的，为保障合同债权实现的法律措施。

担保的方式包括保证、抵押、质押、留置和定金五种方式。设立担保物权，应当依照法律规定订立担保合同。

2．担保合同的性质

担保合同是主债权债务合同的从合同，主债权债务合同无效，担保合同无效，但法律另有规定的除外。

3．担保合同的无效

（1）国家机关和以公益为目的的事业单位、社会团体违反法律规定提供担保的，担保合同无效；

（2）董事、经理违反《中华人民共和国公司法》的有关规定，以公司资产为本公司的股东或者其他个人债务提供担保的，担保合同无效；

（3）以法律、法规禁止流通的财产或者不可转让的财产设定担保的，担保合同无效；

（4）对外担保合同无效的情形。

4．担保合同无效的法律责任

担保合同被确认无效后，债务人、担保人、债权人有过错的，应当根据其过错各自承担相应的民事责任。

5．保证

（1）保证是第三人为债务人的债务履行作担保，由保证人和债权人约定，当债务人不履行债务时，保证人按照约定履行债务或者承担责任的行为。

同一债务有两个以上保证人的，保证人应当按照保证合同约定的保证份额，承担保证责任。各保证人与债权人没有约定保证份额的，应当认定为连带共同保证。

(2) 根据《担保法》的规定，具有代为清偿债务能力的法人、其他组织或者公民，可以作保证人。

国家机关、学校、幼儿园、医院等以公益为目的的事业单位、社会团体，企业法人的分支机构、职能部门，不得作保证人。但是，在经国务院批准为使用外国政府或者国际经济组织贷款进行转贷的情况下，国家机关可以作保证人；企业法人的分支机构有法人书面授权的，可以在授权范围内提供保证。

(3) 保证合同。

保证人与债权人应当以书面形式订立保证合同，保证的内容应当由保证人与债权人在以书面形式订立的保证合同中加以确定，保证人与债权人可以就单个主合同分别订立保证合同，也可以协议在最高债权额限度内就一定期间连续发生的借款合同或者某项商品交易合同订立一个保证合同。

(4) 保证方式。

保证的方式有一般保证和连带责任保证两种。

(5) 保证责任涉及保证责任的范围、债权让与的保证责任、债务转移的保证责任、保证担保与物的担保并存的保证责任、债务合同变更的保证责任、其他情形下的保证责任、保证人的追偿权以及保证责任的免除。

(6) 保证期间。

保证期间是当事人约定或者法律规定的保证人承担保证责任的时间期限。保证人在与债权人约定的保证期间或者法律规定的保证期间内承担保证责任。

(7) 保证合同的诉讼时效。

一般保证的债权人在保证期间届满前对债务人提起诉讼或者申请仲裁的，从判决或者仲裁裁决生效之日起，开始计算保证合同的诉讼时效。连带责任保证的债权人在保证期间届满前要求保证人承担保证责任的，从债权人要求保证人承担保证责任之日起，开始计算保证合同的诉讼时效。

6. 抵押

为担保债务的履行，债务人或者第三人不转移财产的占有，将该财产抵押给债权人的，债务人不履行到期债务或者发生当事人约定的实现抵押权的情形，债权人有权就该财产优先受偿。

债务人或者第三人为抵押人，债权人为抵押权人，提供担保的财产为抵押财产。

(1) 抵押财产。

抵押人只能以法律规定可以抵押的财产提供担保;法律规定不可以抵押的财产,抵押人不得用于提供担保。

抵押人所担保的债权不得超出其抵押物的价值,超出的部分不具有优先受偿的效力。财产抵押后,该财产的价值大于所担保债权的余额部分,可以再次抵押,但不得超出其余额部分。

(2) 抵押合同和抵押物登记。

设立抵押权,当事人应当采取书面形式订立抵押合同。

当事人以法律规定的需要办理抵押物登记的财产作抵押的,应当向有关部门办理抵押物登记,抵押合同自登记之日起生效。

(3) 抵押的效力。

抵押担保的范围包括主债权及利息、违约金、损害赔偿金和实现抵押权的费用。抵押合同另有约定的,按照约定。

抵押的效力涉及:抵押权对抵押物所生孳息及已存在租赁权的效力;抵押期间抵押物的转让;抵押权转移及消灭的从属性;抵押财产价值减少或毁损的处理;其他情况下的抵押权效力。

(4) 抵押权的实现途径主要包括以下内容:抵押权实现的条件、方式和程序;抵押权的顺位及确定抵押权次序的规则;对恶意抵押的限制。

(5) 最高额抵押。

最高额抵押是为担保债务的履行,债务人或者第三人对一定期间内将要连续发生的债权提供担保财产的,债务人不履行到期债务或者发生当事人约定的实现抵押权的情形,抵押权人有权在最高债权额限度内就该担保财产优先受偿。

7. 质押

质押分为动产质押和权利质押。

(1) 动产质押。

动产质押是债务人或者第三人将其动产移交债权人占有,将该动产作为债权的担保,当债务人不履行债务时,债权人有权依照法律规定,以该动产折价或者以拍卖、变卖该动产的价款优先受偿。该债务人或者第三人为出质人,债权人为质权人,移交的动产为质物。

质押担保的范围包括主债权及利息、违约金、损害赔偿金、质物保管费用和实现质权的费用。质押合同另有约定的,按照约定。

(2) 权利质押。

权利质押是债务人或者第三人以其财产权利出质作为债权的担保,当债务人不履行债务时,债权人有权依照法律规定,以该财产权利折价或者以拍卖、变卖该财产权利的价款优先受偿。

8. 留置

(1) 留置与留置权。

留置是债权人按照合同约定占有债务人的动产,是一种合同的担保方式。

留置权是债务人不履行到期债务,债权人可以留置已经合法占有的债务人的动产,并有权就该动产优先受偿。其中债权人为留置权人,占有的动产为留置财产。

留置担保的范围包括主债权及利息、违约金、损害赔偿金、留置物保管费用和实现留置权的费用。

(2) 留置权的实现。

留置权人与债务人应当约定留置财产后的债务履行期间;没有约定或者约定不明确的,留置权人应当给债务人两个月以上履行债务的期间,但鲜活易腐等不易保管的动产除外。债务人逾期未履行的,留置权人可以与债务人协议以留置财产折价,也可以就拍卖、变卖留置财产所得的价款优先受偿。留置财产折价或者变卖的,应当参照市场价格。

9. 定金

定金是合同当事人约定一方向对方给付一定数额的货币(即定金)作为债权的担保。债务人履行债务后,定金抵作价款或者收回。给付定金的一方不履行约定的债务的,无权要求返还定金;收受定金的一方不履行约定的债务的,应当双倍返还定金。

定金应当以书面形式约定。

定金的数额由当事人约定,但不得超过主合同标的额的20%。

第五节 合同的变更和转让

一、合同的变更

1. 合同变更的概念

合同的变更是指对已经依法成立的合同,在承认其法律效力的前提下,对其进行修改或补充。当事人协商一致,可以变更合同。当事人对合同变更的内容约定不明确，令人难以判断约定的新内容与原合同内容的本质区别，则推定为未变更。

2. 合同变更的要件

合同的变更必须具备以下要件：(1) 当事人之间已存在合同关系；(2) 合同内容发生了变化；(3) 必须遵守法律的规定和当事人的约定。

3. 合同变更的形式和程序

合同变更除法律规定的变更和人民法院依法变更外，主要是当事人协议变更。

合同变更适用合同法关于要约、承诺的规定，并采用书面形式。

合同变更后，合同各方当事人均应受变更后的合同的约束。

二、合同的转让

1. 合同转让的概念

合同的转让是合同当事人一方将其合同的权利和义务全部或部分转让给第三人的行为。

2. 合同权利转让

合同权利转让是不改变合同权利的内容，由债权人将合同权利的全部或者部分转让给第三人的行为。

3. 合同义务转移

合同义务转移是在不改变合同义务的前提下，经债权人同意，债务人将合同的义务全部或者部分转移给第三人。

4. 合同权利义务的一并转让

合同权利义务的一并转让是当事人一方经对方同意，将自己在合同中的权利和义务一并转让给第三人。合同权利义务的一并转让可以是合同权利和义务全部由出让人转移至受让人，即全部转让；也可以是合同权利和义务的一部分由出让人转移至受让人，即部分转让。

5. 法人或其他组织合并或分立后债权债务关系的处理

当事人订立合同后合并的，由合并后的法人或者其他组织行使合同权利，履行合同义务。当事人订立合同后分立的，除债权人和债务人另有约定的以外，由分立的法人或者其他组织对合同的权利和义务享有连带债权，承担连带债务。

第六节 合同权利义务的终止

1. 合同权利义务终止的概念

合同权利义务终止是指依法生效的合同,因具备法定情形和当事人约定的情形,合同债权、债务归于消灭,债权人不再享有合同权利,债务人也不必再履行合同义务,合同当事人双方终止合同关系,合同的效力随之消灭。

2. 合同权利义务终止的事由

合同权利义务终止的事由是指根据《合同法》规定,有下列情形之一的,合同的权利义务终止。

(1) 债务已经按照约定履行。

以下情况也属于合同按照约定履行:(1) 当事人约定的第三人按照合同内容履行,产生债务消灭的后果;(2) 债权人同意以他种给付代替合同原定给付;(3) 当事人之外的第三人接受履行。

(2) 合同解除。

① 约定解除。根据合同自愿原则,当事人在法律规定范围内享有自愿解除合同的权利。当事人约定解除合同包括两种情况:

协商解除,指合同生效后,未履行或未完全履行之前,当事人以解除合同为目的,经协商一致,订立一个解除原来合同的协议,使合同效力消灭的行为。

约定解除权,指当事人在合同中约定,合同履行过程中出现某种情况,当事人一方或双方有解除合同的权利。

② 法定解除。法定解除是指在合同成立后,没有履行或没有完全履行完毕之前,当事人一方或双方在法律规定的解除条件出现时,行使解除权而使合同关系消灭。

《合同法》规定,有下列情形之一的,当事人可以解除合同:因不可抗力致使不能实现合同目的。因预期违约解除合同。当事人一方迟延履行主要债务,经催告后在合理期限内仍未履行。当事人一方迟延履行债务或者有其他违约行为致使不能实现合同目的。法律规定的其他情形。

合同解除后尚未履行的,终止履行;已经履行的,根据履行情况和合同性质,当事人可以要求恢复原状、采取其他补救措施,并有权要求赔偿损失。合同的权利义务终止,不影响合同中结算和清理条款的效力。

(3) 债务相互抵销。

《合同法》规定,当事人互负到期债务,该债务的标的物种类、品质相同的,任何一方可以将自己的债务与对方的债务抵销,但依照法律规定或者按照合同性质不得抵销的除外。当事人主张抵销的,应当通知对方。通知自到达对方时生效。抵销不得附条件或者附期限。

按照有关法律规定,下列债务不能抵销:按合同性质不能抵销。按照约定应当向第三人给付的债务。因故意实施侵权行为产生的债务。法律规定不得抵销的其他情形。

(4) 债务人依法将标的物提存。

提存是指由于债权人的原因,债务人无法向其交付合同标的物而将该标的物交给提存机关,从而消灭债务、终止合同的制度。

《合同法》规定,有下列情形之一,难以履行债务的,债务人可以将标的物提存:债权人无正当理由拒绝受领。债权人下落不明。债权人死亡未确定继承人或者丧失民事行为能力未确定监护人。法律规定的其他情形。

标的物提存后,除债权人下落不明的以外,债务人应当及时通知债权人或者债权人的继承人、监护人。标的物不适于提存或者提存费用过高的,债务人依法可以拍卖或者变卖标的物,提存所得的价款。

提存期间,标的物的孳息归债权人所有。提存费用由债权人负担。标的物提存后,毁损、灭失的风险由债权人承担。债权人可以随时领取提存物,但债权人对债务人负有到期债务的,在债权人未履行债务或者提供担保之前,提存部门根据债务人的要求应当拒绝其领取提存物。

债权人领取提存物的权利,自提存之日起5年内不行使而消灭,提存物扣除提存物费用后归国家所有。

(5) 债权人依法免除债务。

(6) 混同。

混同,即债权债务同归于一人。

(7) 法律规定或者当事人约定终止的其他情形。

3. 合同权利义务终止的效力

(1) 债权人不再享有债权,债务人也不再负担债务

(2) 合同终止后,附随于主合同的从权利也归于消灭,如担保物权等。

(3) 后合同义务。

《合同法》第92条规定:“合同的权利义务终止后,当事人应当遵循诚实信用原则,根据交易习惯履行通知、协助、保密等义务。”此为合同后义务的规定。

对合同后义务,也称为后合同义务。后合同义务是合同终止后当事人应当履行的义务。如甲公司与乙公司签订使用其技术秘密 5 年的合同,至 5 年期满,合同终止,甲不能继续使用该技术秘密。但甲仍然掌握这种技术秘密。不向外泄漏技术秘密就是甲的后合同义务。后合同义务可以是作为形式,如通知、协助等;也可以是不作为方式,如不泄露他人的商业秘密等。后合同义务是基于诚实信用原则和交易习惯而产生的法定义务。对后合同义务,当事人也可以在合同中特殊约定。法律规定及当事人约定合同后义务,是为了维护履行效果或者妥善处理合同终止事宜。

(4) 合同终止不影响合同中结算及清理条款的效力。

《合同法》第 98 条规定:"合同的权利义务终止,不影响合同中结算和清理条款的效力。""结算和清理条款",是指当事人在合同中约定的关于经济往来或财务的结算以及合同终止后处理遗留财产问题的条款。可以说,结算和清理条款是为合同终止而事先约定的,具有相对独立的效力,不因合同的终止而失去效力。否则,这种约定将变得毫无意义。另据《合同法》第 57 条的规定,合同终止的,不影响合同中独立存在的有关解决争议方法的条款的效力。

第七节　违约责任

1. 违约责任及其构成

违约责任,也称违反合同的民事责任,是指合同当事人因违反合同义务所承担的责任。违约责任的产生是以合同的有效存在为前提的。合同一旦生效以后,将在当事人之间产生法律上的拘束力,当事人应按照合同的约定全面地、严格地履行合同义务,任何一方当事人因违反有效合同所规定的义务均应承担违约责任。所以,违约责任是违反有效合同所规定的义务的后果。违约责任是民事责任的一种,不包括行政责任和刑事责任。

构成违约责任的条件区分为一般构成要件和特殊构成要件。

特殊构成要件是指各种具体的违约责任形式所要求的责任构成要件,如损害赔偿责任的构成要件是过错、损害事实、违约行为、违约行为与损害事实之间有因果关系。违约金责任的构成要件是过错和损害行为。

一般构成要件是指违约当事人承担任何违约责任形式都必须具备的要件,这种要件大体上包括两个,一是违约行为,违约行为根据履行期限是否到来又可区分为预期违约和实际违约两种类型;二是过错,即不存在法定和约定的免责事由。当然,要求违约当事人在某一具体合同中承担违约责任,仅有违约责任的一般构成要件是不够的,还应考虑构成违约责任的特殊要件。

当事人承担违约责任的方式主要有实际履行、损害赔偿、支付违约金、定金责任方式等。但值得注意的是,如果出现了法定的免资事由,或符合当事人在合同中约定的免资条款的违约行为,应当免除当事人的责任。

2. 归责原则

归责原则:我国实行以严格责任为原则,以过错责任为补充的违约责任归责原则。所谓归责,是指依据一定的事实状态确定责任的归属。违约责任的归责原则,是指基于一定的归责事由确定违约责任承担或责任归属所依据的法律原则。一般包括严格责任原则和过错责任原则。

(1) 严格责任原则。

严格责任原则,又称无过错责任原则,是指一方当事人不履行或者不适当履行合同义务,就应当承担违约责任。严格责任原则的特点是:① 严格责任原则属于客观归责原则,即只要违约行为发生,违约方就应当承担违约责任;而不以违约方的主观过错作为承担违约责任的依据,非违约方无须就违约方的过错承担举证责任。而过错责任原则要求受害方就对方的过错承担举证责任。② 它不同于过错推定责任原则,即只有法定的抗辩事由可以作为免责事由,违约方没有过错不能作为免责的依据。而过错原则承认“无过错即无责任”,一旦违约方能够证明自己没有过错就不承担违约责任。

(2) 过错责任原则。

过错责任原则即主观归责原则,是指一方当事人不履行或者不适当履行合同义务时,应以该当事人的主观过错作为确定违约责任构成的依据。过错责任原则是严格责任原则的例外。我国《合同法》虽然在《总则》中就违约责任的归责原则实行严格责任,但过错责任原则在“分则”的具体规定中亦有体现。如《合同法》第 374 条规定:“保管期间,因保管人保管不善造成保管物毁损、灭失的,保管人应当承担损害赔偿责任,但保管是无偿的,保管人证明自己没有重大过失的,不承担损害赔偿责任”。这里所规定的“保管不善”即为保管人的过错,“保管人证明自己没有重大过失”意味着不能证明自己没有重大过失时就应承担责任。可见,在违约责任中适用过错责任原则时,通常采用过错推定的方法加以证明,受害人并不承担举证责任。

3. 预期违约

预期违约也称先期违约,是指在合同履行期限到来之前,一方无正当理由但明确表示其在履行期到来后将不履行合同,或者其行为表明其在履行期到来后将不可能履行合同。

预期违约有以下特点：

(1) 当事人在合同履行期到来之前的违约；

(2) 侵害的是对方当事人期待的债权而不是现实的债权；

(3) 与实际违约后果不同(主要造成对方信赖利益的损害)。

预期违约包括两种形态,即明示预期违约(明示毁约)和默示预期违约(默示毁约)。

明示毁约,是指一方当事人无正当理由,明确地向对方表示将在履行期届至时不履行合同。其要件为:(1) 一方当事人明确肯定地向对方作出毁约的表示;(2) 须表明将不履行合同的主要义务;(3) 无正当理由。

默示毁约,是指在履行期到来之前,一方以自己的行为表明其将在履行期届至后不履行合同。其特点为:债务人虽然没有表示不履行合同,但其行为表明将不履行合同或不能履行合同。例如特定物买卖合同的出卖人在合同履行期届至前将标的物转卖给第三人,或买受人在付款期到来之前转移财产和存款以逃避债务。

4. 违约责任的承担方式

我国《合同法》在第七章专门规定了违约责任的多种形式。这些承担违约责任的方式,既可以单独适用,也可以合并适用。

(1) 继续履行。

《合同法》第 107 条规定:当事人一方不履行合同义务或者履行合同义务不符合约定的,应当承担继续履行的违约责任。

继续履行是指债权人在债务人违约行为发生后请求人民法院或仲裁机构强制债务人继续按照合同的约定履行债务。继续履行是合同实际履行原则的要求和延伸,是在发生违约行为后的一种补救措施。适用继续履行的责任形式的要件主要有以下几方面:

① 有违约行为发生。继续履行是作为一种违约责任存在的,它与继续性的合同中的非一次性的履行义务是有本质区别的,履行义务不等于承担法律责任。而继续履行则是债务人违反合同义务所应承担的法律后果。所以只有在违约发生时才可适用,在合同履行期限届满之前不存在继续履行的问题。

② 有债权人的请求。要求继续履行是债权人的权利。是否要求继续履行应由债权人根据其实际的需要做出选择。人民法院或仲裁机构只有根据债权人的申请才能作出强制债务人继续履行的裁决。

③ 继续履行不违背合同的性质和法律规定。继续履行的债务一般是非金钱债务,对于具有人身性质的债务不能适用继续履行。

④ 债务能够继续履行。一方面债务人具有继续履行的能力,另一方面债务的标的适于继续履行或者继续履行不至于造成债务人的过重经济负担。

继续履行的形式可以是限期履行债务,即债务人一方不履行合同义务或者履行合同义务不符合约定的,债权人有权要求债务人在宽限期内履行合同义务;也可以是合理选择要求债务人承担修理、更换、重作等违约责任。

(2) 支付违约金。

违约金是指当事人在合同中约定,在一方当事人违约时向另一方支付一定数额的金钱。违约金具有的法律特征是:

① 违约金的根据是当事人的约定。《合同法》第 114 条规定,当事人可以约定一方违约时应当根据违约情况向对方支付一定数额的违约金。根据我国《合同法》的规定,当事人根据具体情况,可以请求人民法院或者仲裁机构对违约金的数额予以增加或减少。

② 违约金条款具有从合同的性质。违约金以主合同的存在为条件,主合同不成立、无效或者被撤销时,违约金条款便不能发生效力。

③ 违约金是一种附条件的合同条款。违约金作为违约责任的一种形式,只有在违约行为发生后才能生效。如果当事人履行了合同义务,则不发生支付违约金的问题。

我国《合同法》第 114 条规定:"当事人可以约定一方违约时应当根据违约情况向对方支付一定数额的违约金,也可以约定因违约产生的损失赔偿额的计算方法。"可见,违约金具有双重效力,即对违约行为的惩罚效力和对因违约行为所造成的非违约一方利益损失的赔偿效力。

(3) 违约损害赔偿。

《合同法》第 112 条规定:"当事人一方不履行合同义务或者履行合同义务不符合约定的,在履行义务或者采取补救措施后,对方还有其他损失的,应当赔偿损失。"违约损害赔偿责任,是指由违约行为造成对方当事人损失所产生的法律责任。

该法律责任的特征主要有以下几点:

① 损害赔偿是一种违约责任。

② 损害赔偿责任具有补偿性而不具有惩罚性。

③ 损害赔偿责任具有一定的任意性。

④ 损害赔偿的范围原则上以当事人的实际损失为限。

(4) 其他补救措施。

质量不符合约定的,应当按照当事人的约定承担违约责任。对违约责任没有约定或者约定不明确，依照本法第61条的规定仍不能确定的，受损害方根据标的的性质以及损失的大小，可以合理选择要求对方承担修理、更换、重作、退货、减少价款或者报酬等违约责任。

当事人一方不履行合同义务或者履行合同义务不符合约定的，在履行义务或者采取补救措施后，对方还有其他损失的，应当赔偿损失。

案例分析

究竟是谁的过错？①

某商场新进一种CD机，价格定为2 598元。柜台组长在制作价签时，误将2 598元写为598元。赵某在浏览该柜台时发现该CD机物美价廉，于是用信用卡支付1 196元购买了两台CD机。一周后，商店盘点时，发现少了4 000元，经查是柜台组长标错价签所致。由于赵某用信用卡结算，所以商店查出是赵某少付了CD机货款，找到赵某，提出或补交4 000元或退回CD机，商店退还1 196元。赵某认为彼此的买卖关系已经成立并交易完毕，商店不能反悔，拒绝商店的要求。商店无奈只得向人民法院起诉，要求赵某返还4 000元或CD机。

问题：

（1）商店的诉讼请求有法律依据吗？

（2）为什么？

（3）应如何处理？

本章小结

本章讲述了合同法概述、合同的订立、合同的效力、合同的履行、合同的变更和转让、合同权利义务的终止、违约责任等内容及与之相关的基础知识。应掌握的知识点如下：

1. 掌握合同、合同法。

2. 掌握合同成立的条件、合同订立的程序、合同的内容、合同成立的时间和地点、缔约过失责任。

3. 掌握合同生效的条件；无效合同；可变更、可撤销合同；效力待定合同；无

① 资料来源：http://hi.baidu.com，有改动。

效合同和可撤销合同的法律后果。

4. 掌握合同履行及其原则、合同履行约定不明时的履行、合同履行的抗辩权、合同的保全、合同履行的担保。

5. 掌握合同的变更、合同的转让。

6. 掌握合同权利义务终止的概念、合同权利义务终止的事由、合同权利义务终止的效力。

7. 掌握违约责任及其构成、归责原则、预期违约、违约责任的承担方式。

复习思考题

1. 问答题

(1) 合同成立的条件有哪些?

(2) 合同生效的条件有哪些?

(3) 简要回答合同履行的抗辩权。

(4) 简要回答合同权利义务终止的事由。

(5) 简要回答归责原则。

(6) 简要回答违约责任的承担方式。

2. 案例题

某市朝阳玻璃制品厂(以下简称甲方)与某市天然气供应公司(以下简称乙方)签订了常年供气合同。合同规定,乙方每天向甲方供应生产用气4000立方,如减少或停供须提前五天通知甲方做好准备。甲方按月结清天然气款。双方约定,甲方向乙方交付定金5万元。

合同签订后不久,随着用气单位的增多,天然气供应日趋紧张,有些用气单位向乙方许诺可以购买高价气。乙方为追求本单位的经济效益,要求甲方减少用气2000立方,甲方不同意。乙方在未提前通知的情况下,单方突然停止向甲方供气,致使甲方生产设备受损,造成损失约4万元。甲方派人前去乙方交涉,要求其保证供气,并双倍返还其已交付的定金。乙方不同意。甲方遂向某市人民法院起诉,要求乙方继续履行合同,双倍返还其已交付的定金,赔偿其他损失。

根据以上事实,回答下列问题:

(1) 该合同是否为有效合同?

(2) 甲方的诉讼请求有无法律依据?并说明理由。

(3) 本案如何处理?

3. 实训题

甲商场3月份欲从乙冰箱厂购进冰箱50台，每台2800元，共计14万元。双方约定4月份货到后先付4万元，其余待销售后付清余下的10万元货款。后乙冰箱厂想在甲商场开设销售专柜，打开销路。双方遂签订租赁场地合同，约定租赁期为1年，自同年4月起至次年4月止，月租金2万元，共计24万元。由乙冰箱厂3个月付1次，分4次付清。7月份乙冰箱厂通知甲商场，称用应收甲商场的10万元冰箱货款中的6万元抵销其4月至7月的租金。

请回答：

(1) 用所学的合同法的理论和有关法律规定分析乙冰箱厂的做法是否合法？

(2) 为什么？

第六章　知识产权法

本章提要

本章讲述知识产权法的基础理论，重点讲解知识产权法概述、专利法、商标法、著作权法等内容。

本章学习目标

- 熟悉专利权的保护；
- 熟悉著作权的内容；
- 掌握专利权的概念与主体、客体；
- 掌握专利权的取得、期限、终止和无效；
- 掌握商标权的取得、期限与商标权人的权利和义务；
- 掌握著作权的概念与主体、客体；
- 掌握著作权的取得和保护期限。

案例导入

"万能钥匙"能否被授予专利权？①

朱某是机器制造厂车工，经过潜心思索和多次实验，终于研制出很容易打开各种锁的一套工具。这套类似"万能钥匙"的工具设计方案独特，结构精巧，

① 资料来源：http://blzqwg.blog.163.com，有改动。

便于携带,能快速又没有声响地打开各种明锁及暗锁。于是向专利局申请专利。

专利局经审查认为朱某的发明虽然具备新颖性、创造性、实用性,但不能授予专利权。

请问:

这是为什么?

第一节 知识产权法概述

一、保护知识产权的意义

民事权利包括,财产所有权、债权、知识产权、人身权,知识产权是四大民事权利之一,知识产权是和传统意义上的财产所有权相区别而存在的。

1. 知识产权的概念及特点

知识产权是指人们对智力创造成果和工商业标记依法享有的权利,包括著作权、专利权、商标权及商业秘密权、植物新品种权、集成电路布图设计权、地理标志权等其他知识产权。

知识产权的主要特点包括:(1) 知识产权是一种无形财产。(2) 知识产权具备专有性的特点。(3) 知识产权具备时间性的特点。(4) 知识产权具备地域性的特点。(5) 大部分知识产权的获得需要法定的程序,比如,商标权的获得需要经过登记注册。

2. 知识产权的范围

这里所要解决的一是知识产权包含哪些权利类型,受保护的智力成果范围如何划定;二是确定保护范围的依据。

广义的知识产权从权利类型来说,包括著作权、专利权、商标权和其他知识产权;从保护对象上说则是作品、发明创造、商标等商业标识、未公开信息、植物新品种、集成电路等各类知识产品、信息产品。狭义的知识产权是指由著作权(含邻接权)、专利权、商标权三个部分组成的传统知识产权,涉及的对象为作品、发明创造、商标。

划定广义知识产权范围的依据通常为国际公约,一个是《世界知识产权组织公约》,一个是 WTO《知识产权协议》。WTO《知识产权协议》规定了版权、工业产权、创造性成果权、著作权、邻接权(相关权利)、专利权、工业品外观设计权、集成电路布图设计权、商业秘密权、识别性标记权、商标权、地理标记权等内容广泛的知识产权体系。

3. 保护知识产权的意义

(1) 保护知识产权，有利于调动人们从事科技研究和文艺创作的积极性。知识产权保护制度致力于保护权利人在科技和文化领域的智力成果。只有对权利人的智力成果及其合法权利给予及时全面的保护，才能调动人们的创造主动性，促进社会资源的优化配置。

(2) 保护知识产权，能够为企业带来巨大经济效益，增强经济实力。知识产权的专有性决定了企业只有拥有自主知识产权，才能在市场上立于不败之地。越来越多的企业开始意识到时技术、品牌、商业秘密等无形财产的巨大作用，而如何让这些无形资产逐步增值，有赖于对知识产权的合理保护。

(3) 保护知识产权，有利于促进对外贸易，引进外商和外资投资。我国已于 2001 年 12 月 1 日加入世界贸易组织，履行《与贸易有关的知识产权协议》，保护国内外自然、法人或者其他组织的知识产权。如果没有知识产权保护，我国就不能参与世界贸易活动。

二、知识产权的法律体系

知识产权法是指因调整智力成果归属、利用和保护而产生的各种社会关系的法律规范的总称。

我国自 20 世纪 80 年代以后开始全面建设知识产权制度，于 1983 年、1985 年、1991 年和 1993 年先后颁布并实施了《商标法》、《专利法》、《著作权法》和《反不正当竞争法》以及这些法律的细则、条例等配套法规。为了入世的需要，于 2000 年修订了《专利法》，2001 年修订了《著作权法》和《商标法》。在知识产权国际保护方面，我国于 1985 年参加了《巴黎公约》，1992 年参加了《伯尔尼公约》，还先后参加了一些著作权、著作邻接权、专利、商标等专门公约。

我国的知识产权法法律体系由以下法律制度组成：

(1) 著作权法律制度。以保护作者和传播者的专有权利为宗旨，客体范围除文学、艺术、科学作品外，还有计算机软件。

(2) 专利权法律制度。以保护发明创造专利权为宗旨，保护客体为发明、实用新型和外观设计。

(3) 商标权法律制度。保护客体为工商业活动中的商品商标和服务商标，保护注册商标所有人对标记的独占性权利。

(4) 其他知识产权的保护。我国已制定了《植物新品种保护条例》、《集成电路布图设计保护条例》。地理标记、商业秘密的保护适用《反不正当竞争法》、《合同法》等法律。

我国加入的知识产权保护国际公约是我国内法的重要组成部分，不过就法律适用而言，国际公约的规定并不是由我国的司法和行政执法机关直接适用，而是根据国际公约的要求修改或者制定国内法，然后由法院和行政执法机关加以适用。只有在保护外国知识产权的情况下，若我国法律没有规定或者规定与国际公约冲突时，才可直接适用国际公约的规定。

在我国加入的多个知识产权国际公约中，有两个应予注意，一个是《保护工业产权巴黎公约》，一个是《保护文学艺术作品伯尔尼公约》。《巴黎公约》和《伯尔尼公约》的条款都涉及保护范围、基本原则、最低保护标准等方面的内容，而其中关于基本原则的规定，构成公约最基本的、也是最重要的内容。

(1) 国民待遇原则。这一原则是两个国际公约共同的基本原则，它的含义是：在知识产权的保护上，成员国必须在法律上给予其他成员国的国民以本国国民所享有的同样待遇。按照公约的规定，可享有国民待遇的外国人，首先是成员国的国民，包括自然人也包括法人。其次，非成员国的国民满足一定条件的也可享有国民待遇。就著作权而言，只要其作品在该国首先发表；就专利权、商标权而言，只要在该国有经常居所或者有实际从事工商业活动的营业所，也应当享有同该成员国国民相同的待遇。

(2) 独立保护原则。这也是两个公约的共同规定。独立保护是指外国人在另一个国家所受到的保护只能适用该国的法律，按照该国法律规定的标准实施。

(3) 优先权原则。这是巴黎公约特别规定的基本原则之一，它给以申请人时间上的优惠。内容为：在某一个成员国提出的专利或商标注册的申请在一年内（商标为半年）给予保留。此后再向其他成员国提出同样内容的第二次申请就被视为第一次申请那一天提出的。享有这种优先利益的人为优先权人。

(4) 自动保护原则。这是伯尔尼公约规定的一个基本原则，其内容为，作者在其他成员国享有和行使该国国民所享有的著作权，不需要履行任何手续。

第二节 专 利 法

一、专利权与专利法

1. 专利权的概念

专利权,是发明创造人或其权利受让人对特定的发明创造在一定期限内依法享有的独占实施权,是知识产权的一种。我国于 1984 年公布专利法,1985 年公布该法的实施细则,对有关事项作了具体规定。

2. 专利的含义

(1) 专利是指专利法保护的发明创造,即专利权的客体。

(2) 专利是指专利法保护的对发明创造享有的专有权,即专利权。

3. 专利法的概念

专利法是调整专利关系的法律规范的总称。

专利关系包括专利管理关系、专利权属关系、专利许可使用关系、专利转让关系等。1984 年 3 月 12 日,第六届全国人大常委会第四次会议通过了《中华人民共和国专利法》(以下简称《专利法》),成为指导我国专利制度建设的基本立法。1992 年 9 月 4 日,第十届全国人大常委会对《专利法》进行第一次修正,延长了三种专利的保护期限。2000 年 8 月 25 日,第九届全国人大常委会对《专利法》进行第二次修正,加大了专利保护力度,简化了专利审批程序。2001 年 6 月,国务院发布《专利法实施细则》。2002 年 12 月,国务院对该《实施细则》进行了修订。2008 年 12 月 27 日,第十一届全国人大常委会对《专利法》进行第三次修正,鼓励创新能力的提高,加大对专利权的保护。

《专利法》第一条规定:"为了保护专利权人的合法权益,鼓励发明创造,推动发明创造的应用,提高创新能力,促进科学技术进步和经济社会发展,制定本法。"该条概括了我国《专利法》的立法宗旨。

按照《专利法》的规定,国务院专利行政部门负责管理全国的专利工作,统一受理和审查专利申请,依法授予专利权。

二、专利权的主体和客体

1. 专利权的主体

专利权的主体,是指有权提出专利申请并依法取得专利权的单位和个人,以及其他依法取得专利权的单位和个人。根据《专利法》的规定,专利权的主体有以下几种：

(1) 职务发明创造的单位。职务发明创造，是指执行本单位的任务或者主要利用本单位的物质技术条件（如资金、设备、零部件、原材料、不向外公开的技术资料等）所完成的发明创造，主要包括：① 在本职工作中作出的发明创造；② 履行本单位交付的本职工作之外的任务所作出的发明创造；③ 退职、退休或者调动工作1年以内做出的，与在原单位承担的本职工作或者分配的任务有关的发明创造。

职务发明创造申请专利的权利属于该单位；申请被批准后，该单位为专利权人。利用本单位的物质技术条件所完成的发明创造，单位与发明人或者设计人订有合同，对申请专利的权利和专利权的归属做出约定的，从其约定。

(2) 非职务发明创造的个人。非职务发明创造申请专利的权利属于发明人或者设计人，他们是对发明创造的实质性特点作出创造性贡献的人。在完成发明创造过程中，只负责组织工作的人、为物质技术条件的利用提供方便的人或者从事其他辅助工作的人，不是发明人或者设计人。专利申请被批准后，该发明人或者设计人为专利权人。

(3) 共同完成人或委托完成人。两个以上单位或者个人合作完成的发明创造是共同发明创造，一个单位或者个人接受其他单位或者个人委托所完成的发明创造是委托发明创造。除当事人另有协议外，这两种发明创造的专利申请权利属于完成或者共同完成的单位或者个人；申请被批准后，申请的单位或者个人为专利权人。

(4) 外国的单位或者个人。在中国没有经常居所或者营业场所的外国人、外国企业或者外国其他组织在中国申请专利的，依照其所属国同中国签订的协议或者共同参加的国际条约，或者依照互惠原则，根据《专利法》办理。外国单位或者个人申请专利或者办理其他专利事务时，应当委托依法设立的专利代理机构办理。

专利权人有权在其专利产品或者该产品的包装上标明专利标识。发明人或者设计人有权在专利文件中写明自己是发明人或者设计人。

2. 专利权的客体

专利权的客体，是指专利权指向的智力成果，即专利权的载体。我国专利权的客体包括三种：发明、实用新型、外观设计。

(1) 发明。发明是指对产品、方法或者其改进所提出的新的技术方案。发明必须是前所未有的技术方案，有一定的进步或者难度。发明分为产品发明（如新机器、新设备）和技术发明（如新工艺、新方法）。

(2) 实用新型。实用新型是指对产品的形状、构造或者其结合所提出的适于实用的新的技术方案。实用新型仅适于产品,其创新要求比发明低,俗称“小发明”。

(3) 外观设计。外观设计是指对产品的形状、图案、色彩或者其结合所作的富有美感并适于工业上应用的新设计。外观设计必须以产品为依托,以追求美感为目的,如汽车外形、地毯花样等。

三、专利权的取得、期限、终止和无效

1. 取得专利权的实质条件

发明、实用新型、外观设计并非自动成为专利法的保护对象,它们必须经专利行政部门审查,确认其符合专利法规定的条件,才能依法定程序取得专利权。

(1) 发明、实用新型取得专利权的条件。

一项发明或者实用新型获得专利权应具备的实质条件是,新颖性、创造性和实用性。

(2) 外观设计取得专利权的条件。

授予专利权的外观设计,应当同申请日以前在国内外出版物上公开使用过的外观设计不相同或不相近似,并不得与他人在先取得的合法权利相冲突。

2. 取得专利权的程序条件

(1) 专利权的申请。

专利权的申请是指享有专利权的个人或单位向国家专利行政部门提出的请求授予其专利权的意思表示。

申请发明或者实用新型专利的,应当提交请求书、说明书及其摘要和权利要求书等文件。申请外观设计专利的,应当提交请求书以及该外观设计的图片或者照片等文件,并且应当写明使用该外观设计的产品及其所属的类别。

(2) 专利权的审查与批准。

① 初步审查,又称形式审查。专利行政部门在受理发明专利申请后,应该对该申请在形式上是否符合专利法的规定进行审查并将审查意见通知申请人,要求其在指定的期限内,陈述意见或者补正;申请人期满未答复的,其申请视为撤回。申请人陈述意见或者补正后,专利行政部门仍认为不符合专利法规定的形式要求的,应当予以驳回。

② 早期公开。专利行政部门经初步审查认为符合专利法要求的,自申请日起满 18 个月,即行公布。专利行政部门可以根据申请人的请求早日公布其申请。申请人请求早日公布其发明专利申请的,应当向专利行政部门声明。专利

行政部门对该申请进行初步审查后,除予以驳回的外,应当立即将申请予以公布。

③ 实质审查。对发明专利申请的实质审查,是指对申请专利的发明的新颖性、创造性、实用性等实质要件进行审查。

发明专利申请自申请日起3年内,专利行政部门可以根据申请人随时提出的请求,对其申请进行实质审查;申请人无正当理由逾期不请求实质审查的,该申请即被视为撤回。同时,专利行政部门认为必要的时候,可以自行对发明专利申请进行实质审查,但应当通知申请人。

专利行政部门对发明专利申请进行实质审查后,认为不符合专利法规定的,应当通知申请人,要求其在指定的期限内陈述意见,或者对其申请进行修改;无正当理由逾期不答复的,该申请即视为撤回。发明专利申请经申请人陈述意见或者进行修改后,专利行政部门仍然认为不符合专利法规定的,应当予以驳回。

④ 批准与授予。第一,发明专利申请经实质审查没有发现驳回理由的,由国家专利行政部门做出授予发明专利权的决定,发给发明专利证书,同时予以登记和公告。发明专利权自公告之日起生效。第二,实用新型和外观设计专利申请经初步审查没有发现驳回理由的,由国务院专利行政部门作出授予实用新型专利权或者外观设计专利权的决定,发给相应的专利证书,同时予以登记和公告,实用新型专利和外观设计专利权自公告之日起生效。

(3) 专利复查。国务院专利行政部门设立专利复审委员会。专利申请人对专利行政部门驳回申请的决定不服的,可以自收到通知之日起3个月内,向专利复审委员会请求复审。专利复审委员会复审后,作出决定,并通知专利申请人。

专利申请人对复审委员会的复审决定不服的,可以自收到通知之日起3个月内向人民法院起诉。

3. 专利权的期限

专利权在有效期限内受法律保护。发明专利权的期限为20年,实用新型专利权和外观设计专利权的期限为10年,均自申请日起计算,期满不能续展。专利权人应当自被授予专利权的当年开始缴纳年费。

4. 专利权的终止

有下列情形之一的,专利权在期限届满前终止:(1) 没有按照规定缴纳年费的;(2) 专利权人以书面声明放弃其专利权的。专利权在期限届满前终止的,由国务院专利行政部门登记和公告。

5. 专利权的无效

自国务院专利行政部门公告授予专利权之日起，任何单位或者个人认为该专利权的授予不符合《专利法》有关规定的，可以请求专利复审委员会宣告该专利权无效。专利复审委员会对宣告专利权无效的请求应当及时审查和作出决定，并通知请求人和专利权人。宣告专利权无效的决定，由国务院专利行政部门登记和公告。宣告无效的专利权视为自始即不存在。

对专利复审委员会宣告专利权无效或者维持专利权的决定不服的，可以自收到通知之日起3个月内向人民法院起诉。人民法院应当通知无效宣告请求程序的对方当事人作为第三人参加诉讼。

宣告专利权无效的决定，对在宣告专利权无效前人民法院作出并已执行的专利侵权的判决、调解书，已经履行或者强制执行的专利侵权纠纷处理决定，以及已经履行的专利实施许可合同和专利权转让合同，不具有追溯力。但是因专利权人的恶意给他人造成的损失，应当给予赔偿。

四、专利权人的权利和义务

专利权人是专利权的所有人及持有人的统称。即专利申请被批准时，被授予专利权的专利申请人。专利权人既可以是单位也可以是个人。

专利申请被授予专利权后，专利权人享有专有的专利权利。除专利法另有规定的以外，任何单位或者个人未经专利权人许可，都不得实施该专利，专利权人可依照自己的意愿独自利用自己的发明创造，也可以把专利实施权转让给他人。通过订立许可合同，被许可方取得专利实施权并向专利权人技术专利使用费。被许可人无权允许合同规定以外的任何单位或者个人实施该专利。发明专利申请公布后，申请人可以要求实施其发明的单位或者个人支付适当的费用。被授予专利权的单位应当对职务发明创造的发明人或者设计人给予奖励；发明创造专利实施后，根据其推广应用的范围和取得的经济效益，对发明人或者设计人给予合理的报酬。发明人或者设计人有在专利文件中写明自己是发明人或者设计人的权利。

专利权人的义务主要包括以下几个方面：

(1) 专利权人负有缴纳年费义务，专利权人应当自被授予专利权的当年开始缴纳年费。不按规定交纳年费，其专利无效。因此专利权人每年必须按规定交纳年费，来维持其合法权利，否则视为自动放弃专利权。

(2) 实施权利的义务，专利权人在专利期内必须实施或者许可他人实施其专利。否则，超过法定期限，国家主管部门可强制许有条件的他人实施其专利。

（3）对职务发明创造的发明人或设计人依规定给予奖励的义务。

五、专利权的保护

1. 专利权的保护范围

发明或者实用新型专利权的保护范围以其权利要求的内容为准，说明书及附图可以用于解释权利要求的内容。外观设计专利权的保护范围以表示在图片或者照片中的该产品的外观设计为准。

2. 专利侵权行为

（1）非法实施专利的行为。发明和实用新型专利权被授予后，除法律另有规定的以外，任何单位或者个人未经专利权人许可，都不得为生产经营目的制造、使用、许诺销售、销售、进口其专利产品，或者使用其专利方法以及使用、许诺销售、销售、进口依照该专利方法直接获得的产品。外观设计专利权被授予后，任何单位或者个人未经专利权人许可，都不得实施其专利，即不得为生产经营目的制造、许诺销售、销售、进口其外观设计专利产品。

（2）假冒他人专利的行为。下列行为，属于假冒他人专利的行为：① 未经许可，在其制造或者销售的产品、产品的包装 E 标注他人的专利号；② 未经许可，在广告或者其他宣传材料中使用他人的专利号，使人将所涉及的技术误认为是他人的专利技术；③ 未经许可，在合同中使用他人的专利号，使人将合同涉及的技术误认为是他人的专利技术；④ 伪造或者变造他人的专利证书、专利文件或者专利申请文件。

（3）以非专利产品、方法冒充专利产品、方法的行为。下列行为，属于以非专利产品冒充专利产品、以非专利方法冒充专利方法的行为：① 制造或者销售标有专利标记的非专利产品；② 专利权被宣告无效后，继续在制造或者销售的产品上标注专利标记；③ 在广告或者其他宣传材料中将非专利技术称为专利技术；④ 在合同中将非专利技术称为专利技术；⑤ 伪造或者变造专利证书、专利文件或者专利申请文件。

（4）不视为侵犯专利权的行为。有下列情形的，不视为侵犯专利权：① 专利产品或者依照专利方法直接获得的产品，由专利权人或者经其许可的单位、个人售出后，使用、许诺销售、销售、进口该产品的；② 在专利申请日前已经制造相同产品、使用相同方法或者已经作好制造、使用的必要准备，并且仅在原有范围内继续制造、使用的；③ 临时通过中国领陆、领水、领空的外国运输工具，依照其所属国同中国签订的协议或者共同参加的国际条约，或者依照互惠原则，为运输工具自身需要而在其装置和设备中使用有关专利的；④ 专为科学研究和实验而使用有关专利的;⑤ 为提供行政审批所需要的信息,制造、使用、进口专利药品或者专利医疗器械的,以及专门为其制造、进口专利药品或者专利医疗器械的。此外,为生产经营目的使用、许诺销售、销售不知道是未经专利权人许可而制造并售出的专利侵权产品,能证明该产品合法来源的,不承担赔偿责任。

3. 专利侵权的处理

因侵犯专利权引起纠纷的,由当事人协商解决;不愿协商或者协商不成的,专利权人或者利害关系人可以向人民法院起诉,也可以请求管理专利工作的部门处理。侵犯专利权的诉讼时效为两年,自专利权人或者利害关系人得知或者应当得知侵权行为之日起计算。

第三节 商 标 法

一、商标权和商标法的概念

1. 商标

商标是商品的生产者、经营者在其生产、制造、加工、拣选或者经销的商品上或者服务的提供者在其提供的服务上采用的,用于区别商品或者服务来源的,由文字、图形、字母、数字、三维标志、颜色组合,或者上述要素的组合,具有显著特征的标志,是现代经济的产物。商标最基本的功能就是识别商品或服务的来源,区别相同商品或服务的不同经营者。

2. 商标的种类

根据不同的标准,可将商标分为以下几类:

(1) 根据商标的表现形式不同分为文字商标、图形商标、立体商标和组合商标。组合商标是商标中较为多用的种类。

(2) 根据商标的使用途径和商标权人的不同分为商品商标、服务商标、集体商标和证明商标。

商品商标是指使用于各种商品上,用来区别不同生产者和经营者的商标。服务商标则是指使用于服务项目,用来区别服务提供者的商标。集体商标,是指以团体、协会或者其他组织名义注册,供该组织成员在商事活动中使用,以表明使用者在该组织中的成员资格的标志。

证明商标,是指由对某种商品或者服务具有监督能力的组织所控制,而由该组织以外的单位或者个人使用于其商品或者服务,用以证明该商品或者服务的原产地、原料、制造方法、质量或者其他特定品质的标志。如国际羊毛局注册并负责管理的纯羊毛标志就是注明的证明商标。

3. 商标权

商标权是商标专用权的简称，是指商标主管机关依法授予商标所有人对其注册商标受国家法律保护的专有权。商标注册人依法支配其注册商标并禁止他人侵害的权利，包括商标注册人对其注册商标的排他使用权、收益权、处分权、续展权和禁止他人侵害的权利。商标是用以区别商品和服务不同来源的商业性标志，由文字、图形、字母、数字、三维标志、颜色组合或者上述要素的组合构成。

4. 商标法

商标法是调整商标关系的法律规范的总和，即是调整商标因注册、使用、管理和保护商标专用权等活动，在国家机关、事业单位、社会团体、个体工商户、公民个人、外国人、外国企业以及商标事务所之间所发生的各种社会关系的法律规范的总称。

二、商标权的主体和客体

（一）商标权的主体

1. 商标权的主体

商标权的主体是指依法享有商标权的人。在我国，只有依照法定程序注册商标才能取得商标权。所以，商标权人也称为注册商标所有人。商标权主体可以是自然人、法人和其他组织。

2. 商标权主体的范围

商标权主体的范围是指可以成为商标权主体的主体形式。各国商标法一般都规定了在本国可以成为商标权主体的范围。通常情况下，凡是从事工商业经营活动的或具有真诚的商业意图，需要获得注册商标权的人都可以成为商标权的主体。

我国《商标法》第四条规定，从事生产、制造、加工、拣选或经销的，或者提供服务项目的自然人、法人及其他组织可以申请商标注册，从而成为商标权的主体。

外国人或者外国企业在中国申请商标注册的，应当按照其所属国和中华人民共和国签订的协议或者共同参加的国际条约办理，或者按对等原则办理，并应委托国家认可的具有商标代理资格的组织代理。

3. 主体资格

《商标法实施细则》第二条规定：“商标注册申请人，必须是依法成立的企业、事业单位、社会团体、个体工商户、个人合伙及符合《商标法》第9条规定的外国人或者外国企业。”

(1) 企业单位是指那些依照《企业法人登记管理条例》而成立的具有法人资格的企业。

(2) 事业单位是指那些设有附属工厂或生产车间的研究机构或学校,能从事生产经销商品的事业单位,国家机关、部委等单位均不属此列。

(3) 个体工商户及个人合伙是指依照国家有关法律、法规规定,在工商行政管理机关进行登记取得合法资格的个体工商户及个人合伙。

(4) 外国人和外国企业是指具有外国国籍的自然人和依据外国法律成立的并在外国登记的法人。这类申请人在我国申请商标注册,应按其所属国同我国签订的协议或共同参加的国际条约或对等原则,并委托国家工商行政管理局指定的商标代理组织办理。

对于在中国境内设立的,依法经过登记并取得营业执照的中外合资企业申请商标注册,应依合同规定,按照商标权的归属确定申请人,由中方作申请人的,按国内商标注册办理,其商标权的主体即为上述前三种情况之一;由外方作申请人的,按外国商标注册申请办理,其商标权的主体属上述第四种情况。

4. 主体条件

根据《商标法》第四条的精神,商标申请人必须是为自己生产、制造、加工、拣选或者经销的商品申请商标注册,超出此范围的商品,不能提出注册申请。这里所说的“生产”是指创造出各种生产资料和生活资料;“制造”是指把原材料变成能使用的物品或者消费品;“加工”是把半成品变成成品;“拣选”是指对成品或者零件加以挑选、归类,然后用于销售;“经销”是指经营销售某种商品。

(二) 商标权的客体

1. 商标权的客体

商标权的客体,就是商标权人所拥有的商标。在我国只有注册商标的所有人才能成为商标权的主体,也只有注册商标才能是商标权的客体。未注册的商标,其使用人不享有商标权,因此,也不能成为商标权的客体。

2. 商标权客体的条件

根据我国《商标法》的有关规定,作为商标权客体的商标必须具备以下条件:

(1) 商标的构成要素必须具备显著特征,便于区别。

(2) 不得违反商标法的禁用条款。

① 下列标志不得作为商标使用:

第一,同中华人民共和国的国家名称、国旗、国徽、军旗、勋章相同或者近似的,以及同中央国家机关所在地特定地点的名称或者标志性建筑物的名称、图形相同的;

第二,同外国的国家名称、国旗、国徽、军旗相同或者近似的,但该国政府同意的除外;

第三,同政府间国际组织的名称、旗帜、徽记相同或者近似的,但经该组织同意或者不易误导公众的除外;

第四,与表明实施控制、予以保证的官方标志、检验印记相同或者近似的,但经授权的除外;

第五,同"红十字"、"红新月"的名称、标志相同或者近似的;

第六,带有民族歧视性的;

第七,夸大宣传并带有欺骗性的;

第八,有害于社会主义道德风尚或者其他不良影响的。

县级以上行政区划的地名或者公众知晓的外国地名,不得作为商标。但是,地名具有其他含义或者作为集体商标、证明商标组成部分的除外;已经注册的使用地名的商标继续有效。

② 下列标志不得作为商标注册:

第一,仅有本商品的通用名称、图形、型号的;

第二,直接表示商品的质量、主要原料、功能、用途、重量、数量及其他特点的;

第三,缺乏显著特征的。

前款所列标志经过使用取得显著标志,并便于识别的,可以作为商标注册。

(3) 不得与他人的商标混同。

混同是指商标与他人的商标相同或者近似。申请注册的商标与他人的注册商标混同,不能获准注册。而径行使用与他人注册商标相同或者近似的商标,则构成侵权。

三、商标权的取得、期限

商标权的取得,是指根据什么原则和采取什么方法来获得商标权。

1. 商标权的取得方式

按照商标是否由取得商标权的人创设,可将商标权的取得方式分为原始取得和继受取得。

（1）原始取得。

原始取得，是指商标由商标权取得人创设的，其取得的商标权是最初直接取得的，而不是基于他人已存在的权利。在国际上，商标权的原始取得大体采取以下三种方法：

① 注册原则。注册原则是指按申请注册的先后确定商标权的归属。世界上大多数国家规定，商标必须经过注册后才能取得商标权。为此，商标注册是取得商标权的必要程序，商标权属于该商标的首先注册人所有。采取注册原则的国家又可以分为自愿注册和强制注册原则。

② 使用原则。使用原则是指按使用商标的先后确定商标权的归属。根据这一原则，商标权属于首先使用该商标的人。通常是谁先使用该商标，只要有首先使用的事实，该当事人即享有商标权。有些实行使用原则的国家也办理商标注册手续，但它在法律上只起声明作用，而不能确定商标权的归属。采取使用原则确定商标权的归属，不利于商标的管理工作和争议的处理，所以世界上只有少数国家的商标法采取使用原则。

③ 混合原则。混合原则是上述二原则的折中适用原则。依这种原则，商标权需经申请注册才能取得。但是在核准注册后的一定时间内，给先使用人以使用在先为由提出撤销与自己先使用商标相同或近似的注册商标的机会。只有经过一定期限后，无先使用人主张权利，核准注册的商标才取得稳定的商标权。

我国立法确定以注册方式取得商标权。我国《商标法》第三条规定：经商标局核准注册的商标，商标注册人享有商标专用权，受法律保护。

（2）继受取得。

继受取得，是指商标权人取得的商标权是基于他人已存在的权利而产生的，而非最初直接取得。继受取得有两种方式：一是根据转让合同，出让人向受让人有偿或无偿地转移商标权；二是根据继承法的规定，一继承程序取得商标权。

依据我国《商标法》的规定，商标权的原始取得，应按照商标注册程序办理。商标权的继受取得也须依照转让注册商标的程序办理，方能取得商标权。

2. 商标注册的原则

（1）注册原则。

我国对于商标权的取得采取注册原则，商标权通过注册取得。不管商标是否经申请人使用，只要符合商标法的规定，经商标局核准注册，申请人便可取得商标权。反之，如果商标所有人不向商标局提出注册申请，即使其商标经过长期使用，也同样不能取得商标权。对于商标所有人是否申请注册，我国商标法则采取自愿注册原则。

自愿注册原则是指商标所有人自行决定是否申请注册。我国现行法在实行自愿注册原则的同时,对涉及人们健康的极少数商品实行强制注册。《商标法》第六条规定:“国家规定必须使用注册商标的商品,必须申请商标注册,未经核准注册的,不得在市场上销售。”我国现行法律规定人用药品和烟草制品的商标实行强制注册。

(2) 申请在先原则。

对于两个或两个以上的申请人,在同一种或类似商品上申请注册相同或近似的商标时,准予最先申请者注册,驳回后申请者的申请。我国现行商标法实行的就是申请在先原则,但对于无法确定谁是先申请人的,则采用使用在先原则。我国《商标法》第29条规定:“同一天申请的,初步审定并公告使用在先的商标,驳回其他人的申请,不予公告。”

(3) 优先权原则。

优先权原则是《巴黎公约》所确立的工业产权国际保护的重要原则之一。它主要体现在工业产权保护的申请程序上。优先权,是指任何一个巴黎公约成员国国民向任何一个公约成员国就工业产权保护第一次提出正式申请后的一定期间内,再向其他成员国提出申请的,该成员国应当将申请人的第一次申请日视为在该国提出申请的日期,即优先权日。我国《商标法》第24条规定:“商标注册申请人自其商标在外国第一次提出商标注册申请之日6个月内,又在中国就相同商品以同一商标提出商标注册申请的,依照该外国同中国签订的协议或者共同参加的国际条约,或者按照相互承认优先权的原则,可以享有优先权。”

3. 商标注册的申请

商标注册申请是商品的生产经营者及服务的提供者,依照法定程序向商标局提出的注册商标的请求。

(1) 商标注册的申请人及代理。

自然人、法人或者其他组织申请商标注册或办理其他商标事务,可由申请人直接办理,也可委托国家认可的具有商标代理资格的组织代理。

外国人或者外国企业在中国申请商标注册和办理其他商标事宜的,应当委托国家认可的具有商标代理资格的组织办理。

(2) 申请文件。

① 商标注册申请书。申请人申请商标注册,必须向商标局提交商标注册申请书。申请商标注册,应当按照规定的商品分类表填报使用商标的商品类别和

商品名称。商标注册申请人在不同类别的商品上申请注册同一商标的,应当按照商品分类表提出注册申请。注册商标需要在同一类的其他商品上使用的,应当另行提出注册申请。

② 商标图样。

③ 证明文件。与申请书一同附送的证明文件包括以下几种:

第一,国家规定必须使用注册商标的商品及一些特殊行业的商标注册申请所需的证明文件。

第二,国内的报刊、杂志申请商标注册的,应当提交新闻出版主管部门发给的全国统一刊号的报刊登记证。

第三,提交相关的营业执照副本或营业执照复印件,申请填报的商品或服务项目不得超出核准登记的经营范围。

第四,办理集体商标和证明商标注册申请还应提交集体商标、证明商标的申请人主体资格证明和商标使用管理规则。

第五,用人物肖像作为商标申请注册的,必须提供肖像权人授权并经公证机关公证。

第六,外国申请人要求优先权的,须在申请书上填写初步申请国、初步申请日及申请号,并在3个月内向商标局提交优先权证明文件,逾期不提交证明文件,其优先权请求无效。

4. 商标注册的审查和核准

商标审查是商标主管机关对商标注册申请是否符合商标法的有关规定所进行的一系列活动,商标审查是决定授予商标权的关键。

(1) 形式审查。

形式审查是对商标注册申请的文件、手续是否符合法律规定的审查,主要就申请书的填写是否属实、准确、清晰和有关手续是否完备进行审查。通过形式审查决定商标注册申请能否受理。

(2) 实质审查。

实质审查是对商标是否具备注册条件的审查。申请注册的商标能否初步审定并予以公告取决于是否通过了实质审查。实质审查包括以下几个方面:

① 商标是否违背了商标法禁用条款;

② 商标是否具备法定的构成要素,是否具有显著特征;

③ 商标是否与他人在同一种或类似商品上注册的商标相混同;

(3) 商标注册申请的初步审查及公告。

申请注册的商标,凡符合商标法有关规定的,由商标局初步审定。予以公告。

(4) 商标异议。

对初步审定的商标,自公告之日起3个月内,任何人均可以提出异议。对初步审定、予以公告的商标提出异议的,商标局应当听取异议人和被异议人陈述事实和理由,经调查核实后,做出裁定。当事人不服的,可以自收到通知之日起15日内向商标评审委员会申请复审,由商标评审委员会作出裁定,并书面通知异议人和被异议人。当事人对商标评审委员会的裁定不服的,可以自收到通知之日起30日内向人民法院起诉。

(5) 核准注册。

初步审定公告的商标公告期届满,无异议的或经裁定异议不能成立的,予以核准注册,发给商标注册证书,并予公告。

5. 商标权的期限

商标权的期限是指商标具有法律效力的期限,也叫注册商标的有效期。

注册商标的期限是指注册商标具有法律效力的期限,亦称为注册商标的有效期。在我国,只有经过注册的商标才能获得商标权,才受法律保护。所以注册商标的期限即商标权的保护期限。各国商标法都对注册商标的期限做了规定,10—20年不等。欧洲大陆的几个国家中,包括法国和德国,注册期限为10年,自申请日起计算;美国、西班牙、意大利等国为20年,从注册日起计算;英国及许多仿效英国制度的国家,最初规定商标权期限为7年,但注册续展为14年;《商标国际注册马德里协定》规定商标权期限为20年。我国《商标法》第37条规定为10年,自核准注册之日起计算。本法第39条又规定了续展:注册商标有效期满,需要继续使用的,应当在期满前6个月内申请续展期。宽展期满仍未提出申请的,注销其注册商标。每次续展期为10年。

四、商标权人的权利和义务

1. 商标权人的权利

(1) 占使用权。商标一经国家商标管理机关核准注册,商标权人即享有在一定范围内对其注册商标完全的独占使用权。所谓独占使用权,就是指他人未经注册商标所有人的许可,不得在同一种商品或者类似商品上使用该注册商标或者与该注册商标相近似的商标。否则,即构成商标侵权,商标权人可以请求工商行政管理机关依法处理或者向法院起诉。

(2) 许可使用权。商标权人可以将其注册商标许可他人使用,并因此而获得报酬。根据许可人(商标权人)与被许可人(商标使用人)签订的使用许可合同，商标权人可以保留自己对商标的使用权，也可以放弃使用权，由被许可方独占使用或者多人同时使用商标。无论商标权人保留或者是放弃使用权，商标的所有权人仍然是原来的商标注册人。在商标许可使用条件下，仅仅是商标的使用权发生转移，所有权并没有发生变化。

(3) 商标转让权。转让注册商标，是商标权人根据商标法规定的程序将商标所有权转让给他人的法律行为。商标权转让后，原商标注册人，即商标权人则丧失对于注册商标的一切权利，商标所有权转移给新的商标权人，注册商标本身没有发生变化，而注册商标的所有者发生了变化。

(4) 续展权。商标续展权是指商标所有权人向商标局申请延长商标保护期限的权利。根据我国《商标法》，注册商标权的有效期是10年。如果商标权人希望继续使用注册商标，继续维持商标权，可以在商标权有效期届满前申请续展。商标续展权是商标权人享有的一项非常重要的权利。通过续展权，一件商标的生命力可以无限延长，换句话说，商标权的保护期限可以通过行使续展权而远远超过专利权和著作权的保护期限。其关键是注册商标所有权人要提高商标权保护意识，珍惜得来不易的商标专权，充分利用商标法赋予其的权利，使商标这一无形资产发挥作用。

2. 商标权人的义务

(1) 使用注册商标。我国《商标法》规定，商标经核准注册后，连续3年停止使用的，任何人都可以向商标局申请撤销该注册商标。商标的使用，包括将商标直接使用于商品上、商品包装或者容器上以及有关的商品交易文书上，或者将商标使用在广告宣传、展览以及其他业务活动中。使用注册商标时应当注明"注册商标"字样或者标明注册标记。

(2) 保证使用注册商标的商品或服务的质量。商标权人和商标的使用者有义务保证其生产经营的商品或服务的质量，不得欺骗消费者。这一项义务对商标权人同样重要。在商标许可使用中，商标权人必须慎重选择被许可使用人，并随时对使用其注册商标的产品或服务的质量实施监督，绝不允许只顾获得经济利益而损害消费者。

五、注册商标的撤销

是指商标局和商标评审委员会依法撤销已注册商标的制度，有时也简称为商标撤销。

注册商标的撤销包括两种情况：

(1) 因违反商标法而被商标局撤销。

一是由于商标权人自行改变注册商标的文字或图形,或自行改变注册人名字、地址和其他注册事项等;

二是自行转让注册商标,或者连续3年停止使用注册商标;

三是其商品粗制滥造,以次充好,欺骗消费者的。

(2) 争议撤销。

如数个当事人所争议的商标确属相同或类似,由商标评审委员会裁定撤销后注册当事人的商标,维护先注册当事人的商标专有权。

撤销商标与注销商标不同:

注销商标是由于商标注册人自动放弃专用权引起的;撤销商标是商标局对商标注册人违反商标法规所给予的处分;或是商标评审委员会对注册商标发生争议时所作出的终局决定。

第四节　著作权法

一、著作权概述

1. 著作权

著作权是指著作权人对其创作的文学、艺术和科学作品等智力成果依法享有的专有权利。著作权通常有广义和狭义之分:狭义的著作权,仅指作者对其作品依法享有的权利;广义的著作权既包括狭义的著作权内容,还包括著作邻接权,即作品传播者依法享有的权利,如艺术表演者的权利、录音录像制品制作者的权利、广播电视组织的权利、图书和报刊出版者的权利等。

著作权的概念具有以下几方面的含义:

(1) 著作权的主体是著作权人,即依法享有著作权的人。著作权的主体不仅包括直接进行作品创作的作者,而且还包括依法享有著作权的其他人,如作品改编者、作品翻译者、著作权的被许可使用者、著作权的合法继承人等。此外国家在特殊情况下,也可成为著作权的主体,如作者或其他著作权人把其著作赠与、捐献给国家后,国家即可成为该著作权的主体,等等。

(2) 著作权的客体是基于创作活动而产生的作品,即通过人的思维的分析、概括而产生的、以一定形式表现出来的脑力劳动成果。

(3) 著作权的内容是兼具财产权和人身权内容的专有权利。

著作权属于民事权利,它既不同于一般的财产权,也不同于一般的人身权,而是兼具财产权和人身权的双重内容,并且这种权利为著作权人所专有。

2. 著作权的特点

著作权作为知识产权中的一种,除了具有知识产权的一般特征外,还具有以下特点:

(1) 著作权主体范围具有广泛性。

与专利权、商标权相比较,著作权主体的范围更加广泛,根据我国《著作权法》的规定,自然人、法人、非法人单位以及国家都可以成为著作权的主体。同时,由于法律对著作权主体的限制并不严格,因此,未成年人和外国人都可以成为著作权的主体。

(2) 著作权的客体具有多样性和广泛性。

作为著作权客体的作品的表现形式多种多样,范围十分广泛,包括文字作品、口头作品、音乐作品、戏曲作品、曲艺作品、舞蹈作品、美术作品、计算机软件、民间文学艺术作品等,比专利权、商标权的客体种类多,范围广。

(3) 著作权的内容具有丰富性和复杂性。

著作权中所包含的人身权和财产权方面的具体内容比较多:从人身权上看,主要有署名权、发表权、修改权、保护作品完整权等;从财产权上看,主要有复制权、发行权、获得报酬权、演绎权等。同时,由著作权客体的多样性和广泛性所决定,不同的著作权的内容又不尽相同,具有复杂性。

(4) 著作权的产生和保护具有自动性。

现代各国著作权法大多对著作权采取"创作保护主义"的原则,即作品一经创作产生,不论是否发表,著作权即自动产生,开始受著作权法保护,与须经国家主管机关审查批准方能得到法律保护的专利权、商标权不同。

3. 著作权与相关概念的关系

为了更好地理解著作权的概念,有必要将其与以下一些相关概念进行比较:

(1) 著作权与版权。

著作权和版权在各国立法和国际公约中都被使用。版权在英文中称 Copyright,其最初含义是"制版特权",起源于15世纪中叶,当时英国对出版书刊实行特许证制度,即由皇家授予伦敦出版行会的成员及其他持有特许证的人以出版书刊的特权。19世纪,日本人据此创造了汉字"版权"一词,后为旧中国立法所沿用。版权的概念虽然在现代各国的立法和国际公约继续使用,但已不再仅局限于其原有的意义,而是被赋予了新的含义。在我国现行立法中,更多地使用著作权的概念,但在本质上与版权是同一语,对此,我国《著作权法》第56条规定:“本法所称的著作权即版权。”从而以立法的形式肯定了两者的关系。

(2) 著作权与出版权。

著作权与出版权是两个容易混淆的概念。从著作权法的角度看,著作权是著作权人对其作品等享有的各种权利的总称,其包含多项具体的内容。出版权是指以图书、报纸、期刊等形式对某一作品享有的复制和发行传播的权利,与著作权中的复制权和发行权两者相结合的内容相同,是著作权重要权能之一。但在立法例上,各国作法并不相同。有的国家的著作权法把出版权单列,明确加以规定;有的国家的著作权法只规定复制权、发行权,而不把出版权单列出来。我国著作权法将出版权包含于著作权之中,而没有将其单列出来,专门加以规定。因此,在我国,著作权与出版权是整体与部分的关系,而不是并列关系。

(3) 著作权与著作物所有权。

著作权是一种以作品为客体的权利,它需要一定的物质载体形式反映出来,这种以一定的形式体现作品的物质载体,就是著作物,如书籍、报刊、影像磁带等。著作物所有权是指对著作物享有的占有、使用、收益、处分的权利。著作权是指对体现于不同物质载体之中的作品享有的权利。

两者尽管有联系,但存在以下区别:

首先,发生原因不同。著作权基于创作作品的活动、许可使用、继承等法律事实而发生;著作物所有权主要基于买卖、赠与等法律事实而发生。

其次,客体不同。著作权的客体是以不同形式体现出来的作品;著作物所有权的客体是著作物本身。

再次,内容不同。著作权的内容包括多项人身权和财产权;著作物所有权的内容是占有、使用、受益和处分的权利,属于财产权范畴。

最后,保护方式不同。著作权通常采用著作权法的特殊方式加以保护;著作物所有权采用物权的保护方式。

(4) 著作权与著作邻接权。

著作权与著作邻接权既有密切联系,又有区别。著作权是著作权人对作品享有的各项权利,著作邻接权是指作品的传播者在传播作品过程中对其传播作品的智力成果所享有的各项权利。一方面,由于对作品的传播以作品的存在为前提条件,故著作邻接权以著作权为前提条件,是从著作权中派生出来的权利;另一方面,著作权的行使、实现在一定程度上又有赖于作品的传播,因此,著作权又与著作邻接权相辅相成,不可分离。

但是,两者也存在明显区别:

首先,发生原因不同。著作权基于创作作品活动、许可使用、继承等法律事实而产生;著作邻接权基于传播作品的行为而发生。

其次,主体不同。著作权的主体是著作权人,著作邻接权的主体是作品的传播者。

再次,客体不同。著作权的客体是作品,著作邻接权的客体是以作品为基础,为了传播作品而产生的传播作品。

最后,内容不同。著作权的内容包括人身权和财产权,著作邻接权则与之不同,并且不同的传播者享有的著作邻接权各不相同。

(5) 著作权与作者权。

著作权是著作权人对作品依法享有的各种权利。作者权是作者对其作品依法享有的权利。著作权人既包括作者,也包括其他依法享有著作权的人。因此,著作权包括作者权,作者权只是著作权中的一部分,两者不能等同。

二、著作权的主体和客体

(一) 著作权的主体

1. 著作权人和作者

著作权的主体即著作权人,是作品的所有人,著作权利益的承担者。著作权人有两类,一是作者,二是作者以外的人。作者的著作权基于完成创作这一法律事实,作者以外的人则可基于其他法律事实而获得著作权。

(1) 作者。

作者首先是创作作品的自然人。只有自然人才是实际作者。法人或其他组织的作者身份是法律拟制的,以便于其以原始所有者身份行使著作权。《著作权法》第 11 条第三款规定,"由法人或者其他组织主持,代表法人或者其他组织意志创作,并由法人或者其他组织承担责任的作品,法人或者其他组织视为作者。"据此,法人或其他组织是法定作者。

认定作者的身份通常情况下以署名为准。在作品上署名的公民、法人或者非法人单位被推定为作者,无须其他证明。在发生著作权争议时,相对人能提出相反证明的,署名人就有可能不是真实作者。

(2) 作者以外的著作权人。

除作者以外其他自然人、法人或社会组织依法也可成为著作权的主体。如,继承人、受遗赠人、受让人、作品原件的合法持有人、作者所在单位,在法律规定的情况下都可以成为著作权人。在特定条件下,国家也可成为著作权人。

(3) 外国著作权人。

① 任何外国人的作品首先在中国境内出版的,即在我国享有著作权。

② 外国人的作品虽未在我国境内首先出版,但是根据其所属国同中国签订的协议或者共同参加的国际条约享有著作权。我国参加了《伯尔尼公约》和《世界版权公约》,凡是公约成员国国民的著作权都能在我国受到保护。

③ 未与我国签订协议或者共同参加国际条约的国家的作者以及无国籍人的作品首次在中国参加的国际条约的成员国出版的,或者在成员国和非成员国同时出版的,在我国享有著作权。

2. 演绎作品的著作权人

(1) 演绎作品的概念。

基于已有作品进行再创作而产生的新的作品统称为演绎作品。演绎是一种创作方式,具体形式有改编、翻译、整理、注释,但不限于此。演绎作品主要有改编、译文、注释和评论、整理等。

(2) 演绎作品的著作权及行使。

演绎创作所派生出来的新作品,其著作权由演绎者享有,但行使著作权时,不得侵犯原作品的著作权。首先,对作品进行演绎创作应得到作者的同意,其次,演绎创作时应当保持原作品的完整性,要在演绎作品上标明原作品及作者,再次,演绎者的享有著作权仅限于演绎作品,而不延及原作品,因而演绎者不得妨碍原作者或其他人对原作品的利用。对第三人而言,使用演绎作品须获得演绎者和原作者双重许可。

3. 合作作品的著作权人

(1) 合作作品。

两人以上合作创作的作品为合作作品。这里的"人"可以是自然人,也可以是法人、组织。所谓合作是指直接产生智力成果的创作活动,而不是其他性质的劳动,如提供咨询意见、物质条件,或者进行其他辅助活动。

合作作品按照其内部关系又分为可以分割使用的和不可以分割使用的。前者是一种比较宽泛的合作作品,其中各位作者创作的部分可以辨认和分离出来。如声乐作品的词和曲。后者是狭义的、严格意义上的合作作品,各位作者的贡献不可分地融合在一起,如绘画、雕塑。

(2) 合作作品的著作权及其行使。

合作作品的著作权由合作者共同享有。合作者行使著作权应以协商一致为基础,在意见不一致的情况下,任何一方无正当理由不得阻止他方行使著作权。

可以分割使用的合作作品的著作权具有双重性,合作者对合作作品整体享有著作权,各位作者对各自创作的部分享有独立的著作权并可以单独行使其著作权。但是单独行使著作权不得影响对合作作品整体的利用。

4. 汇编作品的著作权人

(1) 汇编作品。

汇编作品指对作品、作品的片段或者不构成作品的数据或者其他材料选择、编排体现独创性的新生作品。常见的汇编作品如辞书、选集、期刊、杂志、数据库等。

(2) 汇编作品的著作权及其行使。

汇编作品作为一个整体由汇编者享有著作权。汇编人汇编有著作权的作品时应当经过原作品著作权人的授权,并支付报酬。在行使汇编作品著作权时,不得侵犯原作品的著作权。汇编作品中具体作品的著作权仍归其作者享有,作者有权单独行使著作权。

5. 电影类作品的著作权归属

电影作品和以类似摄制电影的方法创作的作品如电视剧、录像作品是一种特殊类型的作品,众多的创作者都为作品作出了贡献。在尊重这一事实的前提下需由法律确定谁为著作权人。《著作权法》第 15 条规定电影类作品的著作权由制片人享有和行使。参加作品创作的其他人员,如编剧、导演、作词、作曲等作者享有署名权,并可对各自创作的可以单独使用的部分单独行使著作权。

6. 职务作品的著作权归属

(1) 职务作品。

职务作品是作为雇员的公民为完成所在单位的工作任务而创作的作品。职务作品可以是作品分类中的任何一种形式。认定职务作品时应考虑的前提条件有两个:一是作者和所在单位存在劳动关系。二是作品的创作属于作者的职责范围。

(2) 职务作品的著作权及其行使。

① 一般职务作品的著作权由作者享有。单位或其他组织享有在其业务范围内优先使用的权利,期限为两年。单位的优先使用权是专有的,未经单位同意,作者不得许可第三人以与单位使用的相同方式使用该作品。在作品完成两年内,如单位在其业务范围内不使用,作者可以要求单位同意由第三人以与单位使用的相同方式使用,单位没有正当理由不得拒绝。

② 特殊的职务作品,除署名权以外,著作权的其他权利由单位享有。所谓特殊职务作品是指《著作权法》第 16 条第二款所列作品,即工程设计、产品设计图纸、计算机软件、地图等科学技术作品。

7. 委托作品的著作权人

(1) 委托作品。

委托作品是作者基于他人委托而创作的作品。委托作品通常发生在工业实用艺术品设计、人物摄影、肖像制作、翻译、课题研究等领域。委托作品的特点是受他人支配,必须体现委托人的意志和实现委托人使用作品的目的,不能完全自由地进行表达。

(2) 委托作品的著作权归属。

委托创作作品著作权归属由委托人和受托人通过合同约定。合同未作明确约定或者没有订立合同的,著作权属于受托人即作者。

8. 原件所有权转移的作品的著作权归属

绘画、书法、雕塑等美术作品原件的转移并不意味着作品的著作权的转移;作品原件所有人只取得原件物的所有权和作品原件的展览权。除美术作品之外,对任何原件所有权可能转移的作品,都要注意区分作品物质载体的财产权和作品的著作权这两种不同的权利。

(二) 著作权的客体

1. 著作权的客体

著作权的客体是指作者的创作活动取得的具有一定形式的成果,即作品。著作权的客体也是著作权法保护的对象,是著作权主体的权利和义务所共同指向的对象。著作权作为知识产权的种类之一,其客体也应当是经人类脑力劳动所产生的智力创作成果。简言之,著作权客体就是由著作权法保护的、经创作而产生的作品。

2. 作品

《著作权法实施条例》第二条:作品指文学、艺术和科学领域内具有独创性并能以某种形式复制的智力创作成果。

3. 作品的法律特征或者必备的条件

(1) 独创性。作品必须是作者创造性的独立完成的成果;例:自己创作,不是抄袭或剽窃;判断一部作品的独创性是不容易的,独创性标准也是很低的;相似不能说是抄袭或剽窃,翻译同一小说,或根据同一题材写出的小说或其他作品很可能有相似的地方。

(2) 可复制性。也就是能够以一定的物质形式表现或固定下来,供他人利用;有载体:纸、录音、录像等。我国《著作权法》第 52 条规定:"本法所称的复制,指印刷、复印、临摹、拓印、录音、录像、翻录、翻拍等方式将作品制成一份或多份的行为。"

4. 作品的种类

《著作权法》第三条、第六条规定的作品类型如下：

(1) 文字作品，指以文字符号表现的作品，例如小说、诗词、散文、论文等。文字既可以是汉语文字、少数民族文字、盲文，也可以是外国文字。计算机程序是一种以特殊语言表现的作品，属于文字作品。

(2) 口述作品，指即兴的演说、授课、法庭辩论等以口头语言创作、未以任何物质载体固定的作品。

(3) 音乐、戏剧、曲艺、舞蹈、杂技艺术作品。此一类作品并非指表演者对作品的表演，而是指供表演所用的乐谱、剧本、舞谱、脚本等等。

(4) 美术、建筑作品。美术作品是指绘画、书法、雕塑、建筑等以线条、色彩或者其他方式构成的有审美意义的平面或者立体的造型艺术作品。

(5) 摄影作品。摄影作品是指借助器械，在感光材料上记录客观物体形象的艺术作品。

(6) 电影作品和以类似摄制电影的方法创作的作品。这是指摄制在一定物质上，由一系列有伴音或者无伴音的画面组成，并且借助适当装置放映、播放的作品。

(7) 工程设计、产品设计图、地图、示意图等图形作品和模型作品。

(8) 计算机软件。

(9) 民间文学艺术作品。

5. 不予保护的对象

(1) 违禁作品。

违禁作品是指因内容违反法律而被禁止出版、传播的作品。《著作权法》第4条规定："依法禁止出版、传播的作品，不受本法保护。"依此规定，认定作品内容是否合法的依据是有关新闻出版管理的行政法规。

(2) 不适于用著作权保护的对象。

我国《著作权法》第五条列举了三类不宜给予著作权保护的对象：

① 法律、法规、国家机关的决议、决定、命令和其他具有立法、行政、司法性质的文件，及其官方正式译文。具有实施效用的法律及官方文件，并非缺乏独创性。但对它的考虑首先是促进其自由传播和复制，以便使人们充分地了解和掌握，故不在著作权保护之列。

② 时事新闻。时事新闻是对新近发生的事实所做的客观报道，新闻是客观存在的事实、信息。它的基本特征是时间性；其功能是传递信息。在表达方式上不以独创性为条件，而是求真求快。同时，在新闻传播中，居于首位的是保障

社会成员获得新闻的权利,故时事新闻不享有著作权。

③ 历法、数表、通用表格和公式。此类智力成果已成为人类社会的共同财富,为人们普遍运用。再者它们在表达方式上具有"唯一性",不存在独创性表现的可能性,不具备作品的条件,故不给予著作权保护。

三、著作权的内容

1. 人身权

著作人身权是指作者享有的与其作品有关的以人格利益为内容的权利。

(1) 发表权。即决定作品是否公之于众的权利。发表权的具体内容包括:决定作品何时、何地,以何种方式公之于众。

(2) 署名权。即表明作者身份,在作品上署名的权利。

(3) 修改权。即修改或者授权他人修改作品的权利。

(4) 保护作品完整权。即保护作品不受歪曲、篡改的权利。

2. 财产权

著作财产权是作者对其作品进行全面支配的权利,包括对作品加以利用和处分其作品的权利。《著作权法》第 10 条第 5—16 项对财产权进行了列举性规定,指明著作人对其作品具体的使用权包括:复制权、发行权、出租权、展览权、表演权、放映权、广播权、信息网络传播权、摄制权、改编权、翻译权、汇编权。

3. 著作权的行使和转移

(1) 著作权许可使用。

著作权人享有的著作财产权可以自己行使,也可以授权他人行使。许可他人行使著作财产权的法律形式为许可使用合同,具体有出版合同、表演合同、改编合同、播放合同等。

著作权人享有的权利有些能够有效控制,如出版权,摄制权,有些则不能控制或难以控制,如音乐作品的表演权、广播权,作者很难掌握谁在演唱自己的作品,在哪里演唱,哪个电台电视台在播放。因此需要一个有效的机制来保障著作权人畅通无阻的行使权利,这个机制就是著作权集体管理。著作权集体管理组织接受作者或者著作权人的委托,以自己的名义为著作权人管理个人不能控制的那些权利,它向作品的使用者授权并收取作品使用费,再将使用费按一定比例返还给著作权人,并且以该组织的名义对侵犯著作权的人提出法律交涉。《著作权法》第八条是关于著作权集体管理组织的规定。

(2) 著作权的转移。

著作权属于公民的,公民死亡后,其著作财产权依照继承法的规定转移。

著作权中的署名权、修改权和保护作品完整权由作者的继承人或受遗赠人保护。

著作权属于法人或者其他组织的,法人或者其他组织变更、终止后,其著作财产权由承受其权利义务的法人或者其他组织享有;没有承受其权利义务的法人或者其他组织的,由国家享有。

四、著作权的取得和保护期限

1. 著作权的取得

(1) 因继承、遗赠、遗赠扶养协议取得著作权。通过上述方式只能取得著作财产权。

(2) 因合同取得著作权一般分为两种情况:

① 依委托合同取得著作权。如果合同约定著作权由委托人享有,委托人即成为作者之外的“其他著作权人”。

② 著作权的转让。著作权人可以将其享有的著作权中的财产权利的全部或部分转让给他人,著作财产权的受让人也是著作权的主体。

(3) 著作权的特殊主体即国家国家作为著作权法律关系主体,一般有以下情况:

① 购买著作权,即国家出于某种特殊的需要,从著作权人那里购买著作权,从而成为法律关系的主体;

② 接受赠送,即作者将其受保护的作品赠送给国家,国家接受其赠送而成为著作权主体;

③ 依法律规定,即法律规定某一作品在受保护有效期限内,著作权由国家行使,国家便成为该著作权法律关系的主体。

2. 著作权的保护期限

(1) 公民创作的作品,发表权、使用权与获得报酬权的保护期为作者终生及其死亡后50年;作者的署名权、修改权、保护作品完整权的保护期不受限制。公民的作品,其发表权和财产权的保护期为作者终生及其死亡后50年,截止于作者死亡后第50年的12月31日。如果是合作作品,截止于最后死亡的作者死亡后第50年的12月31日。

(2) 法人或者非法人单位的作品,其发表权、使用权和获得报酬权的保护期为50年。如果作品自创作完成之后50年内未发表的,不再受著作权法保护。法人或者其他组织的作品、著作权(署名权除外)由法人或者其他组织享有的职务作品,其发表权和财产权的保护期为50年,截止于作品首次发表后第50

年的12月31日，但作品自创作完成后50年内未发表的，不再保护。

（3）电影、电视、录像和摄影作品的发表权、使用权与获得报酬权的保护期为50年。如果作品创作完成之后50年内没有发表，不再受著作权法保护。

五、著作权的限制

著作权的限制是平衡著作权人与公众利益，保障作品的利用和传播的一项重要制度，应重点掌握的是作品的合理使用。

合理使用是指在法律明文规定的范围内使用作品可以不经著作权人许可，也不必向其支付报酬。合理使用的作品应当是已经发表的且使用目的一般限于非商业性。根据《著作权法》第22条，下列行为属于合理使用：

（1）为个人学习、研究或欣赏，使用他人已经发表的作品。

（2）为介绍、评论某一作品或者说明某一问题，在作品中适当引用他人已经发表的作品。

（3）为报道时事新闻，在报纸、期刊、广播电台、电视台等媒体不可避免地再现或者引用已经发表的作品。这种引用必须是在符合新闻报道目的的范围内，不可避免地再现已经发表的作品。

（4）报纸、期刊、电台、电视台等媒体刊登或者播放其他报纸、期刊、广播电台、电视台等媒体已经发表的关于政治、经济、宗教问题的时事性文章，但作者声明不许刊登、播放的除外。

（5）报纸、期刊、广播电台、电视台媒体刊登或者播放在公众集会上发表的讲话，但作者声明不许刊登、播放的除外。

（6）为学校课堂教学或者科学研究，翻译或者少量复制已经发表的作品，供教学或者科研人员使用，但不得出版发行。

（7）国家机关为执行公务在合理范围内使用已经发表的作品。

（8）图书馆、档案馆、纪念馆、博物馆、美术馆等为陈列或者保存版本的需要，复制本馆收藏的作品。

（9）免费表演已经发表的作品。该表演未向公众收取费用，也未向表演者支付报酬。

（10）对设置或者陈列在室外公共场所的艺术作品进行临摹、绘画、摄影、录像。

（11）将中国公民、法人或者其他组织已经发表的以汉语言文字创作的作品翻译成少数民族语言文字在国内出版发行。

（12）将已经发表的作品改成盲文出版。

案例分析 >>>

假冒名人之作是否侵犯了署名权?[①]

【案情】

我国著名女作家王某出版了十几本诗和散文集,最近她回母校看望老师,有很多喜欢她作品的女学生拿着署着她名字的书请她签名留念,结果这位女作家发现有些书中的作品根本不是她创作物,更令人气愤的是,她发现好几本书中的作品从写作规律、个性、风格来分析,分明是男士之作。于是这位作家向人民法院投诉,要求出版社寻找真正作者并追究其侵犯著作权的责任。

问题:

1. 作品的真正作者侵犯了王某的署名权吗?

本章小结

本章讲述了知识产权法概述、专利法、商标法、著作权法等内容及与之相关的基础知识。应掌握的知识点如下:

1. 掌握保护知识产权的意义、知识产权的法律体系、知识产权的法律特征。

2. 掌握专利权的概念;专利权的主体和客体;专利权的取得、期限、终止和无效;专利权人的权利和义务;专利权的保护。

3. 掌握商标和商标权;商标权的主体和客体;商标权的取得、期限;商标权人的权利和义务、注册商标的撤销。

4. 掌握著作权的概念、著作权的主体和客体、著作权的内容、著作权的取得和保护期限、著作权的限制。

复习思考题

1. 问答题

(1) 简要回答知识产权的法律体系。

(2) 取得专利权的实质条件有哪些?

(3) 什么是专利侵权行为?

(4) 简要回答商标权的取得和期限。

① 资料来源:http://http://blog.tianya.cn.有改动。

(5) 著作权的含义和特点是什么?

(6) 简要回答著作权的主体和客体。

(7) 著作权的内容包括哪些?

(8) 简要回答著作权的限制。

2. 案例题

甲厂自1984年起在其生产的衬衫上使用"长城"商标;1986年,乙服装厂也开始使用"长城"商标。1988年3月,乙厂的"长城"商标经国家商标局核准注册,其核定使用的商品为服装等。1989年1月,乙厂发现甲厂在衬衫上使用"长城"商标,很容易引起消费者误认。因此甲、乙双方发生侵权纠纷。

根据案情请分析并回答:

(1) 甲、乙两个厂谁构成侵权?为什么?

(2) 侵权行为始于何时?请说明理由。

(3) 侵权方能否继续使用"长城"商标?请你提出可行性建议。

3. 实训题

我们生活在一个信息时代,每天都有大量的时事新闻通过报纸、广播电台、电视台等新闻媒介报道出来,那么,这些时事是否适用著作权法的保护呢?

请问:时事新闻属于著作权法保护范围吗?

第七章　劳动合同法

本章提要

本章主要介绍劳动合同法的相关内容，重点阐述劳动合同的订立、履行和变更以及劳动合同的解除和终止，并对劳动合同的特别规定、劳动监督检查和违反劳动合同法的法律责任进行了讲解。

本章学习目标

- 了解违反《劳动合同法》应承担的法律责任；
- 掌握劳动合同法的概念及适用范围，劳动合同的订立、履行、变更和终止等相关内容。

案例导入

如此约定试用期①

何某应聘到甲饭店做厨师，双方签订了为期五年的劳动合同，合同中约定试用期为半年，试用期满进行考试，若考试不合格则延长试用期半年。甲饭店每月支付何某工作 3 000 元。何某在试用期内工作认真，但由于缺少经验，半年后考试不合格，甲饭店决定延长试用期半年，并通知何某，延长试用期期间，何某的工资为原工资的 50%，即 1 500 元。何某认为这一决定没有道理，就找到

---

① 资料来源：刘东根、尹正友：《经济法·知识产权法》，法律出版社 2009 年版，第 112—113 页。

甲饭店评理。甲饭店经理称,在延长试用期期间降低工资是甲饭店多年来的做法,对任何人不能例外。

根据《劳动合同法》的规定,劳动合同可以约定试用期,试用期最长不得超过6个月。本案劳动合同中延长试用期的约定违反了法律的强行性规定,因此,该违反法律规定的部分是无效的,但是并不影响劳动合同其他部分的效力。

第一节 劳动合同法概述

一、劳动合同的概念与特征

1. 劳动合同

劳动合同亦称劳动契约,是指劳动者与用人单位以确立劳动关系为目的,依法协商一致所达成的明确双方劳动权利和劳动义务的协议。

2. 劳动合同的特征

(1) 主体的特定性。

劳动合同的主体是用人单位和劳动者。合同一方是在中华人民共和国境内设立的企业、个体经济组织、民办非企业单位等组织、国家机关、事业单位、社会团体等,另一方是劳动者。

(2) 内容的法定性。

劳动合同的内容体现的是国家干预之下的意思自治,其内容较多地受到法律的严格规定,具有法定性。

(3) 地位的平等性。

劳动合同是双方当事人在平等自愿、协商一致的基础上达成的协议,是双方意志一致的产物,因此,双方当事人的地位是平等的。

(4) 履行过程中的隶属性。

在履行劳动合同的过程中,用人单位和劳动者具有支配与被支配、管理与服从的从属关系。

二、劳动合同法的概念及适用范围

1. 劳动合同法

劳动合同法是调整用人单位和劳动者之间因劳动合同的订立、履行、变更、解除或者终止而发生的法律关系的总称,是一部规范劳动关系的社会法,其职能在于倾斜保护劳动者的相关权利,以构建市场经济框架下的和谐稳定的劳动关系。

2. 劳动合同法的适用范围

《劳动合同法》第二条规定:"中华人民共和国境内的企业、个体经济组织、民办非企业单位等组织(以下称用人单位)与劳动者建立劳动关系,订立、履行、变更、解除或者终止劳动合同,适用本法。国家机关、事业单位、社会团体和与其建立劳动关系的劳动者,订立、履行、变更、解除或者终止劳动合同,依照本法执行。"同时,《劳动合同法》在附则中规定:"事业单位与实行聘用制的工作人员订立、履行、变更、解除或者终止劳动合同,法律、行政法规或者国务院另有规定的,依照其规定;未作规定的,依照本法有关规定执行。"由此可见,从劳动合同订立到履行、变更,再到终止和接触,均受《劳动合同法》调整。

第二节　劳动合同的订立

一、劳动合同的形式和期限

1. 劳动合同的形式

劳动合同作为劳动关系双方当事人权利义务的协议,有口头和书面两种形式。

由于我国市场经济尚不完善,社会法律观念不强,为了应对实践中的各类劳动纠纷,我国对劳动合同形式的规定采取了较为严格的态度,即一律应采用书面形式。根据我国《劳动法》的规定,凡劳动合同都应采书面形式。即建立劳动关系,应同时订立书面劳动合同;已建立劳动关系,未同时订立书面劳动合同的,应当自用工之日起 1 个月内订立书面劳动合同。

2. 劳动合同的期限

劳动合同期限分为有固定期限、无固定期限和以完成一定的工作为期限的劳动合同。

(1) 有固定期限劳动合同是指有明确具体的起始日期和结束日期的劳动合同。

(2) 无固定期限劳动合同是指仅约定了起始日期,不约定终止日期的劳动合同。但签订无固定期限劳动合同双方当事人可以约定劳动合同的终止条件,约定终止条件时不得将法定解除劳动合同条件作为终止条件约定,以防止用人单位规避解除劳动合同时支付劳动者经济补偿金等义务。

(3) 以完成一定工作为期限的劳动合同时是指双方当事人将完成某项工作约定为终止条件的劳动合同。

二、劳动合同的内容

劳动合同的内容,即具体体现用人单位和劳动者之间劳动权利和劳动义务分配的合同条款,它是用人单位与劳动者合意的对象和结果。

1. 关于合同内容构成的一般规定

劳动合同条款由法定条款和约定条款构成。

(1) 法定条款,即法律规定劳动合同必须具备的条款。

根据我国《劳动法》的规定,劳动合同应当具备以下条款:① 合同期限;② 工作内容;③ 劳动保护和劳动条件;④ 劳动报酬;⑤ 劳动纪律;⑥ 合同终止条件;⑦ 违约责任。

对于某些特殊劳动合同如集体合同等,我国劳动法律亦要求了相应的特殊的必备条款。

(2) 约定条款,即合同当事人约定的关于劳动关系的相关事项。

约定条款的规定,体现了当事人之间在签订劳动合同时的意思自治,是当事人合意的结果,但是约定条款不得违反法律的强制规定,不得违背社会公共秩序。我国《劳动合同法》规定,用人单位与劳动者可以约定试用期、培训、保守秘密、补充保险和福利待遇等其他事项。

2. 关于若干合同条款的特殊规定

(1) 试用期条款。

试用期条款即约定用人单位对新录用职工实行试用期的合同条款。我国现行立法对此规定有:

① 适用范围限制。《劳动合同法》第 19 条规定,同一用人单位与同一劳动者只能约定一次试用期。

② 期限限制。《劳动合同法》第 19 条规定:“劳动合同期限三个月以上不满一年的,试用期不得超过一个月;劳动合同期限一年以上不满三年的,试用期不得超过二个月;三年以上固定期限和无固定期限的劳动合同,试用期不得超过六个月。试用期包含在劳动合同期限内。劳动合同仅约定试用期的,试用期不成立,该期限为劳动合同期限。试用期包含在劳动合同期限内。劳动合同仅约定试用期的,试用期不成立,该期限为劳动合同期限。”

③ 其他限制。劳动者在试用期的工资不得低于本单位相同岗位最低档工资或者劳动合同约定工资的 80%,并不得低于用人单位所在地的最低工资标

准;在试用期中,除劳动者有《劳动合同法》第39条和第40条第一项、第二项规定的情形外,用人单位不得解除劳动合同。用人单位在试用期解除劳动合同的,应当向劳动者说明理由。

(2) 保密条款。

保密条款即约定劳动者对用人单位商业秘密负保密义务的合同条款。

我国立法规定,用人单位与劳动者可以在劳动合同中约定保守用人单位的商业秘密和与知识产权相关的保密事项。

(3) 禁止同业竞争条款。

禁止同业竞争条款即约定禁止劳动者参与或者从事与用人单位同业竞争以保守用人单位商业秘密的合同条款。

根据我国立法规定:首先,对负有保密义务的劳动者,用人单位可以在劳动合同或者保密协议中与劳动者约定竞业限制条款,并约定在解除或者终止劳动合同后,在竞业限制期限内按月给予劳动者经济补偿。劳动者违反竞业限制约定的,应当按照约定向用人单位支付违约金。其次,竞业限制的人员限于用人单位的高级管理人员、高级技术人员和其他负有保密义务的人员。竞业限制的范围、地域、期限由用人单位与劳动者约定,竞业限制的约定不得违反法律、法规的规定。最后,在解除或者终止劳动合同后,前款规定的人员到与本单位生产或者经营同类产品、从事同类业务的有竞争关系的其他用人单位,或者自己开业生产或者经营同类产品、从事同类业务的竞业限制期限,不得超过两年。

(4) 违约金和赔偿金条款。

违约金和赔偿金条款即约定不履行劳动合同而应支付违约金或赔偿金的合同条款。

在我国,现行立法允许劳动合同约定违约金和赔偿金条款,但对是否允许约定违约金或赔偿金数额则无明确规定。鉴于实践中劳动者在用人单位出资培训后违约的现象比较突出,我国劳动部规定,可以在劳动合同中就用人单位为劳动者支付培训费用和劳动者违约时赔偿培训费做出约定,但约定的赔偿标准不得违反国家有关规定。

三、劳动合同的效力

劳动合同的效力,就是劳动合同对当事人的约束力。劳动合同依法订立即具有法律效力,合同当事人应受合同内容的约束。

关于劳动合同无效或部分无效,我国法律有如下规定:

(1) 劳动合同无效情形:以欺诈、胁迫的手段或者乘人之危,使对方在违背真实意思的情况下订立或者变更劳动合同的；用人单位免除自己的法定责任、排除劳动者权利的；违反法律、行政法规强制性规定的。

（2）确认机构：对劳动合同的无效或者部分无效有争议的，由劳动争议仲裁机构或者人民法院确认。

（3）劳动合同无效后果：劳动合同被确认无效，劳动者已付出劳动的，用人单位应当向劳动者支付劳动报酬。劳动报酬的数额，参照本单位相同或者相近岗位劳动者的劳动报酬确定；劳动合同部分无效，不影响其他部分效力的，其他部分仍然有效。

第三节　劳动合同的履行和变更

一、劳动合同的履行

1. 劳动合同履行的含义

劳动合同履行，是指当事人按照劳动合同的约定，全面地执行自己所应承担的义务是实现劳动合同规定的权利的活动。

《劳动合同法》第29条规定："用人单位与劳动者应当按照劳动合同的约定，全面履行各自的义务。"劳动合同的履行，并不是当事人一方所能完成的，必须由当事人双方共同完成。只有当事人双方各自履行自己所应承担的义务，才能保证劳动合同履行。

2. 劳动合同履行的原则

（1）亲自履行原则。

劳动合同具有一定的人身属性，应由当事人本人履行合同规定的义务。

（2）权利义务相统一原则。

劳动合同当事人双方互为权利、义务主体，双方互有请求权，以保证劳动合同规定的双方权利义务得以实现。

（3）全面履行原则。

当事人双方必须按合同约定的时间、地点和方式，全面履行劳动合同规定的各项义务。

（4）协作履行原则。

协作履行原则是根据劳动合同客体特征提出的。劳动法律关系客体是劳动行为，而劳动行为是在运用劳动能力、实现劳动过程中发生的行为，只有当事人双方协作才能完成劳动合同规定的任务。

二、劳动合同的变更

1. 劳动合同变更的含义

劳动合同变更，是指经用人单位和劳动者协商同意，对依法成立、尚未履行的劳动合同条款所做的修改或增减的法律行为。劳动合同的变更，只限于劳动合同条款内容的变更，不包括当事人的变更。

2. 劳动合同变更的条件

按照劳动合同约定，全面地履行劳动合同是用人单位和劳动者的法定义务。但是，由于主、客观情况发生变化，可能会发生不宜履行原合同的情形，这样，就需要变更劳动合同。变更劳动合同应采用书面形式，具体条件如下：

(1) 订立劳动合同时所依据的法律、法规已经修改或废止。

(2) 企业经有关部门批准转产、调整生产任务，或者由于上级主管部门的相关决定改变单位的工作任务。

(3) 企业严重亏损或发生自然灾害，确实无法履行劳动合同规定的义务。

(4) 当事人双方协商同意。

(5) 法律允许的其他情况。

3. 劳动合同变更的程序

变更劳动合同，应当坚持平等自愿、协商一致的原则，不得违反法律，行政法规的规定。

劳动合同变更的程序，一般分为三个步骤：及时提出变更合同的要求；按期做出答复；双方达成书面协议。

第四节　劳动合同的解除和终止

一、劳动合同的解除

1. 劳动合同解除的含义

劳动合同的解除，是指在劳动合同履行过程中发生一定的法律事实，当事人双方提前终止劳动合同的法律效力，解除双方的权利义务关系，从而导致有效的劳动合同在期限届满之前终止。

劳动合同解除分为法定解除和协商解除两种。法定解除，是指因发生法律、法规或劳动合同规定的情况，提前终止劳动合同的法律效力。协商解除，是指当事人双方因某种原因，协商同意提前终止劳动合同的法律效力。

2. 劳动合同解除的条件和程序

(1) 劳动合同解除的条件。

① 双方协商解除的条件。

在双方完全自愿、平等协商且不损害一方利益的基础上,可以解除劳动合同。《劳动合同法》第36条规定:"用人单位与劳动者协商一致,可以解除劳动合同。"

② 用人单位解除劳动合同的条件。

用人单位解除劳动合同分为以下三种情况:

一是用人单位随时通知解除劳动合同。《劳动合同法》第39条规定:"劳动者有下列情形之一的,用人单位可以解除劳动合同:(一) 在试用期间被证明不符合录用条件的;(二) 严重违反用人单位的规章制度的;(三) 严重失职,营私舞弊,给用人单位造成重大损害的;(四) 劳动者同时与其他用人单位建立劳动关系,对完成本单位的工作任务造成严重影响,或者经用人单位提出,拒不改正的;(五) 以欺诈、胁迫的手段或者乘人之危,使对方在违背真实意思的情况下订立或者变更劳动合同的;(六) 被依法追究刑事责任的。"根据这一规定,劳动者有上述情形之一的,用人单位无须以任何形式提前通知劳动者,即可以同劳动者解除劳动合同。

二是用人单位提前通知解除劳动合同。《劳动合同法》第40条规定:"有下列情形之一的,用人单位提前三十日以书面形式通知劳动者本人或者额外支付劳动者一个月工资后,可以解除劳动合同:(一) 劳动者患病或者非因工负伤,在规定的医疗期满后不能从事原工作,也不能从事由用人单位另行安排的工作的;(二) 劳动者不能胜任工作,经过培训或者调整工作岗位,仍不能胜任工作的;(三) 劳动合同订立时所依据的客观情况发生重大变化,致使劳动合同无法履行,经用人单位与劳动者协商,未能就变更劳动合同内容达成协议的。"

三是因经济性裁员。《劳动合同法》第41条规定:"有下列情形之一,需要裁减人员二十人以上或者裁减不足二十人但占企业职工总数百分之十以上的,用人单位提前三十日向工会或者全体职工说明情况,听取工会或者职工的意见后,裁减人员方案经向劳动行政部门报告,可以裁减人员:(一) 依照企业破产法规定进行重整的;(二) 生产经营发生严重困难的;(三) 企业转产、重大技术革新或者经营方式调整,经变更劳动合同后,仍需裁减人员的;(四) 其他因劳动合同订立时所依据的客观经济情况发生重大变化,致使劳动合同无法履行的。裁减人员时,应当优先留用下列人员:(一) 与本单位订立较长期限的固定期限劳动合同的;(二) 与本单位订立无固定期限劳动合同的;(三) 家庭无其他就业人员，有需要扶养的老人或者未成年人的。用人单位依照本条第一款规定裁减人员，在六个月内重新招用人员的，应当通知被裁减的人员，并在同等条件下优先招用被裁减的人员。”

用人单位确需裁减人员，应按下列程序进行：提前30日向工会或者全体职工说明情况，并提供有关生产经营状况的资料；提出裁减人员方案，内容包括：被裁减人员名单，裁减时间及实施步骤，符合法律、法规规定和集体合同约定的被裁减人员经济补偿办法；将裁减人员方案征求工会或者全体职工的意见，并对方案进行修改和完善；向当地劳动行政部门报告裁减人员方案以及工会或者全体职工的意见，并听取劳动行政部门的意见；由用人单位正式公布裁减人员方案，与被裁减人员办理解除劳动合同手续，按照有关规定向被裁减人员本人支付经济补偿金，出具裁减人员证明书。

虽然在一定条件下，用人单位可以单方面解除劳动合同，但是如果劳动者具备一定条件，用人单位就不得单方解除劳动合同。《劳动合同法》第42条规定：“劳动者有下列情形之一的，用人单位不得依照本法第四十条、第四十一条的规定解除劳动合同：(一) 从事接触职业病危害作业的劳动者未进行离岗前职业健康检查，或者疑似职业病病人在诊断或者医学观察期间的；(二) 在本单位患职业病或者因工负伤并被确认丧失或者部分丧失劳动能力的；(三) 患病或者非因工负伤，在规定的医疗期内的；(四) 女职工在孕期、产期、哺乳期的；(五) 在本单位连续工作满十五年，且距法定退休年龄不足五年的；(六) 法律、行政法规规定的其他情形。”劳动者有上述情形之一的，即使劳动合同期限届满，劳动者仍有权依照原劳动合同的规定享受社会保险待遇。

③ 劳动者解除劳动合同的条件。

根据《劳动法》的规定，劳动者解除劳动合同有两种情况：

一是劳动者提前通知解除劳动合同。《劳动合同法》第37条规定：“劳动者提前三十日以书面形式通知用人单位，可以解除劳动合同。劳动者在试用期内提前三日通知用人单位，可以解除劳动合同。”

二是劳动者随时通知解除劳动合同。《劳动合同法》第38条规定：“用人单位有下列情形之一的，劳动者可以解除劳动合同：(一) 未按照劳动合同约定提供劳动保护或者劳动条件的；(二) 未及时足额支付劳动报酬的；(三) 未依法为劳动者缴纳社会保险费的；(四) 用人单位的规章制度违反法律、法规的规定，损害劳动者权益的；(五) 因本法第二十六条第一款规定的情形致使劳动合同无效的；(六) 法律、行政法规规定劳动者可以解除劳动合同的其他情形。用人单位以暴力、威胁或者非法限制人身自由的手段强迫劳动者劳动的，或者用人单位违章指挥、强令冒险作业危及劳动者人身安全的，劳动者可以立即解除劳动合同，不需事先告知用人单位。”

④ 外商投资企业解除劳动合同的条件。

有下列情形之一的，企业或职工可以解除劳动合同：劳动合同当事人协商一致。试用期内不符合录用条件，职工不履行劳动合同、严重违反劳动纪律和企业依法制定的规章制度，以及被劳动教养或判刑的，企业可以解除劳动合同。企业以暴力、威胁、监禁或者其他妨害人身自由的手段强迫劳动，企业不履行劳动合同或者违反国家法律、行政法规，侵害职工合法权益的，职工可以解除劳动合同。

有下列情形之一的，企业在征求工会意见后，可以解除劳动合同，但是应当提前30日以书面形式通知职工本人：职工患病或非因工负伤，医疗期满后，不能从事原工作或不能从事由企业另行安排的工作的。职工经过培训、调整工作岗位，仍不能胜任工作的。劳动合同订立时所依据的客观情况发生变化，致使原劳动合同无法履行，经双方协商不能就变更劳动合同达成协议的。法律、行政法规规定的其他情形。

但是，有下列情形之一的，企业不得解除劳动合同：职工患职业病或因工负伤并被确认丧失或部分丧失劳动力的。职工患病在规定的医疗期内的。女职工在孕期、产期、哺乳期内的。因患职业病或因工致残的职工，若本人要求解除劳动合同，企业按当地政府规定，向社会保险机构缴纳因工致残就业安置费。

(2) 劳动合同解除的程序。

根据《劳动法》的规定，劳动合同解除的程序是：

① 提前通知对方。劳动合同任何一方当事人提出解除劳动合同，除法律有特别规定外，应当提前1个月以书面形式通知对方。

② 征求工会意见。用人单位解除劳动合同，必须征求本单位工会的意见。工会认为不适当的，有权提出意见。

二、劳动合同的终止

1. 劳动合同终止的含义

劳动合同终止是指劳动合同的法律效力依法被消灭，即劳动关系由于一定的法律事实的出现而终结，劳动者与用人单位原来的权利义务不再存在。

2. 劳动合同终止的条件

《劳动法》第44条规定：“有下列情形之一的劳动合同终止：(一) 劳动合同期满的；(二) 劳动者开始依法享受基本养老保险待遇的；(三) 劳动者死亡，或者被人民法院宣告死亡或者宣告失踪的;(四) 用人单位被依法宣告破产的;(五) 用人单位被吊销营业执照、责令关闭、撤销或者用人单位决定提前解散的;(六) 法律、行政法规规定的其他情形。”

3. 劳动合同终止的程序

(1) 提前通知。

一般而言,终止合同应在合同期满日提出。在实践中,一些地方根据实际情况,进一步规定终止劳动合同,用人单位应提前30天通知劳动者。

(2) 逾期终止的法律后果。

劳动合同期满后,劳动者仍在原用人单位工作,原用人单位未表示异议的,视为双方同意以原条件继续履行劳动合同。

(3) 终止合同应支付经济补偿。

用人单位被依法宣告破产的;人单位被吊销营业执照、责令关闭、撤销或者用人单位决定提前解散的;劳动合同期满后,除用人单位维持或者提高劳动合同约定条件续订劳动合同,劳动者不同意续订的情形外,用人单位应给予经济补偿。

三、劳动合同的解除、终止时的经济补偿

劳动合同解除、终止的经济补偿,是指因解除或终止劳动合同符合一定情形时,用人单位须给予劳动者以一次性的经济补偿金。

《劳动合同法》第46条规定:“有下列情形之一的,用人单位应当向劳动者支付经济补偿:(一) 劳动者依照本法第三十八条规定解除劳动合同的;(二) 用人单位依照本法第三十六条规定向劳动者提出解除劳动合同并与劳动者协商一致解除劳动合同的;(三) 用人单位依照本法第四十条规定解除劳动合同的;(四) 用人单位依照本法第四十一条第一款规定解除劳动合同的;(五) 除用人单位维持或者提高劳动合同约定条件续订劳动合同,劳动者不同意续订的情形外,依照本法第四十四条第一项规定终止固定期限劳动合同的;(六) 依照本法第四十四条第四项、第五项规定终止劳动合同的;(七) 法律、行政法规规定的其他情形。”

经济补偿按劳动者在本单位工作的年限,每满一年支付一个月工资的标准向劳动者支付。六个月以上不满一年的,按一年计算;不满六个月的,向劳动者支付半个月工资的经济补偿。劳动者月工资高于用人单位所在直辖市、设区的市级人民政府公布的本地区上年度职工月平均工资三倍的,向其支付经济补偿的标准按职工月平均工资三倍的数额支付,向其支付经济补偿的年限最高不

超过12年。月工资是指劳动者在劳动合同解除或者终止前12个月的平均工资。

第五节 劳动合同的特别规定

一、集体合同

1．集体合同的概念

《集体合同规定》第三条规定："本规定所称集体合同，是指用人单位与本单位职工根据法律、法规、规章的规定，就劳动报酬、工作时间、休息休假、劳动安全卫生、职业培训、保险福利等事项，通过集体协商签订的书面协议；所称专项集体合同，是指用人单位与本单位职工根据法律、法规、规章的规定，就集体协商的某项内容签订的专项书面协议。"

2．集体劳动合同的内容

我国集体合同的内容大约有十个方面，这些条款可归纳为三个部分：

（1）劳动标准部分，是集体合同的核心内容，对个人劳动合同起制约作用。主要一下内容：劳动报酬、工作时间、休息与休假、保险待遇、生活福利、职业培训、劳动纪律、劳动安全与卫生等。

（2）过渡性规定，主要包括因签订或履行集体合同发生争议的解决措施，以及集体合同的监督检查办法等。

（3）集体合同文本本身的规定，包括集体合同的有效期限、变更解除条件等。

3．集体劳动合同的效力

集体劳动合同的效力主要体现在三个方面：对人效力；时间效力和空间效力。

（1）对人效力。集体合同对企业全体职工具有约束力；职工个人与企业订立的劳动合同中劳动条件和劳动报酬等标准不得低于集体合同的规定。

（2）时间效力。《劳动法》第34条："集体合同签订好应当报送劳动行政部门，劳动行政部门自受到集体合同文本之日起15日内未提出异议的，集体合同即行生效。"合同期限届满或者约定的终止条件出现，集体劳动合同即终止。

（3）空间效力。《劳动合同法》第54条第二款："依法订立的集体合同对用人单位和劳动者具有约束力。行业性、区域性集体合同对当地本行业、本区域的用人单位和劳动者具有约束力。"

二、劳务派遣

1. 劳务派遣的概念

劳动派遣有时也称劳动租赁，是指劳务派遣机构与劳动者订立劳动合同，但是并不直接使用该劳动者，而是将其派遣到要派企业（第三人）的工作场所，在要派企业的指挥下从事劳动的一种用工形式。劳务派遣合同实现了“雇佣”与“使用”分离，是非典型劳动关系的一种形式。

2. 劳务派遣合同的内容

劳务派遣单位与被派遣劳动者应当订立两年以上的固定期限劳动合同，合同中除了应当载明《劳动合同法》规定的必备条款之外，还应当载明被派遣劳动者的用工单位以及派遣期限、工作岗位等情况。劳务派遣单位应当将劳务派遣协议的内容告知被派遣劳动者，并且不得克扣用工单位按照劳务派遣协议支付给被派遣劳动者的劳动报酬，不得向被派遣劳动者收取费用；如果劳务派遣单位违反有关劳动法律法规的规定，给劳动者造成损失的，劳动者可以要求用工单位和劳务派遣单位承担连带责任。

被派遣劳动者享有与用工单位的劳动者同工同酬的权利，也有权在劳务派遣单位或者用工单位依法参加或者组织工会，维护自身的合法权益。

三、非全日制用工

非全日制用工是指以24小时计酬为主，劳动者在同一用人单位一般平均每日工作时间不超过4小时，每周工作时间累计不超过24小时的用工形式。非全日制用工也属于非典型的劳动合同。在实践中，非全日制用工合同不一定都采用书面形式。

第六节　劳动监督检查

劳动监督检查是指依法享有监督检查权的机构、组织或者个人为了实现劳动法的立法宗旨，对用人单位遵守劳动法律、法规的情况进行监督和检查的制度。

一、劳动监察的方式

劳动监督的方式主要有以下四种：(1) 劳动保障行政部门监督；(2) 其他行政机关监督；(3) 工会监督；(4) 群众监督。

二、劳动监督检查的内容

根据我国《劳动保障监察条例》和有关劳动法规的规定，劳动保障监察的内容主要包括：

(1) 用人单位制定内部劳动保障规章制度的执行情况。

(2) 用人单位与劳动者订立和解除劳动合同的情况。

(3) 用人单位遵守劳务派遣有关规定的情况。

(4) 用人单位遵守工作时间和休息休假规定的情况。

(5) 用人单位支付劳动者工资和执行最低工资标准的情况。

(6) 用人单位参加各项社会保险和缴纳社会保险费的情况。

(7) 用人单位遵守禁止使用童工规定的情况。

(8) 用人单位遵守女职工和未成年工特殊劳动保护规定的情况。

(9) 职业介绍机构、职业技能培训机构和职业技能考核鉴定机构遵守国家有关职业介绍、职业技能培训和职业技能考核鉴定的规定的情况。

(10) 法律、法规规定的其他劳动保障监察事项。

第七节 法律责任

一、用人单位承担的法律责任

1. 用人单位规章制度违法的法律责任

用人单位直接涉及劳动者切身利益的规章制度违反法律、法规规定的，由劳动行政部门责令改正，给予警告；给劳动者造成损害的，应当承担赔偿责任。

2. 用人单位订立劳动合同违法的法律责任

(1) 用人单位提供的劳动合同文本未载明劳动合同必备条款或者用人单位未将劳动合同文本交付劳动者的，由劳动行政部门责令改正；给劳动者造成损害的，应当承担赔偿责任。

(2) 用人单位自用工之日起超过 1 个月不满 1 年未与劳动者订立书面劳动合同的，应当向劳动者每月支付两倍的工资。

(3) 用人单位违反规定不与劳动者订立无固定期限劳动合同的，自应当订立无固定期限劳动合同之日起向劳动者每月支付两倍的工资。

(4) 劳动合同依法律规定被确认无效，给劳动者造成损害的，用人单位应当承担赔偿责任。

（5）用人单位违反法律规定与劳动者约定试用期的，由劳动行政部门责令改正；违法约定的试用期已经履行的，由用人单位以劳动者试用期满月工资为标准，按已经履行的超过法定试用期的期间向劳动者支付赔偿金。

（6）用人单位违反法律规定，扣押劳动者居民身份证等证件的，由劳动行政部门责令限期退还劳动者本人，并依照有关法律规定给予处罚。

（7）用人单位违反规定，以担保或者其他名义向劳动者收取财物的，由劳动行政部门责令限期退还劳动者本人，并以每人500元以上2000元以下的标准处以罚款；给劳动者造成损害的，应当承担赔偿责任。

3. 用人单位履行劳动合同违法的法律责任

（1）用人单位有下列情形之一的，由劳动行政部门责令限期支付劳动报酬、加班费或者经济补偿；劳动报酬低于当地最低工资标准的，应当支付其差额部分；逾期不支付的，责令用人单位按应付金额50%以上100%以下的标准向劳动者加付赔偿金：

① 未按照劳动合同的约定或者国家规定及时足额支付劳动者劳动报酬的；

② 低于当地最低工资标准支付劳动者工资的；

③ 安排加班不支付加班费的；

④ 解除或者终止劳动合同，未依照法律规定向劳动者支付经济补偿的。

（2）用人单位有下列情形之一的，依法给予行政处罚；构成犯罪的，依法追究刑事责任；给劳动者造成损害的，应当承担赔偿责任：

① 以暴力、威胁或者非法限制人身自由的手段强迫劳动的；

② 违章指挥或者强令冒险作业危及劳动者人身安全的；

③ 侮辱、体罚、殴打、非法搜查或者拘禁劳动者的；

④ 劳动条件恶劣、环境污染严重，给劳动者身心健康造成严重损害的。

4. 用人单位违法解除和终止劳动合同的法律责任

（1）用人单位违反劳动合同法规定解除或者终止劳动合同的，应当依照劳动合同法规定的经济补偿标准的两倍向劳动者支付赔偿金。

（2）用人单位违反劳动合同法规定未向劳动者出具解除或者终止劳动合同的书面证明，由劳动行政部门责令改正；给劳动者造成损害的，应当承担赔偿责任。

（3）劳动者依法解除或者终止劳动合同，用人单位扣押劳动者档案或者其他物品的，由劳动行政部门责令限期退还劳动者本人，并以每人500元以上2000元以下的标准处以罚款；给劳动者造成损害的，应当承担赔偿责任。

5. 其他法律责任

(1) 用人单位招用与其他用人单位尚未解除或者终止劳动合同的劳动者,给其他用人单位造成损失的,应当承担连带赔偿责任。

(2) 对不具备合法经营资格的用人单位的违法犯罪行为,依法追究法律责任;劳动者已经付出劳动的,该单位或者其出资人应当依照本法有有关规定向劳动者支付劳动报酬、经济补偿、赔偿金;给劳动者造成损害的,应当承担赔偿责任。

二、劳动者承担的法律责任

1. 违反法律规定和合同约定的法律责任

劳动者违反规定或劳动合同的约定解除劳动合同,对用人单位造成损失的,应当赔偿下列损失:用人单位为录用劳动者直接支付的费用;用人单位为劳动者支付的培训费用;对生产、经营和工作造成的直接经济损失;因劳动者严重违反劳动纪律或者用人单位规章制度;严重失职、营私舞弊,对用人单位利益造成重大损害,被解除合同的,应当承担赔偿责任;劳动合同约定的其他赔偿费用。

2. 违反保密条款的法律责任

劳动者违反劳动合同中约定的保密事项,对用人单位造成经济损失的,应当依法承担赔偿责任。

三、劳务派遣单位的法律责任

劳务派遣单位违反本法规定的,由劳动行政部门和其他有关主管部门责令改正;情节严重的,以每人1 000 元以上 5 000 元以下的标准处以罚款,并由工商行政管理部门吊销营业执照;给被派遣劳动者造成损害的,劳务派遣单位与用工单位承担连带赔偿责任。

四、行政部门和主管部门及工作人员的法律责任

《劳动合同法》第95条规定:"劳动行政部门和其他有关主管部门及其工作人员玩忽职守、不履行法定职责,或者违法行使职权,给劳动者或者用人单位造成损害的,应当承担赔偿责任;对直接负责的主管人员和其他直接责任人员,依法给予行政处分;构成犯罪的,依法追究刑事责任。"

案例分析 >>>

到底谁来承担培训费用①

2008年9月1日,某外资IT公司招聘林先生为本公司的技术开发人员,签订了为期5年的劳动合同,试用期为半年。9月20日公司送林先生到英国培训3个月,并与林先生签订了培训协议。协议约定6万元的培训费用由公司承担,林先生应在培训结束后为公司服务5年。但是如果其中途离开公司,须按服务年限承担相应比例的培训费。3个月后,林先生培训结业回国,想辞职另谋高就,但考虑到如果是自己提出辞职的,须支付高额的违约金,便开始不认真工作。他在工作期间不遵守劳动纪律,时常旷工并与其他职工吵闹。2009年2月,公司鉴于林先生违纪严重,决定解除其劳动合同,并要求林先生按协议规定支付违约金5万元。

林先生不同意赔偿,他认为协议约定如果是他提前辞职的才应该支付违约金,但是现在是公司将他辞退,所以不应该由他承担违约责任。但是公司则认为,即使是由公司提出解除劳动合同,也是因为林先生存在严重的违纪行为,所以公司才不得不作出这样的决定。

请回答:能否以此要求林先生承担培训费,培训费的数额是否合法?

本章小结

本章讲述了劳动合同的订立、履行和变更,劳动合同的解除和终止,劳动合同的特别规定及相关法律责任等内容。应掌握的知识点如下:

1. 劳动合同的概念与特征,劳动合同法的概念及适用范围。
2. 劳动合同的形式和期限,劳动合同的内容与效力。
3. 劳动合同的履行与变更。
4. 劳动合同的解除与终止;劳动合同解除、终止时的经济补偿。
5. 集体合同、劳务派遣、非全日制用工。
6. 劳动监察的方式与监督检查的内容。
7. 用人单位、劳动者、劳务派遣单位各自应该承担的法律责任;行政部门和主管部门及其工作人员的法律责任。

① 资料来源:中国人力资源开发网,http://www2.chinhrd.net/。

复习思考题

1. 问答题

(1) 简述劳动合同的概念、特征及劳动合同法的概念和适用范围。

(2) 劳动合同的内容和效力有哪些?

(3) 什么是劳动合同的履行和变更?

(4) 什么是劳动合同的解除和终止?

(5) 简要回答集体合同、劳务派遣、非全日制用工的异同。

(6) 劳动监督检查的内容有哪些?

2. 案例题

王小姐与某房地产公司于2005年3月30日签订了两年的劳动合同,担任出纳工作。2006年年初公司组织员工到香港旅游,1月10日法定代表人李某指派王小姐将20万元人民币兑换成港币,但并没有提供到银行兑换的相关材料,而是要求王小姐与银行门口的“黄牛”兑换,并派会计和一名保安陪同。王小姐及其同事到银行提取现金后在银行附近与“黄牛”私下交易,对方检验了人民币的真伪后要求王小姐一行原地等候,但该“黄牛”一去不复返。王小姐只能提着未兑换的人民币回公司。可是,打开提包一看,顿时傻了眼,20万人民币除了2张是真的外,其他都是冥币,钱被掉包了。公司立即报案,但该案至今未破。

公司认为,王小姐在兑换过程中,没有尽到必要的注意义务,其疏忽导致公司遭受巨大损失,按照劳动法的规定应该赔偿,从2006年1月开始每月扣除王小姐工资的20%,并调整了王小姐的工作岗位。

王小姐认为损失应该由公司承担,而且不同意工作岗位调整,提出辞职,并于2006年3月18日提出仲裁请求,要求公司办理退工手续,并支付被扣除的工资。

请问:王小姐的请求能被支持吗?

3. 实训题

《劳动合同法》的颁布实施无疑更加全面而完善的保护了劳动者的合法权益,但是如此的倾斜保护是否有损用人单位的利益呢?到底应如何平衡劳动者与用人单位的利益关系是《劳动合同法》一直探索的问题。

请结合实践中的案例谈谈自己的感受和建议。

第八章　反不正当竞争法

本章提要

本章主要介绍反不正当竞争法的概念、原则、立法宗旨等内容，重点阐述了不正当竞争的行为和特征，并对不正当竞争行为的监督以及违反《反不正当竞争法》的法律责任进行了讲解。

本章学习目标

- 了解违反《反不正当竞争法》应承担的法律责任；
- 掌握我国《反不正当竞争法》所规定的不正当竞争行为的表现形式。

案例导入

专卖还是专横①

B县隶属某市，该县一啤酒厂每年上交县财政的利税，占全县财政收入的10%以上。1999年以前，B县专卖事业管理局在发放酒类经营许可证时，按照某市专卖事业管理局的统一要求，公然把经营范围限定为“地产啤酒”。2000年，在换发酒类经营许可证时，对经营本地产啤酒的业户放松管理，一些不够条件的经营业户虽然未能取得批发许可证，但因其经销本地生产的啤酒，仍可从事批发业务。对主要经营外地生产的啤酒的业户却多次处罚。2000年，该局共

① 资料来源：http://www.lawtime.cn/info/shangbiao/sbalfx/2010121249302.html。

查没啤酒4433箱,其中外地啤酒3872箱,占87.3%,本地啤酒561箱,占12.7%。

2月27日,中央电视台《焦点访谈》栏目以"专卖还是专横"为题,披露了B县酒类市场管理中存在的问题。根据国务院领导的指示,原国家经贸委、国家工商总局联合组成调查组于28日赴该市调查了解情况。经调查,《焦点访谈》披露的B县酒类专卖管理中的问题基本属实。当地确实存在地方保护、执法不公等问题。责令该市对全市市场经济秩序进行一次大检查、大整顿,彻底破除地方保护和地区封锁,对此事件的直接责任人,要在查清事实的基础上作出严肃处理。

本案件是一起典型的不正当竞争行为的案例。政府为保护本地的生产企业,使其独自占领本地市场,明确要求其所属部门在颁发许可时加以无理限制,变相阻止外地产品进入本地市场,损害了正当竞争者的合法权益及市场经济的公平、稳定,且其主观上为故意。其滥用行政权力限制公平竞争属于不正当竞争行为。

第一节 反不正当竞争法概述

一、反不正当竞争法的概念

竞争是一种交易领域中普遍存在的现象,价值规律也正是通过竞争来实现其调节作用的。因为竞争的存在而产生的各种与竞争有关联的经济关系必须有专门的法律法规加以调整和保护,以保证市场经济的正常运行。

反不正当竞争法,是指调整国家在制止市场活动中的不正当竞争行为的过程中产生的经济关系的法律规范的总称。

不正当竞争,一般是指经营者采取违反诚信原则和公认的商业道德的手段,获取不正当利益,从而损害其他正当经营者和消费者的利益,扰乱市场经济秩序的行为。《中华人民共和国反不正当竞争法》第二条规定:"本法所称的不正当竞争,是指经营者违反本法规定损害其他经营者的合法权益,扰乱社会经济秩序的行为。"

二、反不正当竞争法的基本原则

1. 自愿、平等、公平的原则

参与社会主义市场经济的一切经营者,不论该主体的所有制形式如何、营销方式如何，都应当遵循自愿、平等、公平的原则。竞争主体，不论是法人、其他经济组织或者个人都应完全依据自己的意愿设立、变更或终止民事法律关系，都有表达自己真实意志的权利，也有尊重他人表达自己真实意志的义务。经营者在市场交易中都依法平等地享有权利，履行义务，其法律地位一律平等。经营者应当依据社会公认的公平观念从事正当竞争行为；竞争对手之间机会均等；经营者在享受权利和承担义务上不能显失公平；承担民事责任应当合理。

2. 诚实信用的原则

经营者在市场交易中应当严格依据法律的规定和合同的约定行事，尊重事实，讲求商业信誉，应以善意的方式进行交易，不得采取虚假欺诈手段。不正当竞争行为的本质特征就是违背了诚实信用的经商法则。竞争必须在尊重商业道德的前提下进行。

3. 遵守公认商业道德的原则

公认的商业道德是指在长期的市场交易活动中形成的，为社会所普遍承认和遵守的商业行为准则。公平和诚实信用是市场交易最基本的道德要求，“公认的商业道德”则是以公平和诚实信用等观念为基础而发展起来的具体商业惯例。立法吸收了一些重要的商业惯例，使之成为法律规范。但是，有限的法律条文不可能涵盖商业道德的全部内容。社会生活随着时间的变迁而变化无穷，公认的商业道德也在不断被“公认”而确立。因此，确立“遵守公认的商业道德”这一原则，对于发挥市场自身的调节功能，弥补制定法的不足，具有重要意义。

4. 参照国际惯例与国际条约的原则

随着我国对外开放的扩大，不正当竞争越来越多地涉及国际经济贸易关系。《反不正当竞争法》体现了国际惯例、国际条约的相关规定，特别是在我国参加世界贸易组织后，更需要参照国际和条约规则适当处理不正当竞争案件。

三、反不正当竞争法的作用

市场经济中，如果公平竞争遭到破坏，市场机制就会出现结构性、全局性的障碍，经济秩序就会混乱，甚至危及整个经济体制。因此，我国的反不正当竞争法在社会主义市场经济的经济体制的建立和完善过程中起着非常重要的作用。

1. 保护公平竞争，发展社会生产力

市场经济中，各个市场主体既是利益主体，也是独立的竞争主体。反不正当竞争法律制度保障市场主体在市场活动中公开、公平地竞争，鼓励市场主体通过自己的努力，改进技术、提高产品及服务的质量，取得市场优势，使市场活动始终保持竞争的公平和有序，保证社会主义生产力的持续、稳定发展。

2. 规范市场行为，维护市场秩序

竞争的积极作用的发挥应以公平的交易秩序为保障。反不正当竞争法为市场主体的竞争活动设立了行为标准，对合法的行为给予保护和鼓励，对不遵守竞争规则的行为进行制止和惩罚。明确的竞争规则对市场行为的规范作用，维护了以公平竞争为核心的市场经济秩序，促进了经济的繁荣和发展。

3. 保护经营者和消费者的合法权益

不正当竞争行为，直接损害的是其他合法经营者的权益，最终也将损害消费者的合法权益，因此，我国《反不正当竞争法》明确规定把保护经营者和消费者的合法权益作为它的根本任务。

第二节 不正当竞争行为

一、不正当竞争行为的特征

不正当竞争行为的表现形式多种多样，各国反不正当竞争法对于具体的不正当竞争行为的规定也因为各自国情、法律文化的不同而不同。我国的《反不正当竞争法》列出了十一点不正当竞争行为，它们的特征如下：

(1) 不正当竞争的行为主体是经营者。所谓经营者是指从事商品经营、提供有偿营利性服务的法人，其他经济组织或者个人。一般的说，非经营组织不能成为不正当竞争行为的主体，但是如果政府及其所属部门滥用行政权力，实施限制竞争的行为也是我国《反不正当竞争法》所禁止的行为，这种情况下政府及其所属职能部门即为广义的不正当竞争行为的特殊主体。

(2) 不正当竞争行为中能发生在商业活动之中，并以获得竞争优势为目的。这也是区别不正当竞争行驶与一般侵权行为的标志。

(3) 不正当竞争行为是一种违反法律和商业道德的行为。不正当竞争行为违反的法律不仅是《反不正当竞争法》，我国《产品质量法》《商标权法》《专利法》等也有禁止不正当竞争行为的规定。市场经济社会，任何合法的交易都应本着公平、诚信、自愿的原则进行，若经营业以损害竞争者的手段攫取利益和优势，则违反了商业道德。

(4) 不正当竞争行为损害的客体是正当经营者、消费者的合法权益以及正常的社会经济秩序。不正当竞争行为的本质特征之一是民事侵权性，因此，任何通过不正当竞争手段获取竞争优势的做法，对于那些市场中的诚实经营者而言都是不公平的。扰乱社会经济秩序是不正当竞争行为的又一本质特征,因为不正当竞争者制造的市场混乱局面破坏了竞争的公平性,损害了社会一般消费者乃至整个社会的公共利益。

二、不正当竞争行为

1. 假冒他人商标的不正当竞争行为

商标是区别商品来源的标志,也是某一种商品和其他同类商品区分的重要标志,商标一经注册,商标注册人便依法取得了商标的专用权,受法律保护。假冒他人商标的不正当竞争行为主要表现在四个方面:第一,假冒他人的注册商标:我国《反不正当竞争法》中对假冒他人注册商标的行为只规定了仿冒的性质,而没有规定特定范围,是针对商标法规制行为以外的仿冒商标行为。可见,《反不正当竞争法》对商标的保护在原有的基础上进一步扩大了。第二,擅自使用知名商品特有的名称、包装、装潢,或者使用与知名商品近似的名称、包装、装潢,造成和他人的知名商品相混淆,使购买者误以为是该知名商品:知名商品特有的名称、包装、装潢,是该商品的无形资产。它不仅起到区别于其他商品制造者的作用,同时也在一定程度上反映了商品生产经营者的商业信誉,直接关系到商品市场销售情况。第三,擅自使用他人的企业名称或姓名,使人误认为是他人的商品:这种行为是在市场主体上制造混淆的行为,企业名称和个体生产经营者的姓名、字号同样代表了企业的外在形象,关系到该经营者的商业信誉和商品、服务的声誉,对经营者和消费者都是至关重要的,尤其是知名度较高,信誉较好的企业,它的名称或姓名具有很强的权威性和可依赖性,对企业名称的仿冒引起消费者的误解,混淆视听,这种行为是不正当竞争行为,因此,通过立法确立企业名称登记管理制度,对企业名称加强管理并确认企业名称的专用权,对企业名称进行保护十分必要。第四,在商品上伪造或者冒用认证标志、名优标志等质量标志,伪造产地,对商品质量作引人误解的虚假表示。"产品质量认证标志",是指企业通过申请,经国际国内权威认证机构认可,颁发给企业表示该企业产品质量已达认证标准的一种标志。使用认证标志,可提高商品的竞争力,增强用户的信任度。未经认证而伪造、冒用认证标志,不仅践踏国家产品质量认证制度,而且还可能使含有事故隐患的商品流入市场,危及用户和消费者的生命或财产安全。《反不正当竞争法》将此种行为作为严重违法行为予以禁止。"名优标志"是一种荣誉性质量标志。目前国家给予产品的名优标志有金质奖章荣誉标志、银质奖章荣誉标志、"优"字标志三种。只有按照法定程序,经专门机构认定,方可获得并使用。伪造、冒用名优标志,有悖于诚实信用的商业道德，是十足的欺骗性行为，因而为《反不正当竞争法》所禁止。"产地名称"是表示某项产品来源于某个国家或地区的说明性标志。当产品质量、特点与其产地存在某种固定联系时，产地名称所反映的不仅是产品与其产地之间的外部联系，而且还揭示出产品质量与产地之间的内在联系。这时产地名称对产品质量而言不仅具有象征意义，还具有区别功能，因此受到法律以及国际公约或者条约的保护，如《保护工业产权巴黎公约》关于原产地名称的规定、《与贸易有关的知识产权协议》中关于地理标志的规定等。《反不正当竞争法》第 5 条第 4 项禁止伪造产地中"产地"一词，其外延显然大于"原产地名称"而更接近"地理标志"。

2. 限定专购的不正当竞争行为

限定专购的不正当竞争行为是指公用企业或者其他依法具有独占地位的经营者，限定他人购买其指定的经营者的商品，以排挤其他经营者的公平竞争。"公用企业"是指城镇中为适应公众的生活需要而经营的有公共利益性质的企业组织，如自来水、电力、煤气或天然气的供应，电话、电报等通讯服务企业，城市公共交通以及公共道路、住宅的经营者等。这些公用企业通常具有垄断的性质。"其他依法具有独占地位的经营者"是指除上述公用企业外，法律、行政法规规定的，如依据有关烟草专卖方面和药品方面的法律、行政法规规定而具有独占地位安排他人之间进行交易。这种行为一方面给其他经营者制造困难，以排挤其他经营者的公平竞争，另一方面也是变相地扩大垄断的行为。

3. 滥用行政权力限制竞争的行为

滥用行政权力限制竞争行为是指政府及其所属部门滥用行政权力，限定他人购买其指定的经营者的商品，限制其他经营者正当的经营活动，或者限制外地商品进入本地市场，或限制本地商品流向外地市场。政府作为管理机关拥有广泛的行政权力，其行政权力的行使目的是维护社会的经济秩序，维护市场的公平竞争，利用行政权力限制竞争是法律所禁止的。政府利用行政权力限制竞争的表现有两类：一类是超经济的强制经营行为，即利用行政权力强买强卖；一类是地区封锁，即利用行政权力建立市场壁垒，限制本地商品、服务和外地商品、服务的正常流通，阻碍公平竞争。政府利用行政权力的超经济强制经营行为和地区封锁，阻碍了全国统一市场的形成，使市场自身的运行规则被行政干预所扭曲，影响经济健康发展，损害广大经营者、消费者利益。

4. 商业贿赂的不正当竞争行为

这种行为是指经营者采用财物或者其他手段进行贿赂以销售或者购买商品。经营者采用贿赂手段推销商品违背了诚实信用的商业道德，对于正派、老实的经营者来说是一种打击，是不公正的。经营者在销售或者购买商品时，可以给对方折扣和给中间人佣金，但这一切必须是公开进行的，而且买卖双方包括中间人必须交其如实入账，国家鼓励经营者采取多种形式促销和购买，同时要求这些方式必须要在法律、法规以及政策规定的范围内进行。反之，如果在账外暗中给予对方单位或者个人回扣的，以行贿论处，对方单位或者个人在账外暗中收受回扣的，以受贿论处。

5. 虚假宣传的不正当竞争行为

虚假宣传行为是指经营者利用广告或其他方法，对商品、服务的质量、制作成分、性能用途、生产者、有效期限、产地等做令人误解的虚假表示行为。虚假宣传通常有两种方式：一是经营者利用广告或其他方法，对商品或服务做出与客观实际不符的宣传，其特点是内容不真实；一种是经营者利用广告或者其他方法对其商品或服务作出容易误导购买者产生错误理解的宣传行为，其特点是宣传的内容表达模糊，具有迷惑性和误导性，容易导致购买者因产生错误理解而做出错误决策。常见的虚假宣传有：产品质量的虚假表示；价格的虚假表示；引诱性广告宣传行为；变相广告行为；诋毁性的广告行为。

6. 侵犯商业秘密的不正当竞争行为

商业秘密是指不为公众所知悉，能为权利人带来经济效益，具有实用性并经权利人采取保密措施的技术信息和经营信息。商业秘密是一种与知识产权最相邻近的财产权，它可以给所有人或使用人带来经济利益，形成经济优势。用不正当的手段侵犯他人的商业秘密也是一种法律禁止的不正当竞争行为。这种行为主要表现在：第一，以盗窃、利诱、胁迫或者其他不正当手段获取权利人的商业秘密；第二，披露、使用或者允许他人使用上述各项手段获取的权利人的商业秘密；第三，违反约定或者违反权利人有关保守商品秘密的要求，披露、使用或者允许他人使用其所掌握的商品秘密；第四，第三人明知或应知向其转授商业秘密的人具有前面所列违法行为时接受使用或者披露了他人的商业秘密。

7. 低于成本销售的不正当竞争行为

这种行为以排挤竞争对手为目的，以低于成本的价格销售商品。实质是经济实力雄厚的经营者为了垄断市场，滥用竞争优势，故意暂时将某种或某类商品的价格压低到成本以下销售，以打击竞争对手，等其他竞争对手不得已退出市场后，又将商品价格抬高，从而获取更高的垄断利润。所以，这种低价排挤竞争对手的行为是一种旨在消除竞争或限制竞争的行为，对竞争机制有很大的破坏性。

应当注意的是,并非所有的低于成本价格销售都是不正当竞争行为。只有那些具有较强的经济实力派的经营者,主观上以故意的心态,客观上以排挤竞争对手为目的,实施低于成本价格销售商品的行为,才是不正当的竞争行为。反之,即使经营者实施了低于杨本的销售行为,但其目的不是排挤竞争对手,而是解决自身经营上的困难,属合理降价行为,如:销售鲜活商品的;处理有效期限即将到期的商品或其他积压商品的;季节性降价的;因清偿债务、转产、歇业而降价销售商品的。

8. 附加不合理交易条件的不正当竞争行为

这种行为是指经营者销售商品时,违背购买者的意愿,强行搭售商品或者附加其他不合理条件。搭售行为是经营者用具有市场优势的商品搭售市场地位较低、销路较差、不受消费者欢迎的商品。通过这种手段扩大销售量。销售商品时附加其他不合理的条件,这种行为有许多表现形式,如经营者在销售同时要求购买者不要再与自己的竞争对手进行交易,以此来打击竞争对手;在销售过程中,向购买者索取贿赂或者回扣等等。这些行为不仅违背了消费者的意愿,侵害了消费者的利益,而且也破坏了公平竞争,造成了对社会经济秩序的破坏,构成了不正当竞争行为。

9. 有奖销售的不正当竞争行为

有奖销售是指经营者为竞争的目的,在销售商品或提供服务时,附带性地向购买者提供物品、金钱或其他经济上利益的一种促销行为。有奖销售,作为一种促销手段,在一定程度上激发购买者的购买欲望,刺激消费增长,在短期内给企业带来一定利润。但是,有奖销售的消极影响也是十分明显的;欺骗性的有奖销售破坏了公平竞争秩序,损害了诚实经营者利益以及消费者的权益;巨奖销售会传递错误的市场信息,诱发错误的购物导向,破坏市场竞争秩序。因此,有必要对有奖销售加以规范,对不正当的有奖销售予以禁止。《反不正当竞争法》第13条的规定,经营者不得从事下列有奖销售:第一,采用谎称有奖或者故意让内定人员中奖的欺骗方式进行有奖销售;第二,利用有奖销售的手段推销质次价高的商品;第三,抽奖式的有奖销售,最高奖的金额超过五千元。

10. 诋毁竞争对手商誉的不正当竞争行为

商业信誉是指经营者以公平、公正、公开的方法,遵守法律、法规和商业道德行为,通过诚实劳动所取得的"精神成果"。商品信誉,是指经营者通过诚实劳动和产品创新,创造出来质量优良、价格合理、性能齐全、信用可靠的产品和服务声誉。商业信誉和商品信誉是企业的生命,是赢得市场和顾客的重要因素,并具有强大的市场竞争优势。如果某个经营者为了竞争的目的,不是通过诚实劳动提高自己的商业信誉和竞争能力,而通过制造谣言的方式损害竞争对手长期建立起来的商业信誉,在消费者不知情的情况下,有可能使竞争对手遭受难以挽回的巨大损失,消费者同时也将会受到购物选择的损失。只有打击这种不正当的竞争行为,经营者的商业信誉才能得到保护,经营者才能有从事正常经营的安全感。

11. 串通投标的不正当竞争行为

串通投标行为是指投标者之间串通投标,抬高或压低标价以及投标者为排挤竞争对手而与招标者之间相互勾结的行为。招标、投标本身是一种竞争性极强的交易方式,其优越性在于其优胜劣汰的竞争性。倘若当事人通过串通招投标的不正当竞争手段,排斥其他投标人的正当竞争,就会使招投标的效应丧失,构成不正当竞争行为。我国《反不正当竞争法》第15条规定:"投标者不得串通投标,抬高标价或者压低标价。投标者、招标者不得相互勾结,以排挤竞争对手的公平竞争。"

第三节　对不正当竞争行为的监督检查

一、不正当竞争行为的监督检查部门

监督检查是指法定机关依照法定程序对涉嫌违法行为的经营者采用了解、取证、督促措施以必要的行政强制措施。

根据《反不正当竞争法》第三条第二款规定,县级以上工商行政管理部门对不正当竞争行为进行监督检查;法律、行政法规规定由其他部门监督检查的,依照其规定。

县级以上监督检查部门对不正当竞争行为的受理,一般有三个途径:被侵害的经营者的告发;其他组织或者个人的检举揭发;行使职权在工作中发现的。

二、检查部门的职权

监督检查部门在监督检查不正当竞争行为时,有权行使下列职权:

(1) 按照规定程序询问被检查的经营者、利害关系人、主明人,并要求提供证明材料或者不正当竞争行为有关的其他资料。

(2) 查询、复制与不正当竞争行为有关的协议、账册、单据、文件、记录、业务函电和其他资料。

(3) 检查与欺骗性交易这种不正当竞争行为有关的财物,必要时可以责令

被检查的经营者说明该商品的来源和数量，暂停销售，听候检查，不得转移、隐匿、销毁该财物。

监督检查部门工作人员都督检查不正当竞争行为时，应当出示检查证件。监督检查部门在监督检查不正当竞争行为时，被检查的经营者、利害关系人和证明人应当如实提供有关资料或者情况。

三、对不正当竞争行为的社会监督

根据《反不正当竞争法》第四条第一款规定，国家鼓励、支持和保护一切组织和个人对不正当竞争行为进行社会监督。

法律的实施必须领先社会力量，由于反不正当竞争行为可能涉及社会经济生活的各个方面，专靠政府机构是不够的，需要社会各界人士及一切组织和个人进行广泛的社会监督。所谓社会监督，包括批评和建议、申诉、控告或者检举以及各种形式的舆论督促。国家对上述社会监督予以鼓励、支持和保护。

第四节　违反《反不正当竞争法》的法律责任

不正当竞争行为的法律责任，是指经营者违反《反不正当竞争法》，实施不正当竞争行为，在法律上应当承担的责任。其责任形式有三种：行政责任、民事责任和刑事责任。

一、民事责任

违反产品质量法的民事责任分为两种，一种是产品瑕疵担保责任，一种是产品缺陷责任。

1. 停止侵害

经营者正在实施不法侵害的不正当竞争行为一经查出，首先会被责令停止侵害。例如：假冒商标的不正当竞争行为，一经查出，侵权者应当立即停止侵权行为，停止侵害。

2. 消除影响

经营者利用广告或其他办法，对商品作引人误解的虚假宣传，或者实施假冒商标的不正当竞争，损害了他人信誉，以及运用其他方法进行不正当竞争，损害了他人商品的声誉、信誉，应承担消除影响的法律责任。

3. 赔偿损失

经营者违法实施不正当竞争行为，给被侵害的经营者造成损害的，应当承担损害赔偿责任，被侵害的经营者的损失难以计算的，赔偿金额为侵权期间因侵权所获得的利润；并应当承担被侵害的经营者因调查该经营者侵害其合法权益的不正当竞争行为所支付的合理费用。

二、刑事责任

经营者违法实施商标侵权的不正当竞争行为，贿赂销售购买的不正当竞争行为，以及监督检查不正当竞争行为的国家机关工作人员滥用职权、玩忽职守、构成犯罪的，依法追究刑事责任。监督检查不正当竞争行为的国家机关工作人员徇私舞弊，对明知有违法构成犯罪的经营者故意包庇不使其受追诉的，依法追究刑事责任。

三、行政责任

承担行政责任的方式主要有：

1. 宣布行为无效

经营者所采取的不正当竞争行为在法律上被宣布为无效，该行为所产生的法律后果也被宣布为无效。例如：串通投票的不正当竞争行为，其法律责任首先是该行为被宣布为无效；其投标的结果也是无效的。

2. 责令停止违法行为

监督检查部门对不正当竞争行为宣布为非法后，首先责令停止违法行为。例如：经营者违法进行有奖销售的，监督检查部门应当责令停止违法行为，即责令进行违法有奖销售的经营者立即停止该项有奖销售，并处理好善后事宜。

3. 责令改正

经营者违反法律规定，实施不正当竞争行为，有关部门责令其改正违法行为。例如：政府及其所属部门违反规定，限定他人购买其指定的经营者的商品，限制其他经营者正当的经营活动，或者限制商品在地区之间正常流通，其上级机关应当责令其改正。

4. 没收违法所得

经营者违法实施不正当竞争行为，监督检查部门可以对其作出没收违法所得的处罚。

如商标侵权的不正当竞争行为，贿赂销售购买的不正当竞争行为，限定专购的不正当竞争行为，虚假广告、宣传的不正当竞争行为，均应负没收违法所得的法律责任。

5. 罚款

经营者违法实施不正当竞争行为，监督检查部门可以对其作出罚款的处罚。例如：商标侵权、贿赂销售购买、限定专购、虚假广告宣传、侵犯商业秘密、违法进行的有奖销售、串通投标等到不正当竞争行为以及经营者违反行政强制措施的行为，都可由监督检查部门对其作出罚款的处罚。罚款的数额，有违法所得的1—3倍的规定，也有1万—20万元的数额规定。例如，商标侵权的不正当竞争行为，可处违法所得的一倍以上三倍以下的罚款，贿赂销售、购买不正当竞争行为可罚款1万元以上20万元以下。

6. 行政处分

经营者违法实施不正当竞争行为，可由同级或上级机关对直接责任人员给予行政处分的处罚。例如，政府及其所属部门限定专购的行为，情节严重的，由同级或者上级机关对直接责任人员给予行政处分。

7. 吊销营业执照

经营者违法擅自使用知名商品特有的名称、包装、装潢或者与知名商品近似的名称、包装、装潢，造成和他人的知名商品相混淆，使购买者误认为是该知名商品的不正当竞争行为，情节严重的，有关部门可对其作出吊销营业执照的处罚。

案例分析 >>>

广东联塑科技实业有限公司诉惠州市国龙胶管批发部侵权案①

原告：广东联塑科技实业有限公司。

被告：惠州市惠城区国龙胶管批发部。

原告是广东佛山市顺德区的一家大型生产经营塑料管、槽及配件等材料的港资企业。原告依法享有“联塑LS及图”的商标，该商标核定使用的商品包括第19类塑铝复合管、非金属水管等，有效期是2000年至2010年。2005年6月，“联塑LS及图”商标被国家工商行政管理局商标局认定为“中国驰名商标”称号。

2005年5月以来，被告在制作业务名片和产品报价单时以原告惠州“总经销商”的名义对外宣传，并以低于原告产品出厂价销售原告联塑牌给、排水系列

① 资料来源：http://tanxianbin2.fyfz.cn，有改动。

产品。2006年6月19日，惠州市工商行政管理局应原告的投诉对被告进行了现场调查，当场查封了前述业务名片和报价单等证据一批，并于2006年8月31日对被告作出行政处罚。

原告认为被告的上述行为构成了不正当竞争，请求法院判令：1. 被告立即停止虚假宣传、低价销售等不正当竞争行为；2. 被告向原告书面赔礼道歉并消除因其不正当竞争行为给原告造成的影响；3. 被告应赔偿因其不正当竞争行为给原告造成的经济损失人民币50万元；4. 被告承担本案全部诉讼费用。

被告辩称：一、被告与原告之间不存在竞争关系。原告是“联塑”塑料管材的生产企业，规模巨大，而被告则是销售“联塑”塑料管材的产品，是一个注册资本仅3000元的个体户。两者实力相差悬殊且一个属于生产环节，一个属于销售环节，两者之间不存在竞争关系。二、原告诉被告低于其产品出厂价销售其生产的产品是不真实的杜撰。被告作为销售商，目的是通过销售经营取得正当利润，被告现实中也是这样做的。被告不是直接向厂家进货，而是向其他批发商进货。每批产品的购进销出之间都有合理的利润。如果被告销售的产品价格真的比原告的出厂价还低，对被告而言也没有任何利益可求。故请求驳回原告的诉讼请求。

请问：

1. 原告与被告之间是否存在竞争关系？
2. 被告是否存在不正当竞争行为？
3. 被告如何承担侵权责任？

本章小结

反不正当竞争法，是指调整国家在制止市场活动中的不正当竞争行为的过程中产生的经济关系的法律规范的总称，一般包括反不正当竞争的行为和特征、对不正当竞争行为的监督以及违反《反不正当竞争法》的法律责任。

反不正当竞争法中的不正当竞争，一般是指经营者采取违反诚信原则和公认的商业道德的手段，获取不正当利益，从而损害其他正当经营者和消费者的利益，扰乱市场经济秩序的行为。

反不正当竞争法的基本原则有自愿、平等、公平的原则、诚实信用的原则、参照国际惯例与国际条约的原则。

反不正当竞争法的作用是保护公平竞争，发展社会生产力；规范市场行为，维护市场秩序；保护经营者和消费者的合法权益。

不正当竞争行为的法律责任，是指经营者违反《反不正当竞争法》，实施不正当竞争行为，在法律上应当承担的责任。其责任形式有三种：行政责任、民事责任和刑事责任。

复习思考题

1. 问答题

(1) 反不正当竞争法的基本原则是什么？

(2) 我国反不正当竞争法规定的不正当竞争行为包括哪些？

(3) 反不正当竞争法对不正当竞争行为所应承担的民事责任是如何规定的？

(4) 有奖销售的不正当行为有哪些？

(5) 哪些行为属于侵犯商业秘密的不正当竞争行为？

2. 案例题

广州飞龙电力设备有限公司成立于1998年，主要经营电力设备产品，经多年经营，其产品在电力设备行业内享有较高的知名度，其产品被数个国家重点项目使用，在其注册地区以外也有较大影响力。2005年3月，该公司员工王某与他人合资注册成立深圳飞龙电力设备有限公司，经营产品也是电力设备。2005年8月，深圳飞龙公司销售电力设备若干，获利20万元。2005年底，广州飞龙公司起诉王某及深圳飞龙公司，认为王某与别人合资成立的公司使用与本公司相同的字号，构成不正当竞争行为，诉请法院判决深圳飞龙公司停止使用飞龙字号并赔偿损失。

请问此案应如何处理？

3. 实训题

《反不正当竞争法》的实施，对我国市场经济的发展起到了一定的保驾护航作用。随着计算机技术的飞速发展，计算机网络在各个领域得到广泛应用，它在给社会生产和人们生活带来极大便利的同时，也给我国的立法工作提出了重要的课题。面对网络技术的挑战如：网络环境下的域名抢注等不正当竞争行为，我国的法学和法官们一直在寻找对策。

你也针对这种现象谈谈自己的感受和建议吧。

第九章　世界贸易组织规则

本章提要

WTO 的成立是国际经济社会的一件大事。它不仅是最大的、涉及范围最广、影响最深远的国际经济贸易组织和多边经贸法律制度,而且它也使得国际经济秩序具有更强的稳定性和可预期性。

对 WTO 而言,中国的加入不仅进一步扩大了它的影响,也意味着国际经济一体化的进一步加深。对中国而言,加入 WTO 本身标志着中国的对外开放进入了一个新阶段,改革事业进入了一个新纪元;培养专门人才,使之掌握并应用 WTO 法律知识,维护国家和人民的经济权益,是当务之急。作为一个规范世界经济贸易的国际组织,WTO 要求其成员按照世界贸易组织的规则组织、运行经济。现代企业要达到趋利避害的目的,必须掌握 WTO 知识,运用规则保护、发展自己。本章介绍了 WTO 最基本的原则性规定。

本章学习目标

- 了解世界贸易组织的法律地位;
- 掌握 WTO 的原则性规定。

案例导入

委内瑞拉诉美国汽油标准案[①]

1995年1月23日,委内瑞拉提出,美国环境保护局于1993年12月15日发布的《汽油与汽油添加剂规则——改良汽油与普通汽油标准》构成了对外国产品的歧视,不符合WTO相关规定的要求。本案的导火线是美国有关环境保护的国内法律及其行业准则。本案争议的中心是美国环境保护局为此设定了两种基准:一种是在企业1990年经营的汽油的质量数据的基础上为企业设定"企业单独基准",其质量数据由企业自己提供;另一种是代表1990年汽油平均质量的"法定基准"。委内瑞拉认为美国法律中的上述规定,特别是歧视性的基准设定方法扭曲了进口汽油的竞争地位,构成了保护国内产品。并且使委内瑞拉的利益丧失或受损。

美国出台《清洁空气法》,虽然是为了保护环境,减少汽油燃烧后对大气的污染。对此,WTO专家组也表示赞同,认为美国修订《清洁空气法》的本身并不违反WTO的规定。但该法案事实上却令委内瑞拉等国付出了数亿美元用于改造原有设备以满足该法案的要求,蒙受了巨大的经济损失,造成了贸易歧视。WTO争端解决机构认为美国在设定汽油标准时存在两处明显的漏洞:1. 未能与有关方进行充分地协调与合作,从而减缓因对国外炼油公司不适用企业单独基准的行政问题;2. 没有考虑国外炼油商由于实行法定基准而产生的高额费用。该法案的歧视是明显的,其歧视后果也是可预见的,故美国的行为构成了"对国际贸易的变相限制"。因而认定美国的《清洁空气法》虽然出于环保目的,但违反了WTO/TBT协议第2条的整体要求。由此可见,WTO组织对于涉及环保问题的贸易纠纷的处理原则是一方面承认各缔约方有权为了防止环境污染制定相应的政策并采取相关的措施;另一方面要求这些政策和措施不能对国际贸易构成不必要的障碍,更不能将环境保护作为贸易保护主义的手段。

本案是WTO正式成立后受理的第一起贸易争端,故而受到了WTO各成员的广泛关注。本案中,WTO解决机制所体现出了高度的原则性和灵活性。"汽油标准案"最终以发展中国家的胜利而结束,使WTO在众多发展中国家中确立了威信,促使越来越多的发展中国家纷纷求助于这一多边机制以解决贸易中的障碍,为WTO组织树立了良好的形象。

① 资料来源:http://www.scrtvu.net,有改动。

第一节　世界贸易组织概述

一、世界贸易组织的建立

1. 世界贸易组织的性质

世界贸易组织是根据“乌拉圭回合”多边贸易谈判达成的《建立世界贸易组织协议》于 1995 年 1 月 1 日建立,取代原先的关贸总协定,并按照“乌拉圭回合”多边谈判的最后文件所形成的一整套协定和协议的条款作为国际法规准则,以各方成员国之间经济贸易关系的权利和义务进行监督、管理和发行的正式国际经济组织。世界贸易组织是独立于联合国的永久性际组织。

2. 世界贸易组织的职能

(1) 促进世界贸易组织章程和各项多边贸易协定的实施、管理和运作,并推动其各项宗旨的实现。

世界贸易组织的主要职能是负责协定和多边贸易协议的实施、管理和运作,并促进其目标的实现,同时为诸边贸易协议的实施、管理和运作提供框架。多边贸易协议是所有成员都需要承诺的,而诸边贸易协议虽然在世界贸易组织的框架内,但各成员方可有选择地参加。

(2) 为多边贸易协定的实施、管理和运作提供组织保障。

(3) 为成员方提供谈判场所。

世界贸易组织为其成员就多边贸易关系进行的谈判和部长会议提供场所。同时提供使谈判结果生效的框架。

(4) 管理世贸组织的争端解决机制。

当世界贸易组织成员发生纠纷时,通过该组织的贸易争端解决机制来解决成员间可能产生的贸易争端,也是世界贸易组织最重要的职能之一。

(5) 负责管理贸易政策审查机制。

世界贸易组织依靠贸易政策审议机制,审议各成员的贸易政策。主要是对各个成员的全部贸易政策和做法及其对多边贸易体制运行的影响进行定期共同评价和评审。其目的在于促进所有成员遵守根据多边贸易协议及诸边贸易协议的规则、纪律和承诺,增加透明度。

(6) 负责与国际货币基金组织、世界银行及其附属机构进行合作,以便更好地协调制订全球经济政策。

世界贸易组织与负责货币和金融事务的国际组织如国际货币基金组织和

世界银行及其附属机构进行合作，以增强全球经济决策的一致性，保证国际经济政策作为一个整体和谐地发挥作用。世界贸易组织分别于1996年12月和1997年4月与国际货币基金组织和世界银行已签署了合作协议。

(7) 对发展中国家和最不发达国家提供技术援助和培训。

给予发展中国家的特殊和差别待遇，包含在乌拉圭回合达成的大多数单独协议和安排中，这些规定中的一项内容是向发展中国家提供技术援助，以使它们能够履行协议所规定的义务。

3. 世界贸易组织的宗旨

《建立世界贸易组织的协定》的序言中指出，世界贸易组织的宗旨为："在提高生活水平，保证充分就业和大幅度稳步提高实际收和有效需求，扩大货物与服务的生产和贸易为持续发展之目的扩大对世界资源的充分利用，保护和维护环境，并以符合不同经济发展水平下各自需要的方式，加强采取各种相应的措施：需要积极的努力，以确保发展中国家，尤其是最不发达国家，在国际贸易增长中获得与其经济发展相适应的份额。"

世界贸易组织的基本宗旨是通过建立一个开放、完整、健全和持久的多边贸易体制，促进世界货物和服务的发展，有效而合理地利用世界资源改善生活质量、扩大就业、确保实际收益和有效需求的稳定增长。与此同时，按照可持续发展的目标以及不同成员的实际经济发展水平和需要，保护环境并提高和完善保护的方式。

4. 世界贸易组织的作用

促进世界范围的贸易自由化和经济全球化通过关税与贸易协定使全世界的关税水平大幅度下降，极大地促进了世界范围的贸易自由化。此外，WTO还在农业、纺织品贸易、安全保障措施、反倾销与反补贴、投资、服务贸易、知识产权以及运作机制等方面都作出有利于贸易发展的规定，这些协定和协议都将改善世贸自由化和全球经济一体化，使世界性的分工向广化与深化发展，为国际贸易的发展奠定稳定的基础，使对外贸易在各国经济发展中的作用更为重要。

使传统的贸易政策措施得到改观世界贸易制度将进入协商管理贸易时代，各国的贸易政策将建立在"双赢"的基础上，"贸易保护"和"贸易制裁"的作用与含义都发生了很大的变化。

使世界市场的竞争方式与竞争手段改变在世贸组织的推动下，世界市场的竞争由单一式的竞争转变为综合式的竞争、由粗放式的竞争转变为集约式的竞争；并且企业也由金字塔式的组织机构转变为矩阵式的组织机构，及规模经济转变为规范经济。

5. 世界贸易组织多边贸易体制的基本内容

世界贸易组织多边贸易体制是由世界贸易组织协定正文以及四个附件两大部分规则组成的。条文本身并未涉及多边规则和管理多边贸易的实质内容，只是就世界贸易组织的建立、范围、职能、机构、决策、成员资格、接受、加入、生效等问题作了原则规定。这些条款主要属于世界贸易组织体制中的组织机构规则和程序性规则条款。

世界贸易组织体制中有关协调多边贸易关系、解决贸易争端以及规范国际贸易竞争规则的实质性规定均体现在四个附件中。附件一包括多边货物贸易协议、服务贸易总协定和与贸易有关的知识产权保护协议；附件二是争端解决规则与程序谅解；附件三是贸易政策审议机制；附件四是诸边贸易协议。

第二节　世界贸易组织的组织机构

一、部长会议

部长会议由世界贸易组织全体成员方代表组成，是世界贸易组织的最高权力和决策机构。由所有成员主管外经贸的部长、副部长级官员或其全权代表组成，部长会议至少每两年举行一次，部长会议具有广泛的权力，主要有：立法权；准司法权；豁免某个成员在特定情况下的义务；批准非世贸组织成员国所提出的取得世贸组织观察员资格申请的请示。部长会议应履行世界贸易组织的职能并为此采取必要的行动，有权对各多边贸易协议中的任何事项作出决定。至少应每两年召开一次会议。

二、总理事会

在部长会议休会期间，由全体成员代表组成的总理事会代行部长会议职能。总理事会可视情况需要随时开会，自行拟订议事规则及议程。随时召开会议以履行其解决贸易争端和审议各成员贸易政策的职责。总理事会下设：

(1) 货物贸易理事会。负责《1994 年关贸总协定》及其他货物贸易协议的有关事宜。

(2) 服务贸易理事会。监督执行服务贸易总协定及分部门协议的有关事宜。

(3) 知识产权理事会。监督执行与贸易有关的知识产权协定。

这些理事会可高情况自行拟定议事规则，经总理事会批准后执行。所有成员均可参加各理事会。

三、专门理事会

世界贸易组织在总理事会项下设三个专门理事会：

(1) 货物贸易理事会。负责《1994 年关贸总协定》及其他货物贸易协议的有关事宜。

(2) 服务贸易理事会。监督执行服务贸易总协定及分部门协议的有关事宜。

(3) 知识产权理事会。监督执行与贸易有关的知识产权协定。

这些理事会可高情况自行拟定议事规则，经总理事会批准后执行。所有成员均可参加各理事会。

四、专门委员会

根据世界贸易组织协定，部长会议设立了贸易与发展委员会、国际收支限制委员会和预算、财务和行政管理委员会、履行由世界贸易组织协定和多边贸易协定赋予的职责及总理事会赋予的职责。

五、总干事及秘书处

世贸组织成立由一位总干事领导的世界贸易组织秘书处(下称秘书处)。世贸组织秘书处设在瑞士日内瓦，大约有 500 人。秘书处工作人员由总干事指派，并按部长会议通过的规则决定他们的职责和服务条件。

总干事由部长会议选定，并明确总干事的权力、职责、服务条件及任期规则。世贸组织总干事主要有以下职责：他可以最大限度地向各成员施加影响，要求它们遵守世贸组织规则；总干事要考虑和预见世贸组织的最佳发展方针；帮助各成员解决它们之间所发生的争议；负责秘书处的工作，管理预算和所有成员有关的行政事务；主持协商和非正式谈判，避免争议。

第三节　世界贸易组织的基本原则

一、最惠国待遇原则

最惠国待遇原则是国际经济交往的基本原则之一，它是指一国在经济关系中给予另一国国民的优惠待遇不应低于该国现在和将来给予任何第三国国民的待遇。享有最惠国待遇的国家为受惠国,给予最惠国待遇的国家为施惠国。最惠国待遇可分为有条件的最惠国待遇与无条件的最惠国待遇。

世贸组织规定的最惠国待遇原则包括:

(1) 货物贸易方面的最惠国待遇在货物贸易方面,世贸组织的《1994 年关贸总协定》及其他协议在有关条款中规定了成员之间应相互给予最惠国待遇。最惠国待遇要求在世贸组织成员间进行贸易时彼此不能搞歧视,大小成员要一律平等,只要其进出口的产品是相同的,则享受的待遇也应该相同,不能附加任何条件,并且是永久的。

货物贸易最惠国待遇原则主要针对以下几个方面:第一,进出口关税。第二,对进出口本身征收的任何形式的费用。如进口附加费。第三,与进出口相关的任何形式的费用。如海关手续费、领事发票费、质量检验费等。第四,对进出口的国际支付与转账所收取的费用。如由政府对进出口国际支付收取的一些税或费用。第五,征收上述税、费的方法。例如征收关税时对进口商品的价值评估时评估的标准、程序、方法均应在所有成员间一律平等。第六,与进出口相关的所有法规及手续。如对进出口在一定时间内规定特定的信息披露要求或说明。第七,国内税或其他国内费用的征收。如销售税、由地方当局征收的有关费用等。第八,任何影响产品在国内销售、购买、提供、运输、分销等方面的法律、规章及要求等。如对进口产品的品质证书的要求,对进口品移动或运输或储藏或零售渠道的要求,对产品的特殊包装及使用的限制等。

(2) 服务贸易方面的最惠国待遇《服务贸易总协定》第 2 条规定世贸组织在服务和服务的提供者方面,各成员应该立即和无条件地给予任何其他成员的服务及服务提供者相同的待遇。鉴于服务贸易发展的水平参差不齐,《服务贸易总协定》允许少数成员在 2005 年以前,存在与最惠国待遇不符的措施,但要将这些措施列入一个例外清单。这些措施是暂时性的,在 2005 年之后要取消。在那之后,最惠国待遇原则上应是无条件的、永久的在所有成员间实施。

(3) 与贸易有关的知识产权方面的最惠国待遇世贸组织《知识产权协定》将最惠国待遇规定为其成员必须普遍遵守的一般义务和基本原则。其第 4 条规定,在知识产权保护方面,某一成员提供给其他成员国民的任何利益、优惠、特权或豁免,均应立即无条件地给予全体世贸组织其他成员的国民。也就是说,世贸组织要求在知识产权保护方面,各成员的国民应当享受同等的待遇,而不能对某一成员的国民实行歧视。

二、国民待遇原则

国民待遇主要是针对来自于一个国家或地区的产品、服务和服务提供者进入另一个国家或地区的市场后应享有的待遇。事实上国民待遇和最惠国待遇有相辅相成、互为补充的作用。例如,一个国家给予另一个国家以最惠国待遇,后者在进口税等方面便享有不低于其他第三国的待遇。然而,假如进口国在国内税收等方面对进口产品给予低于本国产品的待遇,这便可能抵销最惠国待遇给进口产品带来的竞争优势。因此,为了保障进口产品和服务能够在平等的条件下在进口国市场与来自于其他国家的产品和服务以及当地的产品和服务相互竞争,在相互给予最惠国待遇的同时,相关国家和地区还必须相互给予国民待遇,即不低于进口国家和地区当地的企业、个人、货物和服务在相同情况下享有的待遇。

国民待遇是原关贸总协定的基本原则。随着原关贸总协定被世界贸易组织全盘接受,国民待遇原则也成为世界贸易组织的基本原则之一。世界贸易组织涵盖货物贸易、服务贸易和知识产权保护等诸方面。因此,世界贸易组织下国民待遇原则的适用范围与原关贸总协定相比扩大了很多。事实上,即使仅就货物贸易而言,世界贸易组织下的国民待遇原则也与原关贸总协定有截然的区别。例如,在原关贸总协定下,国民待遇原则仅适用于总协定规范的内容。在新的贸易体系内,除关贸总协定外,国民待遇原则还适用于农产品贸易、纺织品贸易、卫生与植物卫生、进口许可证程序、海关估价等诸方面。在国际经济关系中,国民待遇是指一国在经济活动和民事权利方面给予其境内的外国国民不低于其给予本国国民享受的待遇。

国民待遇的适用范围是有一定限制的,一般只适用于外国自然人和法人从事商业、外国天然物产和制造品所应缴纳的国内捐税、利用铁路运输和转口过境的条件、船舶在港口的待遇以及知识产权等。至于本国人所享有的其他某些权利,如沿海贸易权、领海捕鱼权、沿海和内河航运权、购买土地权等,一般不属于国民待遇原则的适用范围。根据现行一些国际公约的规定和有关国家间的双边条约以及一些国家的国内法,一般只在船舶遇难救助、商标注册、申请发明专利权、著作权以及民事诉讼等方面给予外国自然人和法人以国民待遇。国民待遇原则和最惠国待遇原则一样,都是建立在非歧视原则基础上。

三、互惠原则

在国际经济关系中,互惠原则是指两国互相给予对方以贸易上的优惠待遇。它要求缔约方应在互惠互利的基础上进行谈判,以期大幅降低关税和进出口其他费用的一般水平,特别是降低那些使少量进口都受到阻碍的高关税,并在谈判中适当注意本协定的目的与各缔约方的不同需要,这对发展国际贸易是非常重要的。

四、透明度原则

透明度是世界贸易组织三个主要目标(贸易自由化、透明度和稳定性)之一。世界贸易组织中的透明度原则是指同过境的货物流通有关的基本权利和义务,即当政府实施有关过境的货物的法律和规章时,必须予以公布,而且贸易商可以得到人人都可以了解到的这些法律和规章。保持世界贸易组织各成员方政策和措施的透明,是其实现总体目标的重要权益,保持多边贸易体制在开放、公平、无扭曲竞争的基础上健康发展的重要保证。

五、逐步削减关税原则

逐步削减关税原则是通过互惠互利的谈判,大幅度降低关税和进出口其他费用水平,特别是降低使少量进口都受到阻碍的高关税,以发展国际贸易。

逐步削减关税原则是关贸总协定自始倡导的原则,其一直作为最惠国待遇原则、互惠原则和透明度原则等原则的实际执行载体,是关贸总协定历次谈判的主要议题。世界贸易组织继承了关贸总协定的逐步削减关税原则,继续以逐步削减关税的方式实现国际贸易自由化的目标。

六、一般取消数量限制原则

数量限制是国家对允许进出口的商品数额采取的限制措施,它主要通过配额制度和许可证制度来实施。一般取消数量限制原则的含义是,为了逐步促进贸易的自由化,在一般取消数量限制原则的含义是,为了逐步促进贸易的自由化,在一般情况下,不允许国家对其进出口的商品数量进行限制。与关税、政府补贴等措施相比,数量限制是政府直接干预对外贸易的形式,其后果与关税措施一样,都阻碍了正常国际贸易,违背了公平贸易原则。正因为如此,世界贸易组织反对数量限制,并不断完善相关制度。

第四节　世界贸易组织的法律架构

世界贸易组织的法律体系体现在《乌拉圭回合多边贸易谈判成果的最后文

本》中,具体由以下几个部分构成:

一、世界贸易组织基本法

《建立世界贸易组织的协定》是世界贸易组织的基本法,该协定列于《乌拉圭回合多边贸易谈判成果的最后文本》所列各项协定之首。规定了世界贸易组织的宗旨和原则、活动范围、职能、组织结构、成员制度、法律地位、决策机制、协定修改等。

二、货物贸易法律制度

此项法律制度的主要构成为:

(1)《1994 年关税与贸易总协定》。

(2)其他有关货物贸易的多边协定。如:《农产品协定》《卫生与动植物检疫措施协定》《纺织品和服装协定》《贸易技术壁垒协定》《与贸易有关的投资措施协定》《关于实施关贸总协定 1994 第 6 条的协定》《补贴与反补贴措施协定》等。

三、服务贸易法律制度

世界贸易组织的服务贸易法律制度主要体现在《服务贸易总协定》中,除此之外,《乌拉圭回合多边贸易谈判成果的最后文本》的部长会议决议和宣言中的许多文件,以及《关于服务贸易总协定中机构安排的决定》和《关于服务贸易总协定中某些争端处理程序的决定》都是服务贸易法律制度的重要组成部分。

四、与贸易有关的知识产权法律制度

与此相关的法律文件集中体现在《与贸易有关的知识产权协定》中,该协定对版权、商标、地理标志、工业设计、专利、集成电路设计、未泄露的信息等七类知识产权的国际保护标准给予确定,并指定了知识产权保护的基本原则,明确了知识产权的效力、范围、取得和保护及相关以及争端的防止和解决。

五、争端解决法律制度

乌拉圭回合"最后文本"中所列的《关于争端解决规则和程序的谅解协定》,规定了世界贸易组织争端解决的规则和普通程序,《关于服务贸易总协定中某些争端处理程序的决定》则规定了服务贸易争端处理的特别程序。

六、关于贸易政策审议机制的法律制度

贸易政策的审议机制产生于乌拉圭回合谈判，并形成了《贸易政策审议机制》的协定，规定了贸易政策评审机制的目标、机构、审议范围、程序等方面的法律制度。

七、诸边贸易制度

“诸边”，在此处含义为：多于“双边”而少于“多边”。在世界贸易组织有关协定中，“多边协定”一般指全体成员接受的协定，“多边”是全体成员国的同义语，而“诸边协定”成员国一般为20至40个。世界贸易组织诸边贸易协定目前有5个，分别为：《民用航空器贸易协定》《政府采购协定》《国际乳制品协定》《国际牛肉协定》《住处技术协定》，但是，诸边贸易协定不属于乌拉圭回合“一揽子接受”的范围，其生效与接受根据自身的规定，任何申请加入世界贸易组织的国家或地区，无须以接受诸边贸易协定为前提条件。

第五节　与货物贸易有关的法律规则

一、贸易自由化承诺

所谓贸易自由化，从本质上讲，就是各成员方通过多边贸易谈判，限制和取消一切妨碍和阻止国际贸易的开展与进行的障碍，消除国际贸易中的歧视待遇。

二、市场准入承诺

所谓市场准入（Market Access），是指一国允许外国的货物、劳务与资本参与国内市场的程度。《服务贸易总协定》第16条规定，一成员方给予其他成员方服务和服务提供者的待遇应不低于其在承诺义务的计划表中确定的期限、限制和条件。指在国际贸易方面两国政府间为了相互开放市场而对各种进出口贸易的限制措施，其中包括关税和非关税壁垒准许放宽的程度的承诺。

如果一成员方作出允诺，承担《服务贸易总协定》中的第一类“过境交付”贸易服务的市场准入义务，并且跨越国境的资本流动是该项服务的主要部分，那么该成员方就有义务允许进行这类资本流动。如果一成员方承诺《服务贸易总协定》的第三类“商业存在”贸易服务的市场准入义务，那么该成员方应允许

有关的资本转移至境内。这样的规定实际上允许外商的汇付自由。

市场准入原则旨在通过增强各国对外贸易体制的透明度,减少和取消关税、数量限制和其他各种强制性限制市场进入的非关税壁垒,以及通过各国对外开放本国服务业市场所作出的具体承诺,切实改善各缔约方市场准入的条件,使各国在一定期限内逐步放宽服务业市场开放的领域。市场准入是国家对市场基本的、初始的干预,是政府管理市场、干预经济的制度安排,是国家意志干预市场的表现,是国家管理经济职能的组成部分。自然人的民事权利能力和行为能力是天赋的,法律给以普遍的、一般的确认,而自然人、法人和其他组织从事经济活动的权利能力和行为能力是由法律特别确认的,必须通过一定的程序获得,如登记、许可。

三、保障措施

世界组织某一成员方确认由于正在向其境内进口的产品的数量的增长(包括绝对增长和相对增长),以及由于进口的条件的变化,以至对该方境内相同产品或直接竞争产品的国内产业造成严重损害的威胁,该成员方可对该进口产品采取保障措施。

一般来说,采取保障措施的程序是由生产有关产品并受到进口不利影响的国内产业部门启动的。该产业部门要注意观察进口产品的流向和产业自身的情况。若它认为需要采取保障措施,如果调查的旷日持久将对产业产生难以弥补的损害时,则成员可以采取临时保障措施。应该明确指出的是国内产业指的是有关产品的全体生产者,因此,若只有总产量很小份额的少数企业正在受到损害就不能采取保障措施。采取保障措施的成员还必须证明进口增长和国内产业严重损害之间存在因果关系。若除进口增长外的其他因素如消费者喜好的改变或通过采用高技术生产出了更好的替代产品等同时也在对国内这一产业造成损害,则这种损害不能归咎于进口增长,在这种情况下也不能采取保障措施。世界贸易组织规定,只要进口国从该发展中成员进口的数量占该产品进口总量的份额不超过3%,进口国就不能对该发展中成员采取保障措施。当进口国确认已经存在严重损害并采取保障措施时,出口国政府对此决定产生不满,可以向世界贸易组织的争端解决机构提出申诉。

四、反倾销措施

根据关贸总协定的规定,一国产品以低于正常价值的价格进入另一国市场,因此对某一缔约方领土内已经建立的某项工业造成实质性损害或产生实质

性损害的威胁,或对某一国内工业的新建产生实质性阻碍,则构成倾销。其构成要件:

(1) 产品以低于正常价值或公平价值的价格销售。

(2) 这种低价销售的行为给进口国产业造成损害,包括实质性损害、实质性威胁和实质性阻碍。

(3) 损害是由低价销售造成的,二者之间存在因果关系。

倾销通常具有以下若干特征:第一,倾销是一种人为的低价销售措施。它是由出口商根据不同的市场,以低于有关商品在出口国的市场价格对同一商品进行差价销售。第二,倾销的动机和目的是多种多样的,有的是为了销售过剩产品,有的是为了争夺国外市场,扩大出口,但只要对进口国某一工业的建立和发展造成实质性损害或实质性威胁或实质性阻碍,就会招致反倾销措施的惩罚。第三,倾销是一种不公平竞争行为。在政府奖励出口的政策下,生产者为获得政府出口补贴,往往以低廉价格销售产品;同时,生产者将产品以倾销的价格在国外市场销售,从而获得在另一国市场的竞争优势并进而消灭竞争对手,再提高价格以获取垄断高额利润。第四,倾销的结果往往给进口方的经济或生产者的利益造成损害,特别是掠夺性倾销扰乱了进口方的市场经济秩序,给进口方经济带来毁灭性打击。

征收反倾销税是基本反倾销措施。为了制止倾销而采取反倾销措施应该说是合理的,但如果反倾销措施的实施超过了其合理范围或合理程度,反倾销措施也会成为一种贸易保护主义措施,从而对国际贸易的扩展造成阻碍性影响。例如,武断地认定原本不存在倾销的商品为倾销商品,或无根据地夸大倾销幅度,从而无理地实施反倾销措施或不适当地提高反倾销税征收金额,这些都会阻碍正常进口贸易的进行。如美国与加拿大关于进口马铃薯征收特别倾销税的纠纷。1962 年,由于气候原因,美国农产品收获季节早于加拿大,在美国马铃薯大量上市时,加拿大的马铃薯还未收获,这时美国出口到加拿大的马铃薯非常便宜,加拿大决定根据“正常价格”与出口价格的差异征收特别倾销税。美国政府认为,加拿大的征税行为是一种非关税壁垒,并向 GATT 申诉,要求解决加拿大对进口马铃薯征收反倾销税的问题。1963 年 1 月 2 日,加拿大取消了该项税收。

五、反补贴措施

补贴是指在某一成员的领土内,由其政府或任何公共机构向企业提供的财政资助,以及采取任何形式的收入支持或价格支持,和由此而给予的某种优惠。

补贴行为，其他成员方可以采用反补贴措施以保护其国内产业。反补贴：指一国反倾销调查机关实施与执行反补贴法规的行为与过程。其中的补贴是指一国政府或者任何公共机构向本国的生产者或者出口经营者提供的资金或财政上优惠措施，包括现金补贴或者其他政策优惠待遇，使其产品在国际市场上比未享受补贴的同类产品处于有利的竞争地位。世界贸易组织反补贴协议将补贴分为三种基本类型：禁止性补贴、可诉补贴和不可诉补贴。反补贴措施：针对前两种补贴，一是向世界贸易组织申诉，通过世界贸易组织的争端机制经授权采取的反补贴措施；二是进口成员根据国内反补贴法令通过调查征收反补贴税。反补贴措施的方式主要有：临时反补贴措施、征收反补贴税、出口方政府或出口商承诺取消或修正价格等。

六、减少和消除非关税壁垒

并不是所有的非关税措施都必然构成国际贸易的障碍。因此，确定一项非关税措施是否构成非关税壁垒，就成为总协定谈判管制与取消非关税壁垒要解决的首要问题。总协定建立起了一套用于确认缔约方所实行的非关税壁垒的程序，缔约方被要求，它们有通知总协定它们所采取的非关税措施的义务。总协定还将确认的缔约方实施的非关税措施分为国家垄断贸易、进口的海关与行政措施、技术规则、特殊的限制和各种进口税五大类。在总协定的乌拉圭回合谈判中，确认非关税壁垒的工作不再局限于货物贸易，而是扩展到服务贸易。

案例分析 >>>

外国商标国民待遇案例——万宝路中国状告案①

原告：美国菲力普·莫里斯产品有限公司（万宝路所属的集团）（以下简称PM公司）

被告：上海打火机总厂（以下简称打火机总厂）；上海环龙工艺厂（以下简称环龙厂）；中国航空技术进出口上海公司（以下简称中航公司）

案由：商标侵权纠纷案

原告菲力普·莫里斯产品有限公司将其所有的Marlboro万宝路商标于1987年2月在中华人民共和国国家商标局登记注册，取得该商标专用权，商标

① 资料来源：http://msss.fabao365.com/info/15426/法邦网，有改动。

有限期限至2002年3月,商标使用范围为烟草、烟具、打火机等。1991年6月,上海光明打火机厂(以下简称光明厂)与香港德辉国际洋行洽谈生产T902系列重油打火机,该系列打火机外壳图案中,部分使用了涉讼的黑白两种底色的由原告注册的Marlboro万宝路商标。该系列产品的外壳图案由光明厂委托被告上海环龙工艺厂加工印制。因光明厂无自营出口权,故该系列的部分产品由被告中国航空技术进出口上海公司代理出口。

光明厂于1995年1月1日经其上级主管部门批准与他厂合并为上海打火机总厂,债权、债务等由打火机总厂负责承担。三被告在法院审理法案中,均未举证证明原告曾许可香港德辉国际洋行使用其万宝路商标。

原告诉称:打火机总厂未经原告许可,擅自使用了原告所注册的Marlboro万宝路商标,生产打火机产品570000只。该商标系由环龙厂印制,部分产品由中航公司销售。经与打火机总厂交涉不成,故认为三被告共同侵犯其注册商标专用权,为此诉请法院判令三被告停止侵权,销毁全部库存侵权商品,登报道歉,赔偿人民币600000元并承担诉讼费。

请问:

1. 被告上海打火机总厂、上海环龙工艺厂、中国航空技术进出口上海公司各承担什么法律责任?

本章小结

本章述及世界贸易组织的组织机构、基本原则和法律架构,与货物贸易有关的法律规则等内容。应掌握的知识点如下:

1. 世界贸易组织的性质、职能、宗旨、作用以及多边贸易体制的基本内容。

2. 部长会议、总理事会、专门理事会、专门委员会、总干事及秘书处。

3. 最惠国待遇原则、国民待遇原则、互惠原则、透明度原则、逐步削减关税原则、一般取消数量限制原则。

4. 世界贸易组织基本法、货物贸易法律制度、服务贸易法律制度,与贸易有关的知识产权法律制度,争端解决法律制度,关于贸易政策审议机制的法律制度,诸边贸易制度。

5. 贸易自由化承诺、市场准入承诺、保障措施、反倾销措施、反补贴措施、减少和消除非关税壁垒。

复习思考题

1. 问答题

(1) 世界贸易组织的职能是什么?

(2) 世界贸易组织的组织机构有哪些?

(3) 世界贸易组织的基本原则是什么?

(4) 与货物贸易有关的法律规则有哪些?

2. 案例题

2008 年,加拿大魁北克省以本省境内销售的可回收的不可重复利用的易拉罐装啤酒包装不利于环保为由,决定对境内这种罐装啤酒征收捐税。事实上,市场上销售的罐装啤酒几乎都是法国克雷嘉文厂生产的,本地啤酒都是瓶装。另外,本地的罐装饮料、罐头不属于征税范围。克雷嘉文厂认为,安省此举违背了 WTO 的规则(加拿大和法国均为 WTO 成员),魁北克省认为其采取的措施属于一般例外范围,不受 GATT 规则约束。双方发生争议。

请问:魁北克省的规定是否违反 WTO 规则?该纠纷应如何解决?

第十章　行　政　法

本章提要

本章主要介绍行政法的概念及其他相关内容，重点阐述行政法律关系主体和行政行为，并对行政复议和行政赔偿进行了讲解。

本章学习目标

- 了解行政、行政法、行政法律关系的概念；
- 掌握行政处罚的原则及种类。

案例导入

又是字画惹的祸①

张某家有一幅祖传字画，同事孙某获悉此事后，误以为该画是苏东坡所作，即与朋友王某联系，欲动员张某出售此画，从中收取介绍费。2010 年 6 月 8 日，王某向区公安分局报案。次日，区公安分局两名警察着便装以买画人身份来到孙某家，要求孙某帮助买画。同年 8 月 7 日，该两名警察与孙某、王某同乘一辆轿车来到张某家附近。两名警察仍以买画人身份由孙某带领来到张某家中，与张某交涉买画事宜。后与张某约定，以 10 万元购买字画，到停车场交货付钱。当张某携字画到停车场后，被两名警察强行推进汽车并戴上手铐带往区公安分

① 资料来源：http://wenku.baidu.com，有改动。

局。经询问得知,张某对该字画的作者、价值都一无所知。于是区公安分局将张某释放回家,但以其倒卖文物为由,扣留字画。之后,张某几次去区公安分局索要字画,区公安分局都未归还,也没有做出予以没收或归还的决定。为此,张某向区人民法院提起行政诉讼,请求判令区公安分局返还所扣留字画。

法院经过审理认为,张某所收藏的字画属于文物,但所谓的倒卖行为是在区公安分局警察的引诱、诱导下形成的,区公安分局已构成滥用职权,因此其扣押字画的行为也是违法的。所以判决区公安分局于10日内返还扣押字画。

第一节 行政法概述

一、行政法的概念和调整对象

1. 行政法的概念

行政法是指行政主体在行使行政职权和接受行政法制监督过程中而与行政相对人、行政法制监督主体之间发生的各种关系,以及行政主体内部发生的各种关系的法律规范的总称。

2. 行政法的调整对象

行政法的调整对象是行政关系。其主要包括以下四类:

(1) 行政管理关系。即行政机关、法律法规授权的组织等行政主体在行使行政职权过程中,与公民法人和其他组织等行政相对人之间发生的各种关系。行政主体与行政相对人之间形成的行政管理关系,是行政关系中的主要部分。行政主体的大量行政行为,如行政许可、行政征收、行政给付、行政裁决、行政处罚、行政强制等,大部分都是以行政相对人为对象实施的,从而与行政相对人之间产生行政关系。

(2) 行政法制监督关系。即行政法制监督主体在对行政主体及其公务人员进行监督时发生的各种关系。所谓行政法制监督主体,是指根据宪法和法律授权,依法定方式和程序对行政职权行使者及其所实施的行政行为进行法制监督的国家权力机关、国家司法机关、行政监察机关等。

(3) 行政救济关系。即行政相对人认为其合法权益受到行政主体做出的行政行为的侵犯,向行政救济主体申请救济,行政救济主体对其申请予以审查,做出向相对人提供或不提供救济决定而发生的各种关系。所谓行政救济主体,是指法律授权其受理行政相对人申诉、控告、检举和行政复议、行政诉讼的国家机关。

(4) 内部行政关系。即行政主体内部发生的各种关系,包括上下级行政机关之间的关系,平行行政机关之间的关系,行政机关与其内设机构、派出机构之间的关系,行政机关与国家公务员之间的关系,行政机关与法律法规授权组织之间的关系,行政机关与其委托行使某种行政职权的组织的关系等等。

二、行政法的特点

1. 行政法尚没有统一完整的实体行政法典

因为行政法涉及的社会领域十分广泛,内容纷繁丰富,行政关系复杂多变,因而难以制定一部全面而又完整的统一法典。行政法散见于层次不同、名目繁多、种类不一、数量可观的各类法律、行政法规、地方性法规、规章以及其他规范性文件之中。凡是涉及行政权力的规范性文件,均存在行政法规范。重要的综合性行政法制在我国和国外主要有:行政组织法、国家公务员法、行政处罚法、行政强制法、行政许可法、行政程序法、行政公开法、行政复议法、行政诉讼法、国家赔偿法等。

2. 行政法涉及的领域十分广泛,内容十分丰富

因为现代行政权力的急剧膨胀,其活动领域已经不限于外交、国防、治安、税收等领域,而是扩展到了社会生活的各个方面。因此,这就决定了各个领域所发生的社会关系均需要行政法来调整,现代行政法适用的领域更加广泛,内容也更加丰富。

3. 行政法具有很强的变动性

由于社会生活和行政关系的复杂多变,因而作为行政关系调节器的行政法律规范也具有较强的变动性,需要经常进行废、改、立。

三、行政法的基本原则

在我国,行政法的基本原则主要包括以下六项:

1. 依法行政原则

依法行政原则,即行政机关必须依法行使行政权。该原则具体又可分为四项子原则。

(1) 法律优先原则。指法律位阶高于行政法规、行政规章和行政命令,一切行政法规、行政规章和行政命令皆不得与法律相抵触。

(2) 法律保留原则。指立法法第八条所规定的事项只能由法律规定。又分为绝对保留和相对保留。绝对保留如有关犯罪和刑罚、对公民政治权利的剥

夺和限制公民人身自由的强制措施的处罚、司法制度等事项,必须由法律规定,不得授权行政机关作出规定;相对保留如立法法第八条规定的其他事项,全国人民代表大会及其常务委员会可以授权国务院先制定行政法规。

(3)职权法定原则。指行政机关的任何职权的取得和行使,都必须依据法律规定,否则不得行使。

(4)责任政府原则。指行政机关和国家公务员违法行政必须承担法律责任:既包括行政机关的行政行为被撤销、变更的责任和行政赔偿责任等,也包括国家公务员因违法失职而应承担的行政处分责任和引咎辞职责任等。

2. 合理行政原则

合理行政原则,即行政机关做出的行政行为内容要客观、适度、符合理性。

合理行政原则产生的主要原因是行政自由裁量权的存在与扩大。自由裁量权指行政机关的自行决定权,即对具体行政行为的方式、范围、各类、幅度等的选择权。从机关性质上说,行政机关应当是执行法律的机关,其行为皆应依法实施,但由于行政事务的复杂性,立法机关不可能通过严密的法律规范完全约束行政行为,故不得不在事实上和法律上承认行政机关的一定程度的行为选择权,即自由裁量权。为了执行公务的需要,行政裁量权必须存在,但由于行政裁量权较少受到法律的约束,因而常常产生滥用的事实或出现行政处罚显失公正的后果。行政裁量权的滥用和行政裁量显失公正,都是对行政法治的破坏,因此我们既应当承认自由裁量权的作用,又应当加强对自由裁量权的控制。

合理行政原则从实质方面对自由裁量行为提出了要求,它的出现是行政法原则的一个重大发展。合理行政原则的具体要求是:

(1)行政行为的动因应符合行政目的;

(2)行政行为应建立在正当考虑的基础之上;

(3)行政行为的内容应客观、适度、合乎情理。

3. 行政应急原则

行政应急原则,是指在特殊紧急情况下,由于国家安全、社会秩序或公共利益的需要,行政机关可以采取没有明确法律依据的或与通常状态下法律规定相抵触的措施。它是依法行政原则的例外,但是应急性原则并非排斥行政合法性原则,排斥任何法律控制,不受限制的行政应急权力同样是不容许的。

4. 高效便民原则

高效便民是指行政机关能够依法高效率、高效益地行使职权,最大程度地方便人民群众。效率针对行政管理的过程,是办事速度方面的要求;效益则针对行政管理结果,要求以较少的行政资源投入实现行政管理目的,并且取得好的效果。高效便民,是衡量行政机关工作质量的重要标准,也是决定行政机关能否真正落实服务于民宗旨的重要环节。

5. 行政公开原则

行政公开原则是指将行政权力运行的依据、过程和结果向相对人和公众公开,使相对人和公众知悉。行政公开原则的基本涵义是:首先,政府行为除依法应保密的以外,应一律公开进行;其次,行政法规、规章、行政政策以及行政机关作出影响行政相对人权利义务的行为的标准、条件、程序应依法公报,让相对人依法查阅、复制;最后,有关行政会议、会议决议、决定以及行政机关及其工作人员的活动情况应允许新闻媒体依法采访、报道和评论。

6. 权责统一原则

权责统一原则由两个方面的内涵构成:一是行政效能,指的是行政活动的实施应当达到其既定目标,为了保证行政目标的顺利实现,法律、法规应当赋予行政机关以一定的执法手段,并通过这些手段的运用排除其在职能实现过程中遇到的障碍。二是行政责任,指的是当行政机关违法或者不当行使职权时,应当依法承担法律责任,从而实现权力和责任的统一,这一要求是行政赔偿制度建立的理论基础。权责统一原则的内涵,也可以被概括为:执法有保障、有权必有责、用权受监督、违法受追究、侵权须赔偿。

四、行政法律关系

1. 行政法律关系的概念

行政法律关系是指受行政法律规范调控的因行政活动(权利活动和非权利活动)而形成或产生的各种权利义务关系。这种关系既应包括在行政活动中所形成的行政主体与行政相对人之间的行政法上的权利义务关系,也应包括因行政活动产生或引发的救济或监督关系。

2. 行政法律关系的构成要素

(1) 行政法律关系主体。又称为行政法主体,指行政法权利、义务的承担者。行政法律关系的主体由行政主体和行政相对人构成。行政主体是依法行使行政职权、并对其后果承担责任的国家行政机关和法律法规授权的组织。

(2) 行政法律关系客体,是指行政法律关系参加者的权利、义务所指向的对象。行政法律关系客体的范围十分广泛,可概括为以下几种:物,智力成果,行为。

(3) 行政法律关系的内容,是指行政法上的权利和义务,还包括引起法律关系变动的原因和事实等,但核心部分是权利和义务。

第二节　行政法律关系主体

一、行政主体概述

1. 行政主体的概念

行政主体是指拥有国家行政权,能以自己的名义行使行政职权,并能独立承担由此产生的相应法律责任的组织。

2. 行政主体的特征

（1）行政主体是一种组织,而不是个人;

（2）行政主体是享有国家行政权力,实施行政活动的组织;

（3）行政主体是能够以自己的名义实施行政管理活动的组织;

（4）行政主体是能够承担其行为所产生的法律责任的组织。

3. 行政主体的分类

（1）依取得资格的法律依据,可分为职权性行政主体、授权性行政主体。

（2）依行政主体的组织构成,可分为行政机关、行政机构、公务组织、社会组织。

（3）依所实施行为的性质,可分为单独行政主体、共同行政主体。

二、行政机关

1. 行政机关的概念

行政机关是按照宪法或有关组织法的规定而设立的依法行使国家行政职权,对国家各项行政事务进行组织和管理的国家机关。行政机关既包括各级政府,也包括宪法、法律、法规确立的能以自己名义行使行政权的各类政府职能部门。

2. 我国现行行政机关体系

（1）中央行政机关。

① 国务院。中华人民共和国国务院,即中央人民政府,是最高国家权力机关的执行机关,是最高国家行政机关。

② 国务院各部(委员会)。国务院各部(委员会),是负责国家行政管理某一方面事务或某些职能的工作机构,是国务院的组成部分。

③ 国务院直属机构。根据宪法和有关法律规定,国务院可以根据工作需要和精简的原则设立若干直属机构,主管某项专门业务。

④ 国务院各部(委员会)管理的国家局。

⑤ 国务院的办公室和办事机构。

(2) 地方行政机关。

① 地方人民政府。地方各级人民政府是地方各级人民代表大会的执行机关,是地方各级国家行政机关。

② 地方政府的工作部门。

③ 地方政府的派出机关。地方人民政府、地方人民政府的工作部门、地方人民政府的派出机关享有行政权力、能以自己的名义行使行政权、能够独立承担法律责任,都属于行政主体。

3. 行政机关构成条件

行政机关资格的取得,应具备以下条件:

(1) 其成立获法定机关批准;

(2) 已由组织法确定了职责权限;

(3) 有法定行政编制并按编制配备了人员;

(4) 有独立的行政经费;

(5) 有办公地点和必要的办公条件;

(6) 通过公开的方式宣告成立。

行政机关要获得行政执法权,还必须有法律、法规和规章的具体规定。

4. 行政机关的特征

(1) 行使国家行政职权,管理国家事务。

(2) 行政机关在组织体系上实行领导从属制。

(3) 行政机关在决策体制上一般实行首长负责制。

(4) 行政机关行使职能通常是主动的、经常的和不间断的。

(5) 行政机关是最经常、最直接、最广泛的和个人、组织打交道。

三、公务员

1. 公务员的概念

公务员是指依法履行公职、纳入国家行政编制、由国家财政负担工资福利的工作人员。

公务员须同时具备以下三个要件:依法履行公职,纳入国家行政编制,由国家财政负担工资福利。公务员除了行政系统的公务员,还包括政党系统的公务员,权力机关的公务员,政治协商会议系统的公务员,司法机关的公务员等。

2. 公务员职务

公务员职务分为领导职务和非领导职务。领导职务层次分为:国家级正职、国家级副职、省部级正职、省部级副职、厅局级正职、厅局级副职、县处级正职、县处级副职、乡科级正职、乡科级副职。非领导职务层次在厅局级以下设置。综合管理类的非领导职务分为:巡视员、副巡视员、调研员、副调研员、主任科员和副主任科员。

3. 公务员义务

根据《公务员法》第12条规定,公务员有9项义务:模范遵守宪法和法律;按照规定的权限和程序认真履行职责,努力提高工作效率;全心全意为人民服务,接受人民监督;维护国家的安全、荣誉和利益;忠于职守,勤勉尽责,服从和执行上级依法作出的决定和命令;保守国家秘密和工作秘密;遵守纪律,恪守职业道德,模范遵守社会公德;清正廉洁,公道正派;法律规定的其他义务。

4. 公务员权利

国家公务员的权利从内容构成分析,基本上可以归纳为三个方面:

(1) 国家公务员的政治权利,是指法律规定国家公务员参与国家政治生活的民主权利和政治上表达个人见解和意愿的自由。

(2) 国家公务员的物质经济保障权利,是指国家公务员依法享有物质经济利益方面的权利。

(3) 国家公务员的文化教育权利,是指国家公务员参加政治理论和业务知识培训的权利。这是提高公务员自身政治素质和业务素质,提高工作能力的需要。

5. 公务员法律关系

公务员法律关系,是指一般公民经过法定程序成为公务员,基于其所担任的职位而与国家之间构成的权利义务关系。

(1) 公务员法律关系的发生。

公民经过法定程序成为公务员,从而与国家发生公务员法律关系,在我国,法定形式有以下几种:考任制、聘任制、选任制、委任制、调任制。

(2) 公务员法律关系的变更。

公务员法律关系的变更是指由于发生某些事实或行为,致使公务员职务关系发生变化的情形。主要包括晋升、降职、交流、撤职、领导成员的辞职和引咎辞职五种情形。

(3) 公务员法律关系的消灭。

公务员法律关系的消灭是指由于发生某些事实或行为致使公务员法律关

系不能继续存在。公务员法律关系的消灭主要有死亡、丧失国籍、辞退、辞职、离休和退休等情况。

四、行政相对人

1. 行政相对人的概念

行政相对人,是指在具体的行政法律关系中与行政主体相对应的另一方当事人,即在行政关系中处于被管理地位的公民、法人或其他组织。

2. 行政相对人的法律特点

(1) 行政相对人在行政管理关系中具有相对性。

(2) 行政相对人在行政管理法律关系中,也是行政法律关系主体。

(3) 在权利义务上,行政相对人不具有国家行政权但享有一系列实体上、程序上的权利,也承担法律规定的义务。

3. 行政相对人的分类

(1) 根据行政相对人的状态,可分为个人类行政相对人与组织类行政相对人。

(2) 根据行政相对人的涉外因素,可分为国内行政相对人与国外行政相对人。

(3) 受益性行政相对人和受限性行政相对人。

(4) 根据行政主体对行政相对人应当履行的义务角度,可分为普通行政相对人和特定行政相对人。

4. 行政相对人的范围

(1) 国家组织:国家行政机关、国家权力机关、国家审判机关、国家检察机关、国家军事机关等都可以成为外部行政相对的一方。

(2) 社会组织:是国家组织以外的结合体,包括企业、事业单位和社会团体等。

(3) 中华人民共和国公民:指具有中华人民共和国国籍的人。

(4) 外国组织和外国人

五、行政法制监督主体

1. 行政法制监督的概念

指国家权力机关、司法机关、上级行政机关、专门行政监督机关及国家机关系统外部的个人、组织,依法对行政主体及国家公务员、其他行政执法组织和执法人员,行使行政职权行为和遵纪守法行为的监督。

2. 行政法制监督主体的种类及监督内容

(1) 国家权力机关的监督。具体包括:① 全国人大常委会对行政立法的监督。② 省、自治区、直辖市人大常委会对地方政府规章的监督。③ 其他地方国家权力机关对相应地方人民政府规范性文件的监督。④ 国家权力机关对各级人民政府组成人员的监督。

(2) 国家司法机关的监督。具体包括人民法院的监督和人民检察院的监督。

(3) 上级行政机关的监督。

(4) 专门行政监督机关的监督。具体包括行政监察机关的监督和国家审计机关的监督。

(5) 国家机关系统外部的个人、组织的监督。

第三节 行政行为

一、行政行为概述

1. 行政行为的概念

行政行为是指行政主体行使行政职权,作出的能够产生行政法律效果的行为。

2. 行政行为的特征

(1) 行政行为是执行法律的行业,具有从属法律性。任何行政行为均须有法律根据。

(2) 行政行为具有一定的裁量性。

(3) 行政行为主体在实施行政行为时具有单方意志性,不必与行政相对方协商或征得其同意,即可依法自主作出。

(4) 行政行为是以国家强制力保障实施的,带有强制性,行政相对方必须服从并配合行政行为。

3. 行政行为分类

(1) 依据实施行政行为时所形成的法律关系的不同,行政行为可分为行政立法行为、行政执法行为、行政司法行为三类。

(2) 以行政行为是否具备一定的法定形式为标准,行政行为可分为要式行政行为和不要式行政行为。

(3) 根据行政行为实施的对象及适用力的不同,行政行为可分为抽象行政行为和具体行政行为。

(4) 以行政行为的实施是否由行政相对方申请为标准,行政行为可分为依职权行政行为和依申请行政行为。

(5) 根据决定行政行为时参与意思表示的当事人的数目不同,行政行为可分为单方行政行为、双方行政行为和多方行政行为。

4. 行政行为的内容

行政行为的内容是指某个行政行为对行政相对方的权利、义务等产生的具体影响。主要内容有:赋予权益和剥夺权益;科以义务和免除义务;确认法律事实与法律地位。

5. 行政行为的成立及合法要件

行政行为的成立是指行政行为的形成或作出。一般来说,行政行为的成立应当具备以下条件:主体条件、主观条件、客观条件、法律效果条件。

6. 行政行为的无效、撤销与废止

(1) 行政行为的无效是指行政行为有明显或重大违法情形,自始至终不产生法律效力。

(2) 行政行为的撤销是指对已经发生法律效力的行政行为,如发现其违法或不当,由有权国家机关予以撤销,使其失去法律效力。

(3) 行政行为的废止是指已经发生法律效力的行政行为,因某种法定情形而依法宣布其失去法律效力。

二、行政立法

1. 行政立法的概念

指国家行政机关依法定权限和程序制定行政法规、规章的活动。

2. 行政立法的特征

(1) 行政立法的主体是特定行政机关。

(2) 行政立法的内容具有普遍性、规范性和强制性、从属性、多样性、灵活性、权限和程序的法定性等特征。

(3) 行政立法具有立法性质、行政性质和宪政性质。

3. 行政立法的种类

(1) 授权立法:替代法律的授权立法;特别授权立法;法条授权。

(2) 职权立法,指行政机关根据宪法和组织法所进行的立法活动。

4. 行政立法的主体

行政立法主体是指依法取得行政立法权,可以制定行政法规或行政规章的国家行政机关。我国行政立法的主体包括国务院、国务院各部门以及各省、自治区、直辖市人民政府和较大市的人民政府。

5. 行政立法的基本程序

行政立法程序一般包括以下几个步骤:起草、征求意见、审查、通过、签署、发布与备案。

6. 对行政立法的监督

对行政立法的监督主要表现在以下几方面:权力机关对行政立法的监督、上级行政机关对下级行政机关行政立法的监督、人民法院对行政立法的监督。

三、行政许可

1. 行政许可的概念

指在法律一般禁止的情况下,行政主体根据行政相对方的申请,经依法审查,通过颁发许可证、执照等形式,赋予或确认行政相对方从事某种活动的法律资格或法律权利的一种具体行政行为。

2. 行政许可的特征

(1) 行政许可是依法申请的行政行为。

(2) 行政许可的内容是国家一般禁止的活动。

(3) 行政许可是行政主体赋予行政相对方某种法律资格或法律权利的具体行政行为。

(4) 行政许可是一种外部行政行为。

(5) 行政许可是一种要式行政行为。

3. 行政许可的种类

从行政许可的性质、功能和适用条件的角度来说,大体可以划分为五类:普通许可、特许、认可、核准、登记。

(1) 普通许可,是准许符合法定条件的相对人行使某种权利的行为。

(2) 特许,是行政机关代表国家向被许可人授予某种权力或者对有限资源进行有效配置的管理方式。

(3) 认可,是对相对人是否具有某种资格、资质的认定,通常采取向取得资格的人员颁发资格、资质证书的方式。

(4) 核准,是行政机关按照技术标准、经济技术规范,对申请人是否具备特定标准、规范的判断和确定。

(5) 登记,是行政机关对个人、企业是否具有特定民事权利能力和行为能力的主体资格和特定身份的确定。

4. 行政许可的原则

(1) 合法性原则。

(2) 公开、公平、公正原则。

(3) 便民原则。

(4) 救济原则。

(5) 依赖保护原则。

(6) 行政许可一般不得转让原则。

(7) 监督原则。

5. 行政许可的实施主体

行政许可的实施主体是指行使行政许可权并承担相应责任的行政机关和法律、法规授权的具有管理公共事务职能的组织。

行政许可的实施主体主要有以下三种：

(1) 法定的行政机关。

(2) 被授权的具有管理公共事务职能的组织。

(3) 被委托的行政机关。

四、行政强制执行

1. 行政强制执行的概念

指公民、法人或其他组织不履行行政法上的义务，行政机关或人民法院依法采取强制措施，迫使其履行义务的具体行政行为。

2. 行政强制执行的特征

(1) 行政强制执行以行政相对方不履行行政法上的义务为前提。

(2) 行政强制执行由法律规定的行政机关或者人民法院实施。

(3) 行政强制执行的对象范围广泛。

(4) 行政强制执行不允许进行执行和解。

3. 行政强制执行的种类

(1) 间接强制执行。

间接强制执行是指行政主体通过间接手段迫使义务人履行其应当履行的法定义务或者达到与履行义务相同状态的行政强制措施。

间接强制执行可分为代执行和执行罚两种。

(2) 直接强制执行。

直接强制执行是指义务人拒不履行其应当履行的义务时，行政强制执行机关对其人身或财产施以强制力，直接强制义务人改造义务，或者通过强制手段达到与义务人履行义务相同状态的一种强制执行措施。

4. 行政强制执行的具体实施方式

实施行政强制执行的具体方式一般可分为以下三类:

(1) 对财产的行政强制执行方式:强制划拨、强制扣缴、强行退还、强行拆除。

(2) 对人身的行政强制执行方式:强制拘留、强制传唤、强制履行、遣送出境。

(3) 对行为的行政强制执行措施,即强制实施某种行为,这种情况目前还较为少见。

5. 行政强制执行的原则

(1) 强制与教育相结合原则。

(2) 依法强制执行原则。

(3) 强制执行适当原则。

(4) 目的实现原则。

五、行政处罚

1. 行政处罚的概念

指具有行政处罚权的行政主体为维护公共利益和社会秩序,保护公民、法人或其他组织的合法权益,依法对行政相对人违反行政法律法规而尚未构成犯罪的行政行为所实施的法律制裁。

2. 行政处罚的特征

(1) 行政处罚是以对违法行为人的惩戒为目的,而不是以实现义务为目的

(2) 行政处罚的适用主体是行政机关或法律、法规授权的组织。

(3) 行政处罚的适用对象是作为行政相对方的公民、法人或其他组织,属于外部行政行为。

(4) 行政处罚的前提是相对方实施了违反行政法律规定的行为,而非违反了刑法、民法等其他法律规范的行为。

3. 行政处罚的原则

(1) 处罚法定原则。是指处罚依据是法定的,实施处罚的主体是法定的,实施处罚的职权是法定的,处罚程序是法定的。

(2) 处罚公正、公开原则。指行政处罚的依据及处罚中的有关内容必须公开,且不能违反公正的程序。

(3) 处罚与违法行为相适应的原则。指实施的行政处罚必须与受罚人的

违法行为的事实、性质、情节及社会危害程序相适应。

(4) 处罚与教育相结合的原则。行政处罚不仅仅是一种制裁,它兼有惩戒与教育的双重功能,要通过处罚达到教育的目的。

(5) 不免除民事责任、不取代刑事责任原则。行政相对方因违法受到行政处罚,其违法行为对他人造成损害的,应当依法承担民事责任;违法行为严重构成犯罪的,应当依法追究刑事责任。

(6) 救济原则。行政机关给予行为人行政处罚,必须为其提供救济途径,否则,就不应对其实施处罚。

(7) 处罚追究时效原则。自违法行为终止之日算起,二年内未追究责任的不再处罚。

4. 行政处罚的种类

行政处罚的种类,主要是指行政处罚机关对违法行为的具体惩戒制裁手段。

我国的行政处罚可以分为以下几种:

(1) 人身罚。是指特定行政主体限制和剥夺违法行为人的人身自由的行政处罚。这是最严厉的行政处罚,人身罚主要是指行政拘留和劳动教养。

(2) 行为罚。是指行政主体限制或剥夺违法行为人特定的行为能力的制裁形式。包括:责令停产、停业,暂扣或者吊销许可证和营业执照。

(3) 财产罚。是指行政主体依法对违法行为人给予的剥夺财产权的处罚形式。它是运用最广泛的一种行政处罚。包括:罚款,没收财物(没收违法所得、没收非法财物等)

(4) 申请罚。是指行政主体对违反行政法律规范的公民、法人或其他组织的谴责和警戒。它是对违法者的名誉、荣誉、信誉或精神上的利益造成一定损害的处罚方式。包括:警告,通报批评。

第四节 行政复议

一、行政复议的概念和特征

1. 行政复议的概念

行政复议是指公民、法人或者其他组织不服行政主体作出的具体行政行为,认为行政主体的具体行政行为侵犯了其合法权益,依法向法定的行政复议机关提出复议申请,行政复议机关依法对该具体行政行为进行合法性、适当性审查,并作出行政复议决定的行政行为。

2. 行政复议的特征

(1) 提出行政复议的人,必须是认为行政机关行使职权的行为侵犯其合法权益的法人和其他组织。

(2) 当事人提出行政复议,必须是在行政机关已经做出决定之后,如果行政机关尚没做出决定,则不存在复议问题。复议的任务是解决行政争议,而不是解决民事或其他争议。

(3) 当事人对行政机关的行政决定不服,只能按法律规定,向有行政复议权的行政机关申请复议。

(4) 行政复议,以书面审查为主,以不调解为原则。行政复议的结论做出后,即具有法律效力。只要法律未规定复议决定为终局裁决的,当事人对复议决定不服的,仍可以按行政诉讼法的规定,向人民法院提起诉讼。

二、申请行政复议的范围

《中华人民共和国行政复议法》第六条规定:有下列情形之一的,公民、法人或者其他组织可以依照本法申请行政复议:

(1) 对行政机关作出的警告、罚款、没收违法所得、没收非法财物、责令停产停业、暂扣或者吊销许可证、暂扣或者吊销执法、行政拘留等行政处罚决定不服的。

(2) 对行政机关作出的限制人身自由或者查封、扣押、冻结财产等行政强制措施决定不服的。

(3) 对行政机关作出的有关许可证、执照、资质证、资格证等证书变更、中止、撤销的决定不服的。

(4) 对行政机关作出的关于确认土地、矿藏、水流、森林、山岭、草原、荒地、滩涂、海域等自然资源的所有权或者使用权的决定不服的。

(5) 认为行政机关侵犯合法的经营自主权的。

(6) 认为行政机关变更或者废止农业承包合同,侵犯其合法权益的。

(7) 认为行政机关违法集资、征收财物、摊派费用或者违法要求履行其他义务的。

(8) 认为符合法定条件,申请行政机关颁发许可证、执照、资质证、资格证等证书,或者申请行政机关审批、登记有关事项,行政机关没有依法办理的。

(9) 申请行政机关履行保护人身权利、财产权利、受教育权利的法定职责,行政机关没有履行的。

(10) 申请行政机关依法发放抚恤金、社会保险金或者最低生活保障费,行政机关没有依法发放的。

(11) 认为行政机关的其他具体行政行为侵犯其合法权益的。

《中华人民共和国行政复议法》第七条规定,公民、法人或者其他组织认为行政机关的具体行政行为所依据的下列规定不合法,在对具体行政行为申请行政复议时,可以一并向行政复议机关提出对该规定的审查申请:

(1) 国务院部门的规定。

(2) 县级以上地方各级人民政府及其工作部门的规定。

(3) 乡、镇人民政府的规定。

《中华人民共和国行政复议法》第八条规定,不服行政机关作出的行政处分或者其他人事处理决定的,依照有关法律、行政法规的规定提出申诉。

不服行政机关对民事纠纷作出的调解或者其他处理,依法申请仲裁或者向人民法院提起诉讼。

第五节　行政赔偿

一、行政赔偿的概念和特征

(1) 行政赔偿是指行政主体违法实施行政行为,侵犯相对人合法权益造成损害时,由国家承担的一种赔偿责任。

(2) 行政赔偿具有以下特征:

① 因行政主体而引起。

② 因行政行为而引起。

③ 因行政行为违法而引起。

④ 因合法权益造成损害而引起。

二、行政赔偿责任的构成要件和归责原则

(1) 构成要件。

根据我国《国家赔偿法》第二条的规定,行政赔偿责任的构成要件由行政主体、行政违法行为、损害后果和因果关系四个部分构成。

(2) 归责原则。

行政赔偿的归责原则,为从法律上确定和判断国家应否承担法律责任提供了最根本的依法与标准。具体包括:

① 过错责任原则。判断行政主体的行为是否合法及要不要赔偿,应以该行

政主体做出该行为时主观上有无过错为标准。

② 无过错原则。不论行政机关实施行政行为时主观上有无过错,只要在结果上给公民造成损害,就要承担赔偿责任。

③ 违法责任原则。所谓违法责任原则,是指行政机关的行为要不要赔偿,以行为是否违反法律为唯一标准。

三、行政赔偿的范围

行政赔偿的范围包括侵犯人身权的违法行政行为和侵犯财产权的违法行政行为两类。

(1) 侵犯公民人身权的违法行政行为有五种:违法拘留或者采取限制公民人身自由的行政强制措施的,非法拘禁或者以其他方法非法剥夺公民人身自由的,以殴打等暴力行为或者唆使他人以殴打等暴力行为造成公民身体伤害或者死亡的,违法使用武器、警械造成公民身体伤害或者死亡的,造成公民身体伤害或者死亡的其他违法行为。

(2) 侵犯财产权的违法行政行为有四种:违法实施罚款、吊销许可证和执照、责令停产停业、没收财物等行政处罚的,违法对财产采取查封、扣押、冻结等行政强制措施的,违反国家规定征收财物、摊派费用的,造成财产损害的其他违法行为。

四、行政赔偿的请求人

行政赔偿的请求人,是指因行政机关及其工作人员违法执行职务而遭受损害,有权请求国家予以赔偿的人。既可以是公民,也可以是法人或者其他组织。

我国法律规定,行政赔偿请求人有以下几种:

(1) 受害的公民,法人和其他组织有权要求赔偿。

(2) 受害公民死亡,其继承人和其他有抚养关系的亲属有权要求赔偿。

(3) 受害的法人或者其他组织终止,承受其权利的法人或者其他组织有权要求赔偿。

五、行政赔偿义务机关

指实施行政行为侵犯公民、法人或者其他组织的合法权益造成损害,有义务代表国家承担赔偿责任的行政主体。两个以上行政主体共同行使职权侵犯相对人合法权益造成损害的,共同行使职权的行政主体是共同赔偿义务机关。

案例分析 >>>

龙泉乡人民政府委托龙泉乡派出所对缴纳“上缴”任务确有困难的贫困户王某施行行政拘留。拘留期间，王某于夜间翻墙逃离，被值班人员潭某发现，潭某速喊人开车追赶王某，潭某与同事李某、吴某在路上拦截王某，欲将王某抓回，王某反抗，吴某将王某抱住后，潭某气急，狠踢王某要害，致其死亡。王某之妻早死，有一母亲85岁，眼瞎耳聋，有一子，患痴呆症，对王某的拘留决定后被子陵县公安局确认违法。

问题：

(1) 本案赔偿义务机关应当是谁？为什么？

(2) 本案的行政赔偿请求人是谁？

(3) 赔偿义务机关可否追偿？如果可以，应当向谁追偿？为什么？

本章小结

行政法，是指行政主体在行使行政职权和接受行政法制监督过程中而与行政相对人、行政法制监督主体之间发生的各种关系，以及行政主体内部发生的各种关系的法律规范的总称。

行政法的调整对象是行政关系，即行政管理关系，行政法制监督关系，行政救济关系，内部行政关系。

行政法的基本原则是：依法行政原则——包括法律优先原则、法律保留原则、职权法定原则、责任政府原则、合理行政原则、行政应急原则、高效便民原则、行政公开原则、权责统一原则。

行政法律关系，是指受行政法律规范调控的因行政活动而形成或产生的各种权利义务关系。这种关系既应包括在行政活动中所形成的行政主体与行政相对人之间的行政法上的权利义务关系，也应包括因行政活动产生或引发的救济或监督关系。

复习思考题

1. 问答题

(1) 简述行政法的基本原则。

(2) 我国现行行政机关体系是什么？

(3) 简述行政法制监督主体的种类及监督内容。

(4) 简述行政行为的特征。
(5) 简述行政许可的特征。
(6) 简述行政强制执行的具体方式。
(7) 简述行政处罚的种类。
(8) 简述申请行政复议的范围。

2. 案例题

严某经所在区工商局批准开办了一家文化用品商店,一日严某所在地工商所人员丁某来到严某的店里,要拿几本书回去看,严某不让。丁某说:"有人举报你的店里卖淫秽书籍,要对你罚款,你现在交罚款。"严某说:"我的店从来没有卖过那种东西,不信你可以查。"丁某说:"我不用查,你如果不交罚款,我就封你的店。"严某无奈当即交了2000元罚款。严某对此向有关机关申请复议,丁某又与复议人员赵某串通捏造严某卖淫秽书籍事实,复议机关维持原来的罚款决定,又作出吊销严某营业执照的决定。严某到处无人帮助解决,两个月后,复议机关认为此案证据不足,经调查确认处罚决定是错误的,随即作出撤销吊销营业执照决定和罚款决定,并对赵某与丁某给予了行政处分。严某对此先向赔偿义务机关申请赔偿,但严某对赔偿义务机关决定给予赔偿的数额不服,遂向本区人民法院作出申请国家赔偿决定。

区人民法院受理了此案。在审理中,经人民法院调解,双方达成如下协议:① 由赔偿义务机关报赔偿返还2000元罚款;② 赔偿吊销营业执照期间租房、水电等必要的开支3500元;③ 按正常营业收入的30%赔偿因吊销营业执照期间不能经营所造成的损失3500元。

请根据以上事实,回答下列问题:
(1) 严某对2000元的罚款不服申请复议的机关是哪个机关?
(2) 设严某突然死亡,可由谁来申请行政复议?
(3) 复议机关向严某收取复议费用200元,有无法律依据?为什么?
(4) 本案中严某所受到的损害,应以谁为赔偿义务机关?
(5) 人民法院对案件的处理方式与结果是否正确?
(6) 丁某与赵某对严某的损害应承担什么责任?

3. 实训题

2011年6月30日,行政强制法经过全国人大常委会五次审议终获通过,将在2012年1月1日开始实行。行政强制法规定行政机关不得在夜间或者法定节假日实施行政强制执行,不得采取停止供水、供电、供热等方式迫使当事人履行行政决定。地方不得自设行政强制措施,行政强制措施权不得委托。

谈谈你对我国行政强制法的感受和建议。

第十一章　刑　　法

本章提要

本章讲述刑法的基础理论，重点讲解刑法的基本原则、犯罪、刑罚、主要罪名等内容及与之相关的基础知识。

本章学习目标

- 熟悉刑法的效力范围；
- 熟悉共同犯罪；
- 掌握刑法基本原则；
- 掌握犯罪的概念和特征；
- 掌握犯罪构成；
- 掌握正当防卫与紧急避险；
- 掌握犯罪预备、未遂和中止。

案例导入

李某犯的是什么罪？[①]

李某长期在甲市行人较多的马路边询问行人是否需要身份证，然后将需要身份证的人的照片、住址等资料送交何某伪造。何某伪造后，李某再交给购买

① 资料来源：www.cnsikao.com，有改动。

者。在此期间,李某使用伪造的身份证办理手机入网手续并使用手机,造成电信资费损失3000余元。为了防止司法人员的抓捕,李某一直将一把三角刮刀藏在内衣口袋中。2001年4月下旬的一天晚上,李某在马路上询问行人是否需要身份证时,发现钱某孤身一人行走,便窜至其背后将其背包(内有价值2000元的财物)夺走后迅速逃跑。钱某大声呼喊抓强盗。适逢民警赵某经过此地,赵某将李某拦住。此时李某掏出三角刮刀,朝赵某的腰部捅了一刀后逃离,致赵某重伤。甲市公安机关抓获李某后,与李某居住地乙市公安机关联系,发现李某是因为在乙市使用信用卡透支1万元后,为逃避银行催收而逃至甲市的。

李某的行为在日常生活中我们都会遇到,学习刑法的相关知识后,你会作出正确的判断。

第一节 刑法概述

一、刑法的概念

1. 刑法的概念

刑法是规定犯罪、刑事责任和刑罚的法律,是掌握政权的统治阶级为了维护本阶级政治上的统治和经济上的利益,根据其阶级意志,规定哪些行为是犯罪并应当负刑事责任,给予犯罪人何种刑事处罚的法律。刑法有广义刑法与狭义刑法之分。广义上的刑法是指一切规定犯罪、刑事责任和刑罚的法律规范的总称,包括刑法典、单行刑法以及非刑事法律中的刑事责任条款。狭义上的刑法是指刑法典,即《中华人民共和国刑法》

2. 刑法的类型

(1) 刑法典。

刑法典是以国家名义颁布的、系统规定犯罪及其刑事责任和处罚的完整性法律。新中国成立以来,我国先后颁布了两部刑法典,即1979年刑法典和1997年刑法典。

(2) 单行刑法。

单行刑法,又称特别刑法,是指在刑法典之外,为了弥补刑法典之不足,立法机关针对特定的犯罪人、特定的时间、地点或特定的事项而制定的修改或补充性刑法规范,其中既有新类型犯罪的增加,也有构成要件的修改和法定刑的调整。单行刑法一般以《决定》或《修正案》的方式出现。

(3) 附属刑法。

附属刑法是指附带规定于经济法、行政法等非刑事法律中的刑法规范。如在一些非刑事法律中涉及的一些刑事条款,即"构成犯罪按刑法规定追究刑事责任或处理",并规定了"参照"、"比照"等字样。这些刑事条款通常只讲罪状,没有单独的法定刑,确切些说不是一个完备的刑法条文。

二、刑法的任务

我国《刑法》第二条规定:"中华人民共和国刑法的任务,是用刑罚同一切犯罪行为作斗争,以保卫国家安全,保卫人民民主专政的政权和社会主义制度,保护国有财产和劳动群众集体所有的财产,保护公民私人所有的财产,保护公民的人身权利、民主权利和其他权利,维护社会秩序、经济秩序,保障社会主义建设事业的顺利进行。"

三、刑法的效力范围

刑法的效力范围即刑法的适用范围,是指刑法在什么地方,对什么人和在什么时间内具有效力。

1. 刑法的空间效力

刑法的空间效力,是指刑法在什么地方和对什么人具有效力,它解决的是国家刑事管辖权的范围问题。

我国《刑法》第六条规定:"凡在中华人民共和国领域内犯罪的,除法律有特别规定的以外,都适用本法。凡在中华人民共和国船舶或者航空器内犯罪的,也适用本法。犯罪的行为或者结果有一项发生在中华人民共和国领域内的,就认为是在中华人民共和国领域内犯罪。"

《刑法》第六条所说的特别规定包括以下三种情况:(1)《刑法》第11条规定:"享有外交特权和豁免权的外国人的刑事责任,通过外交途径解决。"(2)《刑法》第90条规定:"民族自治地方不能全部适用本法规定的,可以由自治区或者省的人民代表大会根据当地民族的政治、经济、文化的特点和本法规定的基本原则,制定变通或者补充的规定,报请全国人民代表大会常务委员会批准施行。"(3) 根据《中华人民共和国香港特别行政区基本法》、《中华人民共和国澳门特别行政区基本法》的规定,适应"一国两制"的要求,《中华人民共和国刑法》不在香港、澳门特别行政区适用。台湾和内地的统一问题,也采用"一国两制"的方针。

2. 我国《刑法》对人的效力

(1) 对中华人民共和国公民的适用。

① 在我国领域内的适用。根据《刑法》第六条规定的精神,除法律有特别规定的以外,我国公民在我国领域内犯罪的,都适用本刑法。

② 在我国领域外的适用。《刑法》第七条规定:"中华人民共和国公民在中华人民共和国领域外犯本法规定之罪的,适用本法,但是按本法规定的最高刑为三年以下有期徒刑的,可以不予追究。""中华人民共和国国家工作人员和军人在中华人民共和国领域外犯本法规定之罪的,适用本法。"

(2) 对外国人的适用。

① 在我国领域内的适用。外国人在我国领域内犯罪,除《刑法》第11条规定的享有外交特权和豁免权的外国人的刑事责任通过外交途径解决外,其他外国人犯罪的一律适用我国刑法。

② 在我国领域外的适用。《刑法》第八条规定了外国人在我国领域外犯罪的刑法适用,即"外国人在中华人民共和国领域外对中华人民共和国国家或者公民犯罪,而本法规定的最低刑为三年以上有期徒刑的,可以适用本法,但是按照犯罪地的法律不受处罚的除外"。

3. 我国《刑法》关于普遍管辖的规定

我国《刑法》第九条规定:"对于中华人民共和国缔结或者参加的国际条约所规定的罪行,中华人民共和国在所承担条约义务的范围内行使刑事管辖权的,适用本法。"这是我国刑法关于普遍管辖的规定。根据这一规定,凡是我国缔结或者参加的国际条约所规定的罪行,无论犯罪人是中国公民还是外国人,犯罪的行为或结果发生在什么地方,是否侵害了我国国家或者公民的利益,我国在承担条约义务的范围内,凡是不引渡给有关国家的,都适用我国刑法。

4. 刑法的时间效力

刑法的时间效力,是指刑法在什么时间生效、失效以及对刑法生效以前的行为是否具有溯及力的问题。刑法的溯及力,是指刑法生效以后,对于其生效以前未经审判或者判决尚未确立的行为是否适用的问题。如果适用,即有溯及力;如果不适用,则没有溯及力。

我国《刑法》第12条规定:"中华人民共和国成立以后本法施行以前的行为,如果当时的法律不认为是犯罪的,适用当时的法律;如果当时的法律追究刑事责任,但是如果本法不认为是犯罪或者处刑较轻的,适用本法。""本法施行以前,依照当时的法律已经作出的生效判决,继续有效。"

四、刑法的解释

刑法的解释是指对刑法规范蕴含的阐述。刑法条文所具有的一定程度上的抽象性和稳定性，决定了刑法解释在正确领会立法意图、准确适用法律上的必要性。

1. 立法解释、司法解释与学理解释

根据解释的效力，刑法解释可以分为立法解释、司法解释和学理解释。

(1) 立法解释是由全国人民代表大会及其常务委员会对刑法规范本身需要明确界限，或者为解决最高人民法院和最高人民检察院有关刑法的原则性分歧而进行的解释。立法解释具有与法律同等的效力。

(2) 司法解释是由司法机关对刑法含义所作的解释。有权进行司法解释的司法机关是最高人民法院和最高人民检察院。我国司法解释的范围只限于审判工作和检察工作中如何具体运用刑法规范的问题，解释的效力只限于全国的审判工作和检察工作。

(3) 学理解释是由国家宣传机构、社会组织、教学科研单位或专家学者从学理上对刑法含义所作的解释。

2. 文理解释与论理解释

按照解释的方法，刑法解释可以分为文理解释和论理解释。

(1) 文理解释是对法律条文的字义，包括单词、概念、术语以及标点符号，从文理上所作的解释。

(2) 论理解释是按照立法精神，联系有关情况，从逻辑上所作的解释。其主要特点是，从条文的内部结构关系及条与条之间的相互联系上，探求立法的意图，阐明立法的主要精神。论理解释可以分为以下几种：

① 扩张解释。扩张解释是指根据立法精神，结合社会的现实需要，将刑法条文的含义作扩大范围的解释。

② 限制解释。限制解释是指将刑法条文的含义作限制范围的解释，即解释的内容较之刑法条文的词义范围为小。例如，将《刑法》第 111 条规定的“情报”限定为“关系国家安全和利益、尚未公开或者依照有关规定不应公开的事项”，就是限制解释。

③ 当然解释。当然解释是指刑法规定虽未明示某一事项，但依刑法规范目的、事物属性和形式逻辑，将该事项当然包括在该规范适用范围内的解释。

第二节 刑法的基本原则

刑法的基本原则,是指贯穿全部刑法规范、体现我国刑事法制的基本性质与基本精神、具有指导和制约全部刑事立法和刑事司法意义的准则。

一、罪刑法定原则

罪刑法定原则:是指"法无明文规定不为罪"、"法无明文规定不处罚"。这一法律格言是对罪刑法定含义的高度概括。罪刑法定原则要求禁止类推,即对刑法没有明文规定为犯罪的行为,不可比照刑法分则中最相类似的条文定罪量刑。同时,此原则还禁止溯及既往,即对未经审判的行为或者判决尚未确定的行为适用审判时的法律而不可适用行为时的法律,否则用事后的法律罚治先前的行为是对行为人的不公平。

罪刑法定原则的司法适用。刑事立法上的罪刑法定原则要付诸实现,有赖于司法机关实际的执法活动。罪刑法定原则对司法活动的基本要求正是执法活动所贯穿的"有法必依、执法必严、违法必究"的法制原则。司法实践应当注意以下几个问题:

第一,正确认定犯罪和判处刑罚。对于刑法明文规定的各种犯罪,必须以事实为根据,以法律为准绳,认真把握犯罪的本质特征和犯罪构成的具体要件,严格区分罪与非罪、此罪与彼罪的界限。做到定性准确,名符其实。对各种犯罪的量刑,也必须严格以法定情节及法定刑为依据。定罪和处刑都必须于法有据。

第二,正确进行司法解释。司法解释是统一、协调地适用刑法的重要手段,但应当注意进行司法解释不能超越其应有的权限,不能违反法律规定的真实意图,更不能以司法解释代替刑事立法。否则,就会背离罪刑法定原则。

二、适用刑法人人平等原则

适用刑法人人平等,是指"对任何人犯罪,在适用法律上一律平等。不允许任何人有超越法律的特权。"刑法人人平等原则是我国《宪法》"法律面前,人人平等"原则在刑法中的具体化。

适用刑法人人平等原则的基本要求是:坚持刑事司法公正,反对特权。无论是追究犯罪人,还是保护被害人,均应切实贯彻适用刑法上的平等与公正。

就犯罪人而言,任何人犯罪,都应当受到法律的追究;任何人不得享有超越法律规定的特权;不论犯罪人的社会地位、家庭出身、民族、宗教、信仰、职业状况、财产状况、政治面貌、才能业绩如何,都一律平等地适用刑法。在定罪量刑时,不应因这些非犯罪构成因素和法定量刑情节而有所区别,而要平等地依法惩处。

就被害人而言,任何人受到犯罪侵害,都应当依法追究犯罪、保护被害人的权益;被害人同样的权益,应当受到刑法同样的保护;不得因为被害人身份、地位、民族、宗教、信仰、政治面貌、财产状况等情况的不同而对犯罪和犯罪人予以不同的刑法适用。

当然,在符合刑法公正性的前提下,适用刑法人人平等原则并不否定因犯罪人或被害人的特定的个人情况而在立法上、司法上有所区别。例如,刑法典规定,对不满 18 周岁的人犯罪应当从宽处罚,对奸淫不满 14 周岁的幼女的要按照强奸罪从重处罚等等。

因此,适用刑法人人平等原则不是孤立地、机械地调节刑法适用的,它要和罪责刑相适应原则相互配合,来合理地调节刑法的适用。

三、罪责刑相适应原则

罪责刑相适应原则的基本含义是:"刑罚的轻重,应当与犯罪分子所犯罪行和承担的刑事责任相适应。"

罪责刑相适应原则的要求是:

(1) 罪责刑相适应原则的立法要求:依据罪责刑相适应的原则设置体现区别对待的刑罚制度和轻重有别的具体犯罪的法定刑幅度。刑事立法对各种犯罪的处罚原则规定,对刑罚裁量、刑罚执行制度以及对各种犯罪法定刑的设置,不仅要考虑犯罪的社会客观危害性,而且要考虑行为人的主观恶性和人身危险性。其具体表现是:

第一,刑法确立了科学严密的刑罚体系。

第二,刑法规定了区别对待的处罚原则与刑罚制度。刑法典总则根据各种行为的社会危害性程度和人身危险性的大小,规定了轻重有别的处罚原则。例如对于防卫过当、避险过当构成犯罪者应当减轻或者免除处罚;对累犯从重处罚等。这都体现了罪责刑相适应原则。

第三,刑法分则设立了轻重不同的具体犯罪的法定刑幅度。

(2) 罪责刑相适应原则的司法要求:在刑事司法中,法官对犯罪分子裁量刑罚,不仅要看犯罪行为及其所造成的危害结果,而且要看整个犯罪事实包括罪行和罪犯各方面因素综合体现的社会危害性程度,讲求刑罚个别化。纠正重刑主义的错误思想和不同法院量刑轻重悬殊的现象,实现执法中的平衡和协调统一,强化量刑公正的执法观念。

第三节 犯 罪

一、犯罪的概念和特征

1. 犯罪的概念

我国《刑法》第 13 条对犯罪作了明确的规定:"一切危害国家主权、领土完整和安全,分裂国家、颠覆人民民主专政的政权和推翻社会主义制度,破坏社会秩序和经济秩序,侵犯国有财产或者劳动群众集体所有的财产,侵犯公民的人身权利、民主权利和其他权利,以及其他危害社会的行为,依照法律应当受刑罚处罚的,都是犯罪;但是情节显著轻微、危害不大的,不认为是犯罪。"

2. 犯罪的特征

犯罪的基本特征是指犯罪行为区别于其他违法行为的基本特点,犯罪行为肯定是违法行为,但并不是所有的违法行为都是犯罪,只有具备了特定的法律特征和事实特征的违法行为才是犯罪。

(1) 严重的社会危害性。

犯罪的本质特征。所谓社会危害性,是指行为对刑法所保护的社会关系造成或可能造成的各种损害的特性。犯罪的社会危害性是质和量的统一,没有社会危害性,就没有犯罪;社会危害性没有达到相当的程度,也不构成犯罪。

(2) 刑事违法性。

犯罪的法律特征。所谓刑事违法性,指行为人没有遵守刑事法律规范,实施了刑法上所禁止的行为,或拒不实施刑法所要求的行为。这里的刑事法律规范是从广义的角度而言的,既包括刑法总则,又包括刑法分则;既指刑法典,又指特别刑法和附属刑法规范。社会危害性是刑事违法性的基础和前提;刑事违法性是社会危害性在法律上的表现。强调犯罪的刑事违法性特征是坚持罪刑法定原则的必然逻辑结论。只有当行为不仅具有社会危害性,而且具有刑事违法性,才能被认定为犯罪。

(3) 应受刑罚处罚性。

犯罪的基本特征之一。所谓刑罚当罚性,是指行为人对其实施的严重危害社会、触犯刑律的行为,应当承担刑罚处罚的法律后果。犯罪是适用刑罚的前提,刑罚是犯罪的法律后果。如果一个行为不应当受刑罚处罚,也就意味着它不是犯罪。

二、犯罪构成

所谓犯罪构成是指刑法规定的犯罪行为所应当具备的一切客观和主观要件的总和。刑法规定犯罪构成的意义在于:首先为区分罪与非罪以及此罪与彼罪提供法律标准;第二,为确认行为人的刑事责任提供法律根据;第三,为无罪的人不受刑事追究提供法律保障。

犯罪构成包括犯罪客体、犯罪的客观方面、犯罪主体和犯罪的主观方面等四个要素。

1. 犯罪客体

犯罪客体是我国刑法保护的、为犯罪行为所侵犯的社会关系。犯罪客体是决定犯罪社会危害性程度的首要因素。按照犯罪客体所包含社会关系的层次不同,犯罪客体可分为犯罪的一般客体、同类客体和直接客体。

犯罪的一般客体,是指一切犯罪行为所共同侵犯的客体,即我国刑法所保护的社会关系的整体。

犯罪的同类客体,是指某一类犯罪所共同侵犯的客体,即刑法所保护的社会关系的某一部分或某一方面。我国刑法分则体系就是依据犯罪的同类客体建立起来的。

犯罪的直接客体,是指某一特定犯罪所直接侵犯的客体,即某一特定犯罪所直接侵犯的某种具体的社会关系。如杀人罪侵犯了公民的人身权利,破坏军婚罪侵犯了现役军人的婚姻关系,等等。

2. 犯罪客观方面

犯罪客观方面是指刑法规定的构成犯罪在客观上必须具备的条件。

犯罪客观方面主要有危害行为、危害结果、危害行为与危害结果之间的因果关系,犯罪的时间、地点、方法等。

危害行为在犯罪客观方面中居于核心地位。危害行为专指犯罪构成的客观方面的行为,即由行为人的意识、意志支配的违反刑法规定的危害社会的行为。

刑法意义上的危害行为具有自身的特点:

(1) 主体的特定性。即危害行为是自然人或法人实施的行为。

(2) 有体性。即危害行为是人的身体活动。

(3) 有意性。即危害行为受人的意识、意志所支配。

(4) 有害性。即危害行为是对社会有危害的行为。

(5) 违反刑法规范。即危害行为是违反刑法规范的、为刑法所禁止的行为。

因此,人的身体反射性动作、在睡梦中的动作、精神病人的行为、由不能抗拒的原因引起的行为等缺乏人的意志的行为,正当防卫、紧急避险、履行职务的行为等缺乏有害性的行为,以及不具有刑事违法性的行为都不是刑法上的危害行为。

危害结果,是指危害行为作用于犯罪对象而对犯罪直接客体造成的法定的实际损害或现实的危险状态。

我国刑法中对犯罪结果分别不同情况加以规定,主要有:

(1) 在故意犯罪和过失犯罪的概念中明确规定犯罪结果;

(2) 将发生某种有形的、物质性的结果,作为某些故意犯罪既遂的标准;

(3) 将发生某种现实的危险结果,作为某些故意犯罪既遂的标准;

(4) 将造成某种严重危害结果,作为构成过失犯罪的标准;

(5) 将发生某种特定的危害结果;作为划分此罪与被罪的标准;

(6) 将造成某种特定的严重结果,作为提高法定刑或者从重处罚的依据;

(7) 有的条款未将危害结果在刑法条文中明确规定,只规定了危害行为的表现形式。

危害行为与危害结果之间的因果关系,又称刑法中的因果关系,是指犯罪客观方面中的危害行为同危害结果之间存在的引起与被引起的关系。根据罪责自负的原则,行为人只能对自己的危害行为所引起的危害结果承担刑事责任。

犯罪的时间、地点、方法也是犯罪客观方面的要件,但它们都是选择性的要件,也就是说,对于大多数犯罪来说,刑法并未将时间、地点、方法作为构成犯罪的必要要件,只是将它们作为构成某些犯罪的必备要件。

3. 犯罪主体

我国刑法中的犯罪主体,是指实施危害社会的行为、依法应当负刑事责任的自然人和单位。

自然人主体是我国刑法中最基本的、具有普遍意义的犯罪主体。

单位主体则不具有普遍意义,根据刑法规定,单位成为犯罪主体,以刑法分则有明文规定的为限。

自然人犯罪主体,是指具备刑事责任能力,实施危害社会的行为并且依法应负刑事责任的自然人。我国刑法中的刑事责任能力,是指行为人构成犯罪和承担刑事责任所必需的、行为人具备的刑法意义上辨认和控制自己行为的能力。

刑事责任能力包括辨认能力和控制能力。

辨认能力是指行为人具备对自己的行为在刑法上的意义、性质、后果的分辨认识能力。

控制能力是指行为人具备决定自己是否以行为触犯刑法的能力。

影响人的辨认能力和控制能力从而影响人的刑事责任能力的因素有二:一是知识和智力成熟程度,二是精神即人的大脑功能正常与否。

根据人的年龄、精神状况等因素影响刑事责任能力有无和大小的实际情况,我国刑法将刑事责任能力分为四种情况:

(1) 完全刑事责任能力。凡年满 18 周岁、精神和生理功能健全而智力和知识发展正常的人,都是有完全刑事责任能力的行为人。完全责任能力人实施犯罪的,应当依法负全部的刑事责任。

(2) 完全无刑事责任能力。完全无刑事责任能力,指行为人没有刑法意义上的辨认或控制自己行为的能力。在我国刑法中,指不满 14 周岁的人和行为时因精神疾病而不能辨认或者不能控制自己行为的人,这些人实施犯罪行为的不负刑事责任。

(3) 相对无刑事责任能力。行为人仅对刑法所明确规定的某些严重犯罪具有刑事责任能力,我国刑法第十七条第二款规定,已满 14 周岁不满 16 周岁的人犯故意杀人、故意伤害致人重伤或者死亡、强奸、抢劫、贩卖毒品、放火、爆炸、投毒罪的,应当负刑事责任。

(4) 减轻刑事责任能力。实施犯罪行为应当负刑事责任,但是其刑事责任因其责任能力减弱而有所减轻,应当或可以从宽处罚或免予处罚。我国刑法中,已满 14 周岁不满 18 周岁的未成年人、又聋又哑的人、盲人、尚未完全丧失辨认或者控制自己行为能力的精神病人,为减轻刑事责任能力的人。

某些犯罪的自然人主体,除要求其具备刑事责任能力外,还要求具有特殊身份,这些特殊的身份是指刑法所规定的影响行为人刑事责任的有无以及大小的,行为人的特定的资格、地位等。以主体是否要求特定身份为要件,自然人犯罪主体分为一般主体与特殊主体。刑法规定不要求以特殊身份作为要件的主体,为一般主体。刑法规定以特殊身份作为要件的主体,为特殊主体。如贪污罪的主体必须是国家工作人员,叛逃罪的主体必须是国家机关工作人员等。

单位犯罪,是指由公司、企业、事业单位、机关、团体实施的依法应当承担刑事责任的危害社会的行为。只有刑法明确规定单位可以成为犯罪主体的犯罪,才存在单位犯罪及单位承担刑事责任的问题。对单位犯罪,一般采取双罚制的原则,既对单位判处罚金,又对单位直接负责的主管人员和其他直接责任人员判处刑罚。

4. 犯罪主观方面

犯罪主观方面是指犯罪主体对自己危害社会的行为及其危害社会的结果所抱的心理态度。犯罪主观方面包括罪过(犯罪的故意或者过失)、犯罪目的、犯罪动机等因素。罪过是一切犯罪构成都必须具备的主观要付。犯罪的目的只是某些犯罪构成所必备的主观要件,也称为选择性主观要件。犯罪动机不是犯罪构成必备的主观要件,它一般不影响定罪,只影响量刑。

犯罪故意,是指行为人明知自己的行为会发生危害社会的结果,并且希望或者放任这种结果发生的一种主观心理态度。犯罪故意包括认识因素和意志因素两个层次的内容,根据行为人在实施犯罪行为时对危害结果所持心理态度的不同,刑法理论上把犯罪故意区分为直接故意与间接故意两种类型。

犯罪的直接故意,是指行为人明知自己的行为必然或可能发生危害社会的结果,并且希望这种危害结果发生的心理态度。

犯罪的间接故意,是指行为人明知自己的行为可能发生危害社会的结果,并且放任这种结果发生的心理态度。

犯罪过失,是指行为人应当预见自己的行为可能发生危害社会的结果,因为疏忽大意而没有预见,或者已经预见而轻信能够避免的一种心理态度。

犯罪过失分为过于自信的过失和疏忽大意的过失两种类型:过于自信的过失,是行为人预见到自己的行为可能发生危害社会的结果,但轻信能够避免,以致发生这种结果的心理态度。

疏忽大意的过失,是行为人应当预见到自己的行为可能发生危害社会的结果,因为疏忽大意而没有预见,以致发生这种结果的心理态度。

根据刑法第十六条的规定,行为在客观上虽然造成了损害结果,但不是出于行为人的故意或者过失,而是由于不能抗拒或者不能预见的原因所引起的,是意外事件,不认为是犯罪。

三、正当防卫与紧急避险

(一) 正当防卫

1. 正当防卫的概念和成立条件

正当防卫,是指为了使国家、公共利益、本人或者他人的人身、财产和其他权利免受正在进行的不法侵害,对不法侵害人所实施的制止其不法侵害且没有明显超过必要限度造成重大损害的行为。正当防卫是国家赋予公民保护国家、公共利益、本人或者他人合法权益的一项权利。公民在行使这一权利时,即使对不法侵害人的人身或其他权益造成损害也不负任何责任。但是,正当防卫的权利并不是毫无限制。为了避免公民滥用这种权利,我国刑法在赋予公民正当防卫的权利时,又明确地规定了行使正当防卫权利应受的限制条件。

成立正当防卫,必须同时具备下列条件:

(1) 必须有不法侵害行为发生。

所谓不法侵害行为,是指人所实施的对国家、公共利益和公民个人合法权益的违法的侵袭和损害行为。

关于不法侵害的范围,有人认为仅指犯罪行为;有人认为包括违法和犯罪行为。我们认为后一种观点正确。因为如果把不法侵害仅限于犯罪行为,实际上限制甚至剥夺了公民的正当防卫权利,不利于同犯罪作斗争,与立法赋予公民正当防卫权利的宗旨不符。

关于不法侵害的程度,有的认为对任何不法侵害都可以实行正当防卫;有的则认为只能对具有暴力性、破坏性、紧迫性的不法侵害实行正当防卫。我们认为,如果不区分不法侵害的轻重缓急,以及是否需要进行防卫而任意实行防卫,就会导致对正当防卫权利的滥用。因而,我们赞成后一种观点。

基于上述认识,对下列几种行为,均不能或不宜进行正当防卫:

① 对合法行为不能进行正当防卫,合法行为包括依照法令的行为、执行命令的行为、正当业务行为等;

② 对正当防卫行为不能实行反防卫;

③ 对紧急避险行为不能实行正当防卫;

④ 对意外事件不能实行正当防卫;

⑤ 对防卫过当、紧急避险过当不宜进行正当防卫;

⑥ 对过失犯罪和不作为犯罪不能进行正当防卫。因为上述各种行为,有的是正当合法行为,有的是缺乏侵害紧迫性的行为。

如果事实上不存在不法侵害,行为人误认为存在不法侵害而对臆想中的侵害者进行防卫,则属于假想防卫。对此种情形的处理,视行为人主观上有无过失而不同:如果主观上有过失,并造成法律规定的损害后果,依过失犯罪论处;如果没有过失,则应当按照意外事件处理,不予追究行为人的刑事责任。

(2) 不法侵害行为必须正在进行。

正当防卫只能在不法侵害正在进行时实行,这是正当防卫的时间条件。所谓正在进行,是指不法侵害已经开始,尚未结束。所谓不法侵害已经开始,通行认为是指在一般情况下,应以不法侵害人着手实行不法侵害时作为不法侵害开始的标志,但在不法侵害的现实威胁已经十分明显、紧迫的情况下,即使不法侵害尚未着手,也应认为不法侵害已经开始。所谓不法侵害尚未结束,通行认为是指合法权益不再处于紧迫、现实的侵害、威胁之中,或者说不法侵害已经不可能继续侵害或威胁合法权益。

具体而言表现为以下几种情况:第一,不法侵害人自动中止不法侵害;第二,侵害者被制服或因自身因素等原因已不可能继续进行不法侵害;第三,不法侵害已经既遂;第四,不法侵害人离开侵害现场。

在不法侵害尚未开始或者已经结束时,进行所谓的"防卫"的,不是正当防卫,而是不适时防卫。对于因不适时防卫而造成损害结果的,如果符合刑法规定的某种故意或过失犯罪的构成要件的,应依法追究行为人的刑事责任。

(3) 防卫行为必须针对不法侵害人本人实行。

正当防卫只能针对不法侵害者本人实行,是正当防卫的对象条件。这是由正当防卫的目的和不法侵害人自身行为的非法性所决定了的。对不法侵害人以外的第三者实行"防卫"的,达不到有效制止不法侵害的目的,也不具有正当性,不是正当防卫。对于这种情况,如果符合刑法规定的某种犯罪的构成要件的,应依法追究行为人的刑事责任。

(4) 必须为了使国家、公共利益、本人或者他人的人身和其他权利免受正在进行的不法侵害。

为了使国家、公共利益、本人或者他人的人身、财产和其他权利免受正在进行的不法侵害,是我国刑法明确规定的正当防卫的主观条件。非出于这种目的的,不能成立正当防卫。这是区分正当防卫与防卫挑拨、相互的非法侵害行为这些形似正当防卫而实为违法犯罪行为的关键。

① 防卫挑拨,是指为了加害对方,故意以挑衅、引诱等发挑逗他人向自己进攻,然后借口正当防卫加害对方的行为。

② 相互进行的非法侵害行为,是指双方都出于不法侵害的故意而进行的相互侵害行为。

需要指出的是,在相互斗殴中,也可能出现正当防卫的前提条件,因而也可能进行正当防卫:一是斗殴一方已经放弃侵害,例如宣布不再斗殴或者认输、求饶、逃跑,而另一方继续侵害;二是在一般性斗殴中,一方突然使用杀伤力很强的凶器,另一方面临生命的严重威胁。在这两种情况下,行为人主观上均无保护合法权益的目的,不能成立正当防卫,而应视具体案情,应以相关犯罪追究行为人的刑事责任。

(5) 防卫不能明显超过必要限度造成重大损害。

防卫行为不能明显超过必要限度且造成重大损害,使正当防卫的限度条件。是否明显超过必要限度并造成重大损害,是区分防卫的合法与非法、正当与过当的一个标志。

正当防卫的限度条件,是指正当防卫不能明显超过必要限度且对不法侵害人造成重大损害。是否明显超过必要限度并造成重大损害,是区别防卫的合法与非法、正当与过当的一个标志。

如何理解正当防卫的必要限度?刑法未有明确规定,在我国刑法学界则主要存在三种观点:

① 客观需要说。认为所谓必要限度,就是防卫人制止不法侵害所必需的限度。只要造成的损害是制止不法侵害所必需的,即使防卫在强度、后果等方面超过对方可能造成的损害,也不能认为是超过了必要限度。

② 基本适应说。认为正当防卫的必要限度,就是防卫行为与不法侵害行为在性质、手段、强度和后果上要基本相适应。

③ 相当说。认为必要限度原则上应以制止不法侵害所必需为标准,同时要求防卫行为与不法侵害行为在手段、强度等方面,不存在过于悬殊的差异。

2. 特别防卫

特别防卫,是指公民在某些特定情况下所实施的正当防卫行为,没有必要限度的限制,对其防卫行为的任何后果均不负刑事责任。《刑法》第20条第三款规定:"对正在进行行凶、杀人、抢劫、强奸、绑架以及其他严重危及人身安全的暴力犯罪,采取防卫行为,造成不法侵害人伤亡的,不属于防卫过当,不负刑事责任。"刑法设立特别防卫制度,其立法意旨在于充分鼓励公民打消顾虑,勇于行使正当防卫的权利,避免那些严重犯罪行为对国家、公共利益或者公民的人身、财产或者其他合法权利造成重大的损害。

根据《刑法》第20条第三款的规定,成立特别防卫,首先,必须具备正当防卫成立的除了限度条件之外的前四个条件。其次,防卫行为必须针对正在行凶、杀人、抢劫、强奸、绑架等严重危及人身安全的暴力犯罪实行。

3. 防卫过当及其刑事责任

防卫过当,是指防卫行为明显超过必要限度造成重大损害,应当负刑事责任的犯罪行为。

防卫过当具有两方面的特征:

(1) 在客观上表现为防卫行为明显超过了必要限度并造成了重大损害。把握此方面特征,应注意以下两点:一是这里的"防卫行为"必须是具备成立正当防卫的除了限度条件之外的前四个条件,缺少该四个条件中的任何一个条件,不能认为属于防卫行为。二是防卫行为必须明显超过必要限度且造成重大损害。所谓明显,不仅意味着能够清楚明白、确定的看出防卫行为超过了必要限度,而且超过的程度不属于轻微。当然究竟超过多大程度才属于明显超过,最终需要法官综合具体案件的全部情况,立足于社会的通常观念进行合理的判定。但是,不宜将"明显"解释为"非常显著",因为这容易在一定程度上造成刑法所规定的正当防卫的"必要限度"条件的虚置。至于"重大损害",一般认为是指造成不法侵害人的重伤、死亡,还包括财产的重大损失。

(2) 防卫人在主观上对过当行为及造成的结果具有罪过。至于罪过的形式,有的认为可以是故意(包括直接故意和间接故意),也可以是过失;有的认为只能是间接故意和过失;还有的认为只能是过失。我们认为,在防卫过当的场合,行为人对于其过当行为及其结果,主观上不可能出于直接故意,因为正当防卫的目的与犯罪的目的,在一个人的头脑中不可能同时并存。但主观上存在间接故意和过失,则是可能的。

防卫过当应承担的刑事责任包括两个方面:一是防卫过当的定罪;二是防卫过当的处罚。

防卫过当不是独立的罪名,对于防卫过当行为,实践中应当根据具体案件中过当的犯罪事实的性质,以及犯罪人的主观罪过形式,依照刑法分则的有关条款来确定罪名。

我国《刑法》第20条第二款规定,对于防卫过当构成犯罪的,"应当减轻或者免除处罚"。在司法实践中,确定何种情况下减轻、减轻多少,何种情况下免除处罚,一般应当综合考虑防卫的具体目的、过当的程度、罪过形式以及防卫行为所保护权益的性质等方面的因素。

(二) 紧急避险

1. 紧急避险的概念和成立条件

根据《刑法》第21条第一和第二款规定,紧急避险,是指为了使国家、公共利益、本人或者他人的人身、财产和其他权利免受正在发生的危险,不得已而采取的损害另一较小合法利益的行为。法律之所以鼓励和支持公民实行紧急避险行为,是因为它虽然造成了较小的合法利益的损害,但从整体上说,它是有益于社会的行为。

成立紧急避险,必须同时具备以下条件:

(1) 必须有威胁合法利益的危险发生。

有威胁合法利益的危险发生,是紧急避险的前提条件。所谓危险,是指足以对合法利益造成损害的某种紧迫事实状态。

从司法实践来看，危险的主要来源有四种：

① 自然灾害。如地震、风尘暴、山崩地陷、泥石流、海啸、火灾、水祸等等。② 违法犯罪行为或无责任能力人的危害社会行为。如故意实施的纵火、决水、破坏交通工具或交通设施，过失的各种重大责任事故等等。③ 人的生理、病理原因。如饥饿疾病等。比如，为了抢救重伤员，强行拦阻过往汽车送往医院。④ 动物的侵袭。如野兽追扑、恶犬的撕咬、毒蛇的袭击等等。

作为紧急避险前提条件的危险，必须是客观存在的，而不是避险人假想的、推测的。如果实际上并不存在危险，避险人却误认为危险存在，因而实行了所谓的紧急避险的，属于假想避险。对于这种情况，应当按照事实认识错误的处理原则解决。如果避险人对于危险的客观不存在应当预见而由于疏忽大意没有预见，因而实行所谓紧急避险的，应当按照过失犯罪处理；如果避险在当时的情况下根本无法认识危险的客观不存在，应当按照意外事件处理。

（2）必须是危险正在发生。

危险正在发生，是紧急避险的时间条件。刑法设立紧急避险制度的目的，就在于通过避险人损害较小合法权益的手段，尽最大可能地减少正在发生的危险所带来的社会危害。所以，紧急避险的时间条件，是危险正在发生。所谓危险正在发生，是指将立即造成损害、或正在造成损害的危险已经出现而尚未结束。紧急避险只能在危险已经出现而又尚未结束这一时间条件下进行，否则就不是紧急避险。危险的结束，是指危险已经过去，给合法权益造成的损害也无法避免和挽回，或者因为避险人的救济措施或其他主客观原因而使得危险已经消失而不复存在。如果危险已经结束，则紧急避险就不存在其时间条件，此时损害已经造成，实行所谓紧急避险已不能达到保护合法权益免受损失的目的了。

假如避险人在危险尚未出现或者危险已经结束的情况下实施所谓避险，刑法理论上称之为避险不适时。避险不适时不是紧急避险，行为人因此而对合法权益造成的损害的，应当根据案件具体情况，追究行为人相应的刑事责任或民事责任。

(3) 必须是为了使合法利用免受正在发生的危险。

为了使国家、公共利益、本人或者他人的人身或者其他权利免受正在发生的危险，是紧急避险的主观条件。根据紧急避险的主观条件，如果是为了保护某种非法利益，是不能成立紧急避险的。另外，如果在客观上实际使合法权益免受了某种危险可能带来的损害，但行为人并不是出于避险的意图，而是出于侵害的意图的,也不是紧急避险。

(4) 避险的对象必须是无辜的第三者。

避险的对象只能是无辜的第三者,这是紧急避险的对象条件。

紧急避险的本质特征,在于为了保全一个较大的合法权益,而采取牺牲另一个较小的合法权益的手段转嫁风险。因此,紧急避险行为针对的是第三者的合法权益,而不是危险的来源。如果行为人没有通过损害相关较小合法权益的手段,而是直接以反击手段对抗危险,那么该行为就不是紧急避险,而是抢险行为或正当防卫等行为。

(5) 避险行为只能是在不得已的情况下实施。

避险行为只能是在不得已的情况下实施,是紧急避险的客观限制条件。紧急避险是为了保护更大合法权益免受危险而牺牲较小合法权益的一种权宜措施。尽管从总体上来说,由于它保全了较大的合法权益而有益于社会,但在局部上,由于它不可避免地要给无辜的第三者的合法权益带来损害,因此,它仍具有消极的一面。因此,刑法对紧急避险规定了特别的严格限制条件,即只能在"不得已"的情况下才能进行紧急避险。

所谓"不得已",就是指在当时的情况下,除了通过损害另一合法利益的手段外,找不到任何其他方法来避免更大的合法利益所面临的危险。如果当时尚有其他方法(包括正当防卫、直接排除危险等)可以避免危险造成的损害,行为人却不采取,而仍通过损害第三者的合法权益的手段避险,那么其行为不能认为是紧急避险,构成犯罪的,应当追究刑事责任。

(6) 避险行为不能超过必要限度造成不应有的损害。

不能超过必要限度造成不应有的损害,是紧急避险的限度条件。对于紧急避险的必要限度,我国刑法没有明确规定。但是,根据紧急避险的性质,这个标准应当是:避险行为所造成的合法权益的损害,必须小于所避免的损害。换言之,行为人出于保护一个合法权益而损害的另一合法权益,不能等于更不能大于所保护的权益。只有牺牲较小的合法权益来保护更大的合法权益,才能成立紧急避险,因为只有这样才能在整体上有利于社会,才符合刑法设立紧急避险制度的宗旨。

如何权衡合法权益大小,是一个极为复杂的问题。一般认为,人身权利大于财产权利;人身权利中生命权为最高权利;财产权利的大小可以用财产的价值大小来衡量。但是,实践中有的案件是十分复杂的。对于合法权益大小的比较,需要进行全面的分析和判断。

在把握紧急避险的成立条件时,应当注意,我国《刑法》第21条第三款规定:“关于避免本人危险的规定,不适用于职务上、业务上负有特定责任的人”。所谓在职务上、业务上负有特定的责任的人,是指在危险发生时,其依法承担的职务或所从事的业务活动本身要求他们同危险作斗争的人。例如,在发生火灾时,消防队员就必须奋勇扑火,面对烧伤的危险;民航客机、轮船、火车、汽车发生故障、危险,机组人员、驾驶人员不得为保全自己的安全而实行避险;医生、护士在治疗疾病的过程中,不能因为有病菌传染的危险而采取避险行为,等等。如果这些负有特定责任的人员,为了避免与自己职务、业务有关的上述种种危险,而擅离职守,逃避责任,其行为不能成立紧急避险。造成严重危害后果构成犯罪的,应当依法追究其刑事责任。

2. 避险过当及其刑事责任

避险过当,是指避险行为超过必要限度造成不应有的损害的行为。

构成避险过当,必须具备三个方面的条件:

(1) 必须具备上述紧急避险的前五个条件。由于缺少该五个条件中的任何一个条件都不能认为是避险行为,因而也谈不到避险过当的问题。

(2) 行为人在客观上实施了超过必要限度的避险行为,并给合法权益造成了不应有的损害。

(3) 行为人在主观上对避险过当行为具有罪过。避险过当的罪过形式通常是疏忽大意的过失,即行为人应当预见自己的避险行为所损害的权益可能等于或者大于所保全的权益,因为疏忽大意而没有预见,以致超过必要限度造成了不应有的损害。在少数情况下,也可能是间接故意或过于自信的过失。

与防卫过当一样,避险过当也不是一个独立的罪名,我国刑法分则没有对避险过当规定独立的法定刑。所以,在追究避险过当行为的刑事责任时,应当根据行为人的主观罪过形式及过当行为的具体特征,按照刑法分则中的相应罪刑规范定罪量刑。

《刑法》第21条第二款规定,对于避险过当行为,应当减轻或者免除处罚。在裁量何种情况下减轻、如何减轻,在何种情况下免除处罚时,要综合考虑避险目的、所保护权益的性质、过当程度、罪过形式等诸种因素。

3. 紧急避险与正当防卫的异同

紧急避险和正当防卫都是为了保护国家、公共利益、本人或者他人的人身、财产和其他权利,而给他人的某种权利或者利益造成一定的损害,同属于正当行为。但是二者又有着明显的区别。总体而言,正当防卫反映的是合法权益与不法侵害之间的矛盾,而紧急避险反映的则是两个合法权益之间的冲突。具体而言,两者既有一定的相同之处,又有相当的差异。

两者的相同点在于：

第一，目的相同。两者都是为了保护国家、公共利益、本人或者他人的人身、财产和其他权利。

第二，前提相同。两者都必须是合法权益正在受到侵害时才能实行。

第三，责任相同。两者超过法定的限度造成相应损害后果的，均应负刑事责任，但应减轻或者免除处罚。

两者的不同点在于：

第一，危害的来源不同。正当防卫的危害来源仅限于人的不法侵害行为；而紧急避险的危险来源，既可以是人的不法侵害行为，也可以是（甚至大多数情况下）是自然灾害、动物的侵袭，以及人的生理、病理的原因等等。

第二，行为的对象不同。正当防卫只能损害不法侵害者的利益，而紧急避险则是损害第三者的合法权益。

第三，行为的限制不同。正当防卫的实行，只要有正在进行的不法侵害就可以，不论防卫人是否有条件采取逃跑、报警、劝阻等方法制止不法侵害，不要求迫不得已；紧急避险则只能在没有任何其他方法排除危险的情况下，迫不得已而实施。

第四，行为的限度不同。正当防卫的必要限度，是制止不法侵害所必需，只要所造成的损害与不法侵害可能造成的损害不过于悬殊即可，因而正当防卫所造成的损害，既可以小于，也可以大于不法侵害行为可能造成的损害；而紧急避险所造成的损害，则只能小于所避免的损害，不能等于甚至大于所避免的损害。

第五，主体的限定不同。正当防卫是每个公民的法定权利，是人民警察执行职务时的法定义务；紧急避险则不适用于职务上、业务上负有特定责任的人。

四、犯罪预备、未遂和中止

犯罪预备行为、犯罪中止、犯罪未遂是故意犯罪停止的三种形态。犯罪的停止形态只存在于直接故意犯罪中，在间接故意犯罪和过失犯罪中，要么是构成犯罪，要么是不构成犯罪，而不存在预备、未遂和中止的情况。注意间接故意犯罪和过失犯罪不存在“即遂”的说法，只能是构成或不构成犯罪。

（一）犯罪预备

1. 概念和特征

为犯罪准备工具、制造条件，但由于行为人意志以外的原因而未能着手实行的是犯罪预备。犯罪预备既包括为自己犯罪进行犯罪预备，也包括为他人犯罪进行预备。如果是在预备阶段自动中止预备行为的，则是预备阶段的犯罪中止而不是犯罪预备。

犯罪预备的特征是:(1) 主观上为了犯罪。(2) 客观上实施了犯罪预备行为。(3) 事实上未着手实行犯罪:一是预备行为没有完成;二是预备行为完成但由于某种原因未能着手。(4) 未能着手实行犯罪是由于行为人意志以外的原因。

2. 犯罪预备构成的条件

(1) 主观上是为了犯罪。如果行为人的主观上不是为了犯罪,而后利用这一行为实施了犯罪,则该行为不是犯罪的预备行为。甲去乙家修理水管时,发现乙家很有钱,且住一层未安装防盗网。回来后产生了盗窃甲的想法。则甲的行为不是犯罪预备的行为。

(2) 客观上实施了犯罪预备行为。预备行为是指准备工具、创造条件等客观上为实施犯罪的准备行为。如果只是用语言、文字表达犯罪的思想和意图则不是犯罪预备的行为。犯罪预备行为本身构成另一犯罪时,如何处理。这种情况属于想象意合法,是目的犯罪的预备和其他犯罪的意合。这种情况只按其他犯罪处理。如未杀人而盗窃、抢劫枪支,只定盗窃或抢劫枪支罪。如果已着手实施犯罪,则犯罪预备行为即被实行行为吸收。

(3) 事实上未能着手实行犯罪。未能着手实行犯罪是行为人意志以外的原因。如果是行为人自动放弃犯罪则是犯罪预备阶段的中止犯,而不是犯罪预备。在认识犯罪预备行为时,只有行为人主观上不能控制和避免的原则而使犯罪处于预备阶段的才是犯罪预备。

准备工具:即准备实行犯罪的工具。

制造条件:是指除准备工具以外的一切为实行犯罪的预备行为。常见的制造条件行为:一是练习犯罪的手段或演练犯罪技能。二是犯罪前的调查,如踩点。三是排除实行犯罪的障碍,如行为人抢银行。四是勾引共犯或商定犯罪计划(犯罪共谋),其中也包括为了实施某种犯罪而组织犯罪集团,这种组织、参加犯罪集团的行为也是犯罪的一个预备行为,比如说,为了盗窃和抢劫而勾结共犯或者组织犯罪集团就是盗窃、抢劫的预备行为。但是,如果行为人组织、领导、参加恐怖活动组织、黑社会性质的组织的,属于实行行为。因为这两种犯罪集团是刑法分则直接禁止的犯罪行为。五是跟踪、埋伏等候、尾随作案目标。

(二) 犯罪未遂

1. 犯罪未遂的概念与特征

根据《刑法》第23条第一款的规定,已经着手实行犯罪,由于犯罪分子意志以外的原因而未得逞的,是犯罪未遂。

犯罪未遂必须具备以下特征：

(1) 已经着手实行犯罪。

着手是实行行为的起点，着手标志着犯罪行为进入了实行阶段，行为人所实施的是实行行为，着手本身就是实行行为的一部分。

我国刑法理论的通说认为，实行行为是刑法分则所规定的具体犯罪构成要件的行为，故着手意味着开始实施刑法分则所规定的具体犯罪构成要件的行为。换言之，开始实施刑法分则所规定的具体犯罪构成要件的行为时就是着手。例如，开始实施杀人行为时，就是故意杀人罪的着手；开始窃取公私财物时，就是盗窃罪的着手。

在刑法分则条文所规定的实行行为包含多个环节或多种形式时，行为人开始实施其中任何一个环节或者任何一种形式的行为，原则上也应认定为着手。例如，抢劫罪的实行行为包含两个环节：一是使用暴力、胁迫或者其他强制手段；二是取得财物。因此，当行为人开始实施暴力或者胁迫等行为时，就是已经着手实施抢劫行为。再如，拐卖妇女、儿童罪的实行行为，包括拐骗、绑架、收买、贩卖、接送、中转等形式。所以，当行为人以出卖为目的，开始拐骗、绑架、收买妇女、儿童时，就是拐卖妇女、儿童罪的着手，而不是待行为人开始贩卖时才是着手。

但是，由于刑法分则规定了诸多具体犯罪，而且同一具体犯罪的行为方式也不完全相同。例如，同样是杀人，不同的行为人会采取不同的方式杀人；同样是盗窃，不同的行为人会选择不同的盗窃对象与场所。因此，在认定行为人是否着手实行犯罪时，要根据不同犯罪、不同案件的具体情况进行判断。

(2) 犯罪未得逞。

我国刑法理论的通说认为，犯罪未得逞，是指犯罪行为没有具备刑法分则条文规定的某一犯罪构成的全部要件，或者说犯罪行为没有具备具体犯罪构成的全部要件。其理由在于：刑法分则条文所规定的犯罪构成是以既遂为模式的。例如，刑法规定的故意杀人罪的客观要件，是以杀人行为已经导致被害人死亡为模式的，而杀人未得逞要么表现为杀人行为本身没有实行终了，被害人因而没有死亡；要么表现为杀人行为虽然实行终了，但由于某种原因没有造成被害人死亡，因而不完全符合故意杀人罪的客观要件，即没有具备死亡这一要件，不完全符合以既遂为模式的犯罪构成。但刑法总则又修正了分则的规定，即在未得逞的情况下，也得以犯罪未遂论处，故上述行为成立故意杀人未遂。

需要注意的是，虽然犯罪未得逞通常具体表现为没有发生犯罪结果。但这绝不意味着凡是发生了犯罪结果的都是已经得逞。因为犯罪行为的性质不同，犯罪结果的类型就不相同。同样的结果,相对于此罪而言,是构成要件的结果,而相对于彼罪而言,不是构成要件的结果。例如,伤害结果相对于故意伤害罪而言,是构成要件的结果,但相对于故意杀人罪而言,就不是构成要件的结果。因此,在造成了伤害结果的情况下,相对于故意伤害罪而言,已经既遂;相对于故意杀人罪而言,则只成立未遂。

(3) 犯罪未得逞是由于犯罪分子意志以外的原因。

犯罪分子意志以外的原因,是指自始至终违背犯罪分子意志的,客观上使犯罪不可能既遂,或者使犯罪人认为不可能既遂因而被迫停止犯罪的原因。在犯罪未遂的情况下,行为人希望得逞的意志并没有改变与放弃,故未得逞是与其犯罪意志相冲突的。

犯罪分子意志以外的原因包括三种情况:

① 抑制犯罪意志的原因。某种事实使得犯罪分子认为自己客观上已经不可能继续实行犯罪,从而被迫停止犯罪。例如,行为人正在他人住宅内实行抢劫,忽然听到警车声音,以为是警察来抓自己的,便被迫逃离现场。即使该车并不是警车或者虽然是警车但并不是来抓行为人的,但由于行为人认为自己客观上已经不可能继续实行犯罪,仍然属于意志以外的原因,成立抢劫未遂。

② 抑制犯罪行为的原因。某种情况使得行为人在客观上不可能继续实行犯罪或者不可能造成犯罪结果。例如,行为人正在实行犯罪时,被第三者发现而制止。

③ 抑制犯罪结果的原因。行为人已将其认为应当实行的行为实行终了,但意外情况阻止了结果的发生。例如,行为人将被害人打昏后拖入水中,以为被害人必死无疑,但适逢过路人将被害人救活。

上述三个特征使得犯罪未遂分别与犯罪预备、犯罪既遂、犯罪中止相区别。只有同时符合上述三个特征的,才能成立犯罪未遂。

2. 犯罪未遂的类型

犯罪未遂有不同的类型,不同的类型,也反映不同的社会危害性。

(1) 实行终了的未遂与未实行终了的未遂。

以实行行为是否实行终了为标准区分:① 实行终了的未遂,是指犯罪人已将其认为达到既遂所必需的全部行为实行终了,但由于犯罪人意志以外的原因而未得逞。例如,犯罪人向被害人食物中投放了毒药,被害人中毒后被他人发现后送往医院抢救脱险。② 未实行终了的未遂,是指由于意志以外的原因,使得犯罪人未能将其认为达到既遂所必需的全部行为实行终了,因而未得逞。例如,在举刀杀人时,被第三者制服。③ "行为是否实行终了"中的行为,是指导致犯罪既遂所必需的行为,不包括既遂后行为人为了其他目的所实施的行为。例如,行为人打算致人死亡后并碎尸,行为是否实行终了,应以为人自认为致人死亡所必需的行为是否实行终了为标准,而不以是否碎尸为标准。

实行终了的未遂与未实行终了的未遂,反映出程度不同的社会危害性。一般来说,前者距离危害结果的发生较近,而后者距离危害结果发生较远,因而前者对刑法所保护的社会关系的侵犯程度重于后者,这是在量刑时应予考虑的。

(2) 能犯未遂与不能犯未遂。

是以犯罪行为本身能否既遂为标准所作的区分。

① 能犯未遂,是指犯罪人所实施的行为本身可能达到既遂,但由于犯罪人意志以外的原因而未得逞。例如,犯罪人手持装有 5 发子弹的手枪开枪射击被害人,开第一枪时没有瞄准,在准备开第二枪时,被警察当场抓获。

② 不能犯未遂,是指犯罪人所实施的行为本身就不可能达到既遂因而未得逞。又可分两种情况:第一,对象不能犯未遂。例如,犯罪人本来想杀甲,但由于认识错误,将稻草人误认为是甲而开枪,因而不可能导致甲的死亡。第二,手段不能犯未遂。例如,犯罪人持没有子弹的手枪向被害人射击,因而不可能得逞,这是手段不能犯未遂。手段不能犯未遂与迷信犯具有本质区别。迷信犯是指意欲造成某种结果而采用迷信方法的情况。

3. 未遂犯的刑事责任

根据《刑法》第 23 条第二款的规定,对于未遂犯,可以比照既遂犯从轻或者减轻处罚。

(1) 犯罪未遂应当负刑事责任。

(2) 由于刑法规定的是“可以”从轻或者减轻处罚,因此要确定对于犯罪未遂是否从轻或者减轻处罚。

(3) 在确定从轻或者减轻处罚的情况下,要进一步确定是从轻处罚还是减轻处罚。

(三) 犯罪中止

1. 犯罪中止的概念

根据《刑法》第 24 条的规定,在犯罪过程中,自动放弃犯罪或者自动有效地防止犯罪结果发生的,是犯罪中止。犯罪中止存在两种情况:(1) 在犯罪预备阶段或者在实行行为还没有实行终了的情况下,自动放弃犯罪;(2) 在实行行为实行终了的情况下,自动有效地防止犯罪结果的发生。

作为故意犯罪的未完成形态的犯罪中止,是指行为人已经开始实施犯罪而又中止了犯罪的形态。犯罪中止形态与中止行为本身具有密切关系,没有中止行为就不可能有犯罪中止形态，中止行为是犯罪中止形态的决定性原因。犯罪中止形态与中止行为本身又具有区别：中止行为本身不是犯罪，而是刑法所鼓励的行为，犯罪中止形态则是犯罪的状态，应当负刑事责任。换言之，中止行为之前的行为属于犯罪行为，是行为人应当负刑事责任的事实根据，中止行为本身属于刑法所鼓励的行为，是应当免除或者减轻处罚的根据。

2. 犯罪中止的特征

由于中止行为是犯罪中止形态的决定性原因，犯罪中止的特征与中止行为的特征就成为表里关系，论述了中止行为本身的成立条件，也就说明了犯罪中止的特征。如上所述，中止行为可以分为不同情形，但它们又具有相同的特征，故综合起来论述。

(1) 中止的时间性。

中止必须发生在“犯罪过程中”，即在犯罪行为开始实施之后、犯罪呈现结局之前均可中止。“在犯罪过程中”首先表明，犯罪中止既可以发生在犯罪预备阶段，也可以发生在犯罪实行阶段，这是犯罪中止与犯罪预备、犯罪未遂的重要区别。“犯罪过程中”也表明，中止前的行为处于犯罪过程中，已经属于犯罪行为，故产生犯意后没有实施任何犯罪行为便放弃犯意的，不成立犯罪中止。“在犯罪过程中”还表明，犯罪还没有形成结局，既不是已经未遂，也不是已经形成了犯罪预备形态，更不是已经既遂。因此，犯罪既遂后自动恢复原状的，不成立犯罪中止。同样，犯罪未遂后也不可能出现犯罪中止。例如，甲在杀乙的过程中，由于警察到来而逃走，即使甲以后打消了继续杀乙的念头，但由于其故意杀人已经未遂，故不成立故意杀人中止。

(2) 中止的自动性。

成立犯罪中止，要求行为人“自动”放弃犯罪或者“自动”有效地防止犯罪结果发生。这是犯罪中止与犯罪预备、犯罪未遂在主观上的区分标志。中止的自动性，是指行为人认识到客观上可能继续实施犯罪或者可能既遂，但自愿放弃原来的犯罪意图。

① 行为人认识到客观上可能继续实施犯罪或者可能既遂。这表明，行为人面临两种可能性，或者继续实施犯罪，使犯罪既遂；或者不继续犯罪，不使犯罪既遂。在存在选择余地的情况下，行为人不继续实施犯罪、不使犯罪既遂，就表明行为人中止犯罪具有自动性。

② 行为人自愿放弃原来的犯罪意图，不再希望犯罪结果发生，而是希望犯罪结果不发生。区分中止与未遂可以采取这样的公式：“能达目的而不欲”时是中止，“欲达目的而不能”时是未遂。对于其中的“能”与“不能”，一般应以行为

人的认识为标准进行判断，即只要行为人认为可能既遂而不愿达到既遂的，即使客观上不可能既遂，也是中止。例如，甲为了杀乙而向乙的食物中投放毒药，见乙神态痛苦而反悔，将乙送往医院抢救脱险。即使甲投放的毒药没有达到致死量，不送往医院也不会死亡，甲也成立犯罪中止。反之，只要行为人认为不可能既遂而放弃的，即使客观上可能既遂，也是未遂。例如，丙在实施抢劫行为时听到警车声便逃走的，成立抢劫未遂。即使并非警车而是救护车，丙也不是犯罪中止。

行为人中止犯罪的原因是多种多样的，概括起来有如下几个方面：第一，有的出于真诚悔悟；第二，有的因为对被害人产生同情心；第三，有的由于惧怕刑罚处罚；第四，有的为了争取宽大处理，如此等等。

一方面，不能将引起行为人中止犯罪的原因，当做意志以外的原因从而否认中止的自动性。另一方面，也不能因为存在客观障碍就否认中止的自动性。

在存在客观障碍的情况下，有时行为人并没有认识到，而是出于其他原因放弃犯罪的，也应认定为中止；有时行为人认识到了，但同时认为该客观障碍并不足以阻止其继续犯罪，而是由于其他原因放弃犯罪的，也应认定为中止。

(3) 中止的客观性。

中止不只是一种内心状态的转变，还要求客观上有中止行为。中止行为分为两种情况：在犯罪预备阶段以及实行行为尚未实行终了，只要不继续实施行为就不会发生犯罪结果的情况下，中止行为表现为放弃继续实施犯罪，即不再继续实施犯罪行为。在这种情况下，行为人必须是真实地放弃犯罪行为，而不是等待时机继续实施该行为。应予注意的是，行为人自动放弃重复侵害行为的，是犯罪中止，即行为人实施了足以导致犯罪结果发生的行为后，犯罪结果并没有发生，行为人也认识到结果还没有发生，认识到还可以继续实施犯罪，但基于某种动机自动放弃继续侵害的，成立犯罪中止，而不是犯罪未遂。

在实行行为终了、不采取有效措施就会发生犯罪结果的情况下，中止行为表现为采取积极有效措施防止犯罪结果发生。有效防止犯罪结果发生的行为，不以行为人单独实施为必要，但行为人必须作出了真挚的努力，其行为对防止犯罪结果发生起到了决定性作用，否则不成立犯罪中止。例如，行为人在其放火行为还没有既遂的情况下，喊了一声“救火呀”，然后便逃走了，即使他人将火扑灭，也不能认为行为人的犯罪属于中止形态。

(4) 中止的有效性。

不管是哪一种中止，都必须是没有发生作为既遂标志的犯罪结果。行为人虽然自动放弃犯罪或者自动采取措施防止结果发生，但如果发生了作为既遂标志的犯罪结果,就不成立犯罪中止。例如,甲为杀乙而向乙的静脉注射大量空气,尽管甲反悔后将乙送往医院抢救,但乙仍然死亡。甲的行为成立故意杀人既遂,而非中止。

行为人为防止结果的发生作出了积极努力,但其行为本身偶然不能使结果发生或者由于他人行为防止了结果发生时,仍然成立中止犯。概言之,以下三种情况均成立犯罪中止:

第一,行为人的中止行为独立防止了结果发生时,成立犯罪中止。

第二,行为人的中止行为与其他人的协力行为,共同防止了结果发生时,只要能够认定行为人作出了真挚的努力,也成立犯罪中止。例如,行为人向被害人的食物投放毒药后,见被害人痛苦难忍而顿生悔意,立即拨打急救电话,将被害人送往医院,由医生抢救脱险的,理当成立犯罪中止。

第三,行为人在犯罪过程中自动放弃犯罪,或者自动采取有效措施防止结果发生,而且结果没有发生,即使行为本身偶然未能导致结果发生,或者客观上完全由于他人行为防止了结果发生的,也成立犯罪中止。例如,行为人意欲杀人,但其客观上所投放的毒药没有达到通常致死量;在发现他人呕吐不止、十分痛苦的情况下,行为人自动将他人送往医院抢救;即使不予急救也不至于发生死亡结果时,也属于中止,而非未遂。因为行为人是在认识到能够既遂的情况下自动采取有效措施的,在结果没有发生的情况下,应认为符合犯罪中止的本质特征;否则会导致刑罚的不均衡。

需要注意的是,犯罪中止的成立并不要求没有发生任何犯罪结果,而是只要求没有发生作为既遂标志的犯罪结果。例如,作为故意杀人罪既遂标志的结果是被害人死亡。行为人在杀人过程中,自动放弃犯罪或者自动采取有效措施防止了死亡结果发生时,就成立犯罪中止,即使造成了他人身体伤害,也不妨碍犯罪中止的成立。因此,可以将犯罪中止分为造成了一定危害结果的中止与没有造成任何危害结果的中止。

犯罪中止的上述四个特征,使其分别与犯罪预备、犯罪未遂、犯罪既遂相区别。同时具备上述四个特征的,才成立犯罪中止。

3. 中止犯的刑事责任

根据《刑法》第24条第二款的规定,对于中止犯,没有造成损害的,应当免除处罚;造成损害的,应当减轻处罚。首先,中止犯应当负刑事责任。其次,对中止犯应当分别情况减免处罚。所谓“没有造成损害”,应理解为没有造成任何危害结果;所谓“造成损害”,应理解为造成了一定危害结果,但没有造成作为既遂标志的犯罪结果。

刑法规定对中止犯减免处罚主要是考虑到下列原因：

第一，因为行为人放弃犯罪或者有效地防止犯罪结果发生的行为，使得犯罪结果没有发生，客观上使社会危害性减少；

第二，因为行为人自动否定、放弃了原来的犯罪意图，表明行为人的主观恶性大为减小；

第三，对中止犯减免处罚，有利于鼓励犯罪人中止犯罪，促使犯罪人悬崖勒马，从而有利于及时保护合法权益，避免给合法权益造成实际损害。

五、共同犯罪

（一）共同犯罪的概念与构成特征

1. 共同犯罪的概念

依照我国《刑法》第25条第一款的规定，共同犯罪是指二人以上共同故意犯罪，此定义突出了共同故意对于构成共同犯罪的作用，是我国刑法中主客观相统一原则的具体体现。

2. 共同犯罪的构成特征

构成共同犯罪，必须具备如下要件：

（1）主体要件。

共同犯罪的主体必须是二人以上，具体来讲，可以分为下列三种情形：

① 两个以上的自然人构成的共同犯罪。这种自然人共同犯罪，要求各犯罪人都必须达到刑事责任年龄，具有刑事责任能力。

② 两个以上的单位构成的共同犯罪，即刑法理论中所谓的单位共同犯罪。

③ 有责任能力的自然人与单位构成的共同犯罪，这在刑法理论中通常谓之自然人与单位共同犯罪。

（2）客观要件。

共同犯罪的客观要件，是指各犯罪人必须具有共同的犯罪行为。所谓共同犯罪行为，是指各犯罪人为追求同一危害社会结果，完成同一犯罪而实施的相互关系、彼此配合的犯罪行为。在发生危害结果时，其行为均与结果之间存在因果关系。这种共同行为就其表现形式而言，可以分为三种情形：

① 共同作为、共同不作为、作为与不作为的结合。共同作为，即各共同犯罪人均实施了法律所禁止的行为而构成共同犯罪，比如甲、乙二人共同将丙杀死，共同不作为，即各共同犯罪人均未履行应当履行的义务而构成的共同犯罪，比如儿子、儿媳共同遗弃年迈无独立生活能力的父母。作为与不作为的结合，即共同犯罪人中有人系作为行为，有人系不作为行为，例如：铁道养护工甲与乙事

先合谋破坏铁路设施，在乙实施破坏作为时，甲佯装熟睡，不履行其职责。

② 共同直接实施犯罪。在这种场合中，共同犯罪人没有分工，均直接实施犯罪的实行行为。

③ 存在分工的共同犯罪行为。具体表现为有组织行为、教唆行为、实行行为和帮助行为。在这种场合中，各人的行为形成有机的整体。

(3) 主观要件。

共同犯罪的主观要件，是指各共同犯罪人必须有共同的犯罪故意。所谓共同的犯罪故意，是指各共同犯罪人通过意思联络，认识到他们的共同犯罪行为会发生危害社会的结果，并决意参加共同犯罪，希望或放任这种结果发生的心理状态。其特征是：

① 共同的认识因素。一是认识到不是自己一个人单独实施犯罪，而是与他人互相配合共同实施犯罪；二是不仅认识到自己的行为会产生某种危害结果，而且也认识到其他共同犯罪人的行为也会引起某种危害结果；三是各共同犯罪人都预见到共同犯罪行为与共同犯罪结果之间的因果关系。

② 共同的意志因素。其中，共同希望危害结果的发生，是共同直接故意；共同放任危害结果的发生，是共同间接故意，在个别情况下也可能表现为有的基于希望，有的则是放任。

基于上述理解，下列几种情况均不能成立共同犯罪：

第一，同时犯不是共同犯罪。所谓同时犯，是指没有共同实行犯罪的意思联络，而在同一时间针对同一目标实行同一犯罪。第二，同时实施犯罪而故意内容不同，不构成共同犯罪。第三，超出共同故意以外的犯罪，不构成共同犯罪。此种情况，在刑法理论上称作"实行犯过限"的行为。

(二) 共同犯罪的形式

共同犯罪的形式是共同犯罪的形成、结构和共同犯罪人结合形式的总称。

共同犯罪的形成形式，是指共同犯罪是如何形成的。

共同犯罪的结构形式，是指共同犯罪内部是否有分工。

共同犯罪人的结合形式，是指共同犯罪有无组织形式。

我国刑法理论中通常按照四个不同标准，将共同犯罪的形式分为以下四类八种：

1. 任意共同犯罪和必要共同犯罪

这是根据共同犯罪是否能够依据法律的规定任意形成而对共同犯罪形式所作出的划分。

任意共同犯罪，简称任意共犯，指刑法分则规定的可以由一个人单独实施的犯罪,当二人以上共同实施时,所构成的共同犯罪。其特点是:刑法对犯罪主体的人数没有限制。如果二人共同实施,则成立共同犯罪。

必要共同犯罪,简称必要共犯,指刑法分则规定的只能以二人以上的共同行为作为犯罪构成要件的犯罪。其特点是:犯罪主体必须是二人以上,而且具有共同的犯罪行为,一个人不可能单独构成犯罪。在我国刑法中,必要共同犯罪有两种形式;一是聚合性共同犯罪,如刑法第 290 条规定的聚众扰乱社会秩序罪、聚众冲击国家机关罪等。二是集团性共同犯罪,如刑法第 294 条规定的组织、领导、参加黑社会性质组织罪等。

2. 事前通谋的共同犯罪和事前无通谋的共同犯罪

这是根据共同犯罪故意形成的时间而对共同犯罪形式作出的划分。本文来源:考试大网事前通谋的共同犯罪,简称事前共犯,指共同犯罪人的共同犯罪故意,在着手实行犯罪前形成。这种形式的共同犯罪在司法实践甚为常见。需要指出的是,我国刑法分则规定的某些犯罪,便以事前是否具有通谋作为该罪的共同犯罪与他罪的单独犯罪的区分标准。比如,依据《刑法》第 310 条规定:明知是犯罪的人而为其提供隐藏处所、财物、帮助其逃匿或者作假证明包庇,事前有通谋的,构成共同犯罪,否则构成窝藏、包庇罪。

事前无通谋的共同犯罪,简称事中共犯,指共同犯罪人的犯罪故意,在着手实行犯罪之时或实行犯罪的过程中形成。如甲对乙实施抢劫,已奋起抗争,恰甲之友丙经过。甲请丙帮忙时,共同抢得乙身上钱物若干。此案中,甲、丙的共同犯罪即为事前无通谋的共同犯罪。

3. 简单共同犯罪和复杂共同犯罪

这是根据共同犯罪人之间是否有分工所划分的共同犯罪形式。

简单共同犯罪,简称共同正犯(共同实行犯)指二人以上共同直接实行刑法分则规定的某一具体规定犯罪的构成要件的行为。也即在简单共同犯罪中,只有实行犯,而没有教唆犯、组织犯和帮助犯。例如:甲、乙各向丙刺一刀将丙杀死。

复杂共同犯罪,简称复杂共犯,指各共同犯罪人之间存在着犯罪分工的共同犯罪,这种分工具体表现为:组织犯对整个犯罪活动予以组织策划、指挥领导;教唆犯使他人产生犯罪意图,并不实施犯罪实行行为;实行犯直接实施具体犯罪构成要件的行为;帮助犯对犯罪的实施、完成和保持犯罪后的不法状态,提供物质和精神上的帮助。

4. 一般共同犯罪和特殊共同犯罪

这是依据共同犯罪有无组织形式而对共同犯罪形式进行的划分。

一般共同犯罪，简称一般共犯，又称非集团性共犯，指没有特殊组织形式的共同犯罪。其特点是：共同犯罪人为实施某种犯罪则临时结合，一旦犯罪完成，这种结合便不复存在，一般共同犯罪，既可以是事前通谋的共同犯罪，也可以是事前无通谋的共同犯罪，既可以是简单共同犯罪，也可以是复杂共同犯罪。

特殊共同犯罪，简称特殊共犯，亦称有组织的共同犯罪，通称为犯罪集团。根据《刑法》第 26 条第二款的规定，犯罪集团，是指三人以上为共同实施犯罪而组成的较为固定的犯罪组织。据此，犯罪集团成立，必须具有如下条件：(1) 犯罪主体必须是三人以上。(2) 犯罪组织成立的目的便在于实施犯罪。(3) 犯罪人所共同建立的组织具有相当的稳定性。(4) 犯罪分子之间相互纠合体现出一定的组织性。

(三) 共同犯罪人的种类及其刑事责任

对共同犯罪人进行正确的分类，是确定共同犯罪人刑事责任的前提，因为我国刑法贯彻罪责自负原则，而不承认团体责任。关于共同犯罪人的分类问题，从国外立法例和司法实践看，基本存在两种方法：(1) 是按共同犯罪人行为的性质和活动分工的特点来分类。(2) 是根据犯罪分子在共同犯罪中所起的作用来分类。

我国刑法采用折中分类法，即以共同犯罪人在共同犯罪中的地位和作用为主，并适当考虑共同犯罪人的分工情况，将共同犯罪人分为主犯、从犯、胁从犯和教唆犯。

1. 主犯及其刑事责任

按照《刑法》第 26 条第一款规定，主犯，是指组织、领导犯罪集团进行犯罪活动的或者在共同犯罪中起主要作用的犯罪分子。根据刑法的有关规定，主犯分为三种，一是在犯罪集团中起组织、策划、指挥作用的犯罪分子，也就是组织犯，是首要分子的一种。组织犯的犯罪活动包括建立、领导犯罪集团，制订犯罪活动计划等；二是在聚众犯罪中起组织、策划、指挥作用的犯罪分子，这也是首要分子的一种。聚众犯罪中的首要分子，是犯罪的组织、策划者和指挥者；三是其他在犯罪集团或一般共同犯罪中起主要作用的犯罪分子，既可以是实行犯，也可以是教唆犯。

根据《刑法》第 26 条第三款和第四款的规定：对组织、领导犯罪集团的首要分子，按照集团所犯的全部罪行处罚，对其他主犯，应当按照其所参与的或者组织、指挥的全部犯罪处罚。

2. 从犯及其刑事责任

按照《刑法》第 27 条第一款的规定，从犯，是指在共同犯罪中起次要或者辅助作用的犯罪分子,从犯分为两种:一是在共同犯罪中起次要作用的从犯,即次要的实行犯。所谓次要的实行犯是相对于主要的实行犯而言的,是指虽然直接实行犯罪,但在整个犯罪活动中其作用居于次要地位的实行犯。二是在共同犯罪中起辅助作用的从犯,即帮助犯,它是指未直接实行犯罪,而在犯罪前后或者犯罪过程中给组织犯、实行犯、教唆犯以各种帮助的犯罪人。

根据《刑法》第 27 条第二款规定,对于从犯,应当从轻、减轻或者免除处罚。

3. 胁从犯及其刑事责任

按照《刑法》第 28 条的规定,胁从犯是指被胁迫参与共同犯罪的犯罪分子,被胁迫参加犯罪,即在他人暴力威胁等精神强制下,被迫参加犯罪,在这种情况下,行为人没有完全丧失意志自由,因此仍应对其犯罪行为承担刑事责任。

按照《刑法》第 28 条的规定:对于胁从犯,应当按照他的犯罪情节减轻处罚或者免除处罚。

4. 教唆犯及其刑事责任

按照《刑法》第 29 条第一款的规定,教唆犯,是指故意唆使他人犯罪的犯罪分子。具体地说,教唆犯是以劝说、利诱、授意、怂恿、收买、威胁以及其他方法,将自己的犯罪意图灌输给本来没有犯意或者虽有犯意但不坚定的人,使其决意实施自己所劝说、授意的犯罪,以达到犯罪目的的人。从教唆犯的概念可以看出,教唆犯的特点是:本人不亲自实行犯罪,而故意唆使他人产生犯罪意图并实行犯罪。成立教唆犯必须具备下列条件;一是客观上具有教唆他人犯罪的行为,即用各种方法,唆使他人去实行某一具体犯罪。教唆的对象是本无犯罪意图的人,或者虽有犯罪意图,但犯罪意志尚不坚决的人。教唆行为只能以作为方式构成,二是主观上具有教唆他人犯罪的故意,故意的内容包括:认识到他人尚无犯罪决意,预见到自己的教唆行为将引起被教唆者产生犯罪决意,而希望或放任教唆行为所产生的结果。因此,教唆犯的主观方面,可以是直接故意,也可以是间接故意。

按照《刑法》第 29 条第一款的规定,对于教唆犯,应当按照他在共同犯罪中所起的作用处罚,这是对教唆犯处罚的一般原则。教唆不满 18 周岁的人犯罪的,应当从重处罚,这一规定是为了更好地维护青少年的合法权益。

按照《刑法》第 29 条第二款规定,如果被教唆的人没有犯被教唆的罪,对于教唆犯,可以从轻或者减轻处罚,这种情况,在刑法理论上称为“教唆未遂”。此外,教唆不满 14 周岁的人或者精神病患者犯罪的,对教唆者应当按单独犯论处。这种情况在刑法理论上称为“间接正犯”即间接实行犯。

第四节　刑　　罚

一、刑罚的概念

刑罚,是刑法规定的由国家审判机关依法对犯罪分子所适用的剥夺或者限制其某种权益的最严厉的法律强制性制裁方法。

二、刑罚的种类

在我国的刑罚中,主刑与附加刑、重刑与轻刑、生命刑和自由刑、财产刑和资格刑互相衔接,组成了一个完整的、科学的刑罚体系。

我国刑罚体系的特点:体现了罪刑相适应的基本原则;体现了改造罪犯为新人的原则;体现了刑罚的人道主义精神。

(一) 主刑

1. 管制

(1) 概念:管制是指对犯罪人不予关押,但限制其一定自由,由公安机关执行的刑罚方法。

(2) 适用对象:轻微犯罪。

(3) 内容:限制但不剥夺人身自由,即不予关押。限制自由的内容是:遵守法律、行政法规,服从监督;未经执行机关批准,不得行使言论、出版、集会、结社、游行、示威自由的权利;按照执行机关规定报告自己的活动情况;遵守执行机关关于会客的规定;离开所居住的市、县或者迁居,应当报经执行机关批准。

(4) 期限:3 个月以上 2 年以下,数罪并罚时不得超过 3 年。管制的刑期从判决执行之日起计算;判决执行前先行羁押的,羁押 1 日折抵刑期 2 日。

(5) 待遇:在劳动中应当同工同酬。

2. 拘役

(1) 概念:拘役是短期剥夺犯罪人自由,就近关押并实行教育劳动改造的刑罚方法。

(2) 适用对象:较轻犯罪。

(3) 内容:短期剥夺人身自由。

(4) 期限:1 个月以上 6 个月以下,数罪并罚时不得超过 1 年。拘役的刑期,从判决执行之日起计算;判决执行以前先行羁押的,羁押 1 日折抵刑期 1 日。

（5）待遇：被判处拘役的犯罪分子每月可以回家1天至2天；参加劳动的，可以酌量发给报酬。

3．有期徒刑

（1）概念：有期徒刑是指剥夺犯罪人一定期限的人身自由，实行强迫劳动改造的刑罚方法。

（2）适用对象：适用对象最为广泛，从较轻犯罪到较重犯罪均可。

（3）内容：剥夺罪犯人身自由，并参加劳动改造。

（4）期限：6个月以上15年以下；死缓减为有期徒刑时为15年以上20年以下；数罪并罚时不得超过20年；刑期从判决执行之日起开始计算；判决执行以前先行羁押的，羁押1日折抵刑期1日。

4．无期徒刑

（1）概念：无期徒刑是剥夺犯罪人终身自由，实行强制劳动和教育改造的刑罚方法。

（2）适用对象：严重犯罪。

（3）内容：剥夺罪犯人身自由，并参加劳动改造。

（4）期限：剥夺终身自由，但由于法律同时规定了减刑、假释、赦免等制度，故而事实上被判处无期徒刑的犯罪人很少有终身服刑的。由于无期徒刑是剥夺终身自由，故判决确定前的羁押时间不可能折抵刑期；由于判决确定以前先行羁押并不是"实际执行"，故羁押时间也不能计算在作为减刑、假释前提条件的实际执行刑期之内。

5．死刑

（1）概念：死刑是剥夺犯罪人生命的刑罚方法。

（2）执行方式：死刑立即执行；死刑缓期两年执行。

（3）适用对象：死刑只适用于罪行极其严重的犯罪分子。

（4）核准程序：死刑除依法由最高人民法院判决的以外，都应当报请最高人民法院核准。死刑缓期执行的，可以由高级人民法院判决或者核准。

（5）死刑缓期执行。

① 死缓的条件：一是"罪该处死"，即必须是罪行极其严重；二是"不是必须立即执行"。

② 死缓的结局：

a．在死刑缓期执行期间，没有故意犯罪的，两年期满以后，减为无期徒刑；

b．在死刑缓期执行期间，有重大立功表现的，两年期满以后，减为15年以上20年以下有期徒刑；

c. 在死刑缓期执行期间，故意犯罪的，由最高人民法院核准，执行死刑。

③ 死刑缓期执行的期间，从判决确定之日起计算。死刑缓期执行减为有期徒刑的刑期，从死刑缓期执行期满之日起计算。

（二）附加刑

1. 罚金

（1）概念：罚金是人民法院判处犯罪人向国家缴纳一定数额金钱的刑罚方法。

（2）适用对象：财产犯、经济犯、轻微犯罪。

（3）判处罚金的根据：犯罪情节。《刑法》第 52 条规定："判处罚金，应当根据犯罪情节决定罚金数额。"据此，犯罪人的财产状况不能作为判处罚金刑的依据。即使犯罪人无力支付，也可根据犯罪情节判处罚金。

（4）罚金数额：刑法分则对罚金数额的规定分为三种情况：

① 有的条文没有规定具体数额。根据司法解释，刑法没有明确规定罚金数额标准的，罚金的最低数额不能少于 1 000 元，对未成年人犯罪应当从轻或者减轻判处罚金，但罚金的最低数额不能少于 500 元。

② 有的条文规定了相对确定的数额。例如，《刑法》第 187 条对吸收客户资金不入账罪，规定并处 2 万元以上 20 万元以下罚金。

③ 有的条文规定了浮动刑，即以违法所得或犯罪涉及的数额为基准，处以一定比例或者倍数的罚金。例如《刑法》第 141 条规定，对生产、销售假药罪处销售金额 50% 以上 2 倍以下罚金。

（5）适用方式：选处、单处、并处、并处或单处。

（6）执行方式：一次缴纳、分期缴纳、强制缴纳、随时追缴、减免缴纳。

《刑法》第 53 规定："罚金在判决指定的期限内一次或者分期缴纳。期满不缴纳的，强制缴纳。对于不能全部缴纳罚金的，人民法院在任何时候发现被执行人有可以执行的财产，应当随时追缴。如果由于遭遇不能抗拒的灾祸缴纳确实有困难的，可以酌情减少或者免除。"

2. 剥夺政治权利

（1）概念：剥夺政治权利，是指依法剥夺犯罪人一定期限参加管理国家和政治活动的权利的刑罚方法。

（2）适用对象：

① 危害国家安全的犯罪分子，应当附加剥夺政治权利。

② 故意杀人、强奸、放火、爆炸、投放危险物质、抢劫等严重破坏社会秩序的犯罪分子，可以附加剥夺政治权利。

③ 被判处死刑、无期徒刑的犯罪分子，应当剥夺政治权利终身。

④ 按照刑法分则规定，剥夺政治权利可独立适用于轻罪。

（3）内容：根据《刑法》第54条的规定，剥夺政治权利是指剥夺如下权利：选举权和被选举权；言论、出版、集会、结社、游行、示威自由的权利；担任国家机关职务的权利；担任国有公司、企业、事业单位和人民团体领导职务的权利。

（4）期限：根据刑法的规定，剥夺政治权利的期限有以下四种情况：

① 对于判处死刑、无期徒刑的犯罪分子，应当附加剥夺政治权利终身。

② 对于死刑缓期执行减为有期徒刑的，或者无期徒刑减为有期徒刑的，应当把附加剥夺政治权利的期限改为3年以上10年以下。

③ 独立适用剥夺政治权利或者判处有期徒刑、拘役而附加剥夺政治权利的，其期限为1年以上5年以下。

④ 判处管制附加剥夺政治权利的，其期限与管制的期限相等，同时执行。

（5）起算与执行：剥夺政治权利的刑期起算与执行分为以下几种情况：

① 独立适用的，按执行判决的一般原则，从判决执行之日起计算、执行。

② 被判管制附加剥夺政治权利的，刑期与管制的刑期同时起算，同时执行。

③ 被判有期徒刑、拘役附加剥夺政治权利的，以及死缓、无期徒刑减为有期徒刑附加剥夺政治权利的，其刑期从徒刑、拘役执行完毕之日起，或从假释之日起开始计算；剥夺政治权利的效力当然适用于主刑执行期间。

④ 判处死刑、无期徒刑而剥夺政治权利终身的，从主刑执行之日起开始执行。

3. 没收财产

（1）概念：没收财产是将犯罪分子个人所有的财产的一部或全部强制无偿地收归国有的一种刑罚方法。

（2）内容：没收犯罪人合法所有并且没有用于犯罪的财产。

（3）没收财产与罚金的区别：

a. 对象不同：没收财产既包括没收金钱也包括没收物品；罚金只能罚金钱。

b. 是否限于现有财产不同：没收财产仅限于对犯罪人的现有财产予以没收；罚金不以犯罪人的现有金钱为限，即使犯罪人身无分文，仍然可以对其判处罚金。

c. 执行方式不同：没收财产一般是一次性将犯罪分子个人所有财产的一部或全部强制予以没收；罚金则可以一次缴纳或者分期缴纳，对不能全部缴纳罚金的，法院在任何时候发现被执行人有可以执行的财产，应当随时追缴。

（4）民事赔偿优先原则。根据《刑法》第36条规定，由于犯罪行为而使被害人遭受经济损失的，对犯罪分子除依法给予刑事处罚外，并应根据情况判处赔偿经济损失。承担民事赔偿责任的犯罪分子，同时被判处罚金，其财产不足以全部支付的，或者被判处没收财产的，应当先承担对被害人的民事赔偿责任。

4. 驱逐出境

是指将犯罪的外国人或无国籍人逐出我国国境的刑罚方法。它只适用于犯罪的外国人和无国籍人。《刑法》第35条规定："对于犯罪的外国人，可以独立适用或者附加适用驱逐出境。"附加判处驱逐出境的，必须在所判处的主刑执行完毕之后，再执行驱逐出境。

应当注意的是：一是犯罪的时候不满18周岁的人和审判的时候怀孕的妇女，不适用死刑，既包括不适用死刑立即执行，也包括不适用死刑缓期两年执行。二是死刑缓期两年执行是死刑的一种特殊执行方式，而非独立于死刑之外的刑罚方法。

三、刑罚的适用

(一) 量刑

量刑，是指人民法院对犯罪分子裁量决定刑罚的一种审判活动。量刑是在定罪的基础上，解决对犯罪分子是否需要判刑，应判何种刑罚，多长刑期的问题。它是全部审判活动的重要组成部分，它对于实现刑法任务和刑罚目的，有重要意义。

(二) 累犯

累犯是指因犯罪受过一定刑罚处罚，在刑罚执行完毕或赦免以后，在法定期限内又犯一定之罪的犯罪分子。我国刑法中的累犯有一般累犯和特别累犯两种类型。

(1) 一般累犯，是指犯故意之罪被判处有期徒刑以上刑罚，在刑罚执行完毕或者赦免以后的五年之内又犯应当被判处有期徒刑以上刑罚之故意罪的犯罪分子。一般累犯的构成条件有：前罪与后罪都是犯故意之罪的；前罪已被判处有期徒刑以上的刑罚，而后罪应当被判处有期徒刑以上的刑罚的；后罪必须是在前罪刑罚执行完毕或者赦免以后五年之内所犯的。

(2) 特别累犯，是指因犯危害国家安全罪被判处刑罚，在刑罚执行完毕或赦免以后的任何时候，又犯国家安全罪的犯罪分子。特别累犯的构成条件：前罪与后罪都必须是危害国家安全罪；前罪执行完毕或者赦免以后又犯危害国家安全。危害国家安全累犯既不受时间的限制，也不受刑罚种类轻重的限制。

(3) 累犯的刑事责任，应当从重处罚。

（三）自首和立功

1. 自首

自首有一般自首和特殊自首两种类型。

一般自首是指犯罪分子犯罪以后，自动投案，如实交代自己的罪行，并接受审查和裁判的行为。

一般自首的条件：自动投案，即指犯罪以后，犯罪事实或者犯罪分子未被发觉，或者虽发觉但犯罪分子未被抓获而自动向有关机关投案的；自愿交代，即指犯罪分子投案后，如实交代自己的全部罪行，至少是如实交代自己的主要犯罪事实；自觉受审，即投案，交代自己罪行后，必须听候，接受司法机关的侦查、起诉和审判。

特殊自首，是指被采取强制措施的犯罪嫌疑人、被告人和正在服刑的罪犯，如实供述司法机关还未掌握的本人其他罪行的行为。

自首的法律待遇：自首可以从轻或者减轻处罚。其中，轻罪自首的，可以免除处罚。

2. 立功

立功是指犯罪分子有揭发他人犯罪行为，查证属实的，或者提供重要线索，从而得以侦破其他案件的行为。

立功的法律待遇：立功可以从轻或者减轻处罚；有重大立功表现的，可以减轻或者免除处罚。犯罪后自首又有重大立功表现的，应当减轻或者免除处罚。

（四）数罪并罚

1. 数罪并罚的概念及特征

数罪并罚，就是指一人身犯数罪，人民法院对其所犯各罪分别定罪量刑后，按照一定的原则，决定应当执行的刑罚。

数罪并罚的特征有：一人犯有数罪；判决宣告以前犯的数罪，或者判决宣告以后，刑罚还没执行完毕以前发现漏罪或刑罚执行完毕前又犯新罪；在对数罪分别定罪量刑的基础上决定应当执行的刑罚。

2. 数罪并罚的原则

数罪并罚的原则，是指对一人所犯数罪合并处罚所依据的原则。我国数罪并罚时所采用的原则是以限制加重原则为基础，以吸收、并科原则为补充的折中原则。

（1）数罪中只要有一罪被判处死刑或无期徒刑的，只执行一个死刑或无期徒刑。

（2）数罪中被判处几个有期徒刑、拘役、管制的，在总和刑期以下，数罪中最高刑期以上酌情决定应当执行的刑期。但有期徒刑不得超过二十年,拘役不得超过一年,管制不得超过三年。

(3) 数罪中有判主刑,又有判附加刑的,附加刑仍须执行。

3. 数罪并罚的适用

根据《刑法》第69条、第70条、第71条的规定,我国刑法中数罪并罚的适用有以下三种情况。

(1) 判决宣告前一人犯数罪的并罚。按《刑法》第69条规定,对所犯数罪在判决宣告前均已被发现并交付审判后,应分别定罪量刑,按前述第二节我国适用数罪并罚的原则处理。数罪有同种数罪与异种数罪之分,这里并罚的数罪是否包括异种数罪,有肯定说与否定说两种观点。

(2) 判决宣告以后发现漏罪的并罚。按《刑法》第70条规定,对判决宣告后,刑罚还没有执行完毕以前,发现尚有漏罪未曾判决,应对该罪另作判决,然后把前后二罪判决依《刑法》第69条规定,决定应执行的刑期。已经执行的刑期应当计算在新判决所决定的刑期以内。这种并罚称作"先并后减"。这里所述漏罪包括同种数罪和异种数罪。所述漏罪应是在前罪判决宣告以前实施,未过法定追诉时效,并在前罪刑罚执行过程中被发现。

(3) 判决宣告后又犯新罪的并罚。根据《刑法》第71条规定,对判决宣告后,刑罚执行完毕以前又犯新罪的,应对后罪作出判决,把前罪未执行完的刑罚与后罪所判刑罚依照第69条规定处理。这种并罚称作"先减后并"。这里所述新罪,与前罪可以是同种数罪,也可以是异种数罪。"先并后减"与"先减后并"的区别:适用的对象不同;并罚的基础不同;严厉程度不同。

(五) 缓刑

1. 缓刑的概念及意义

缓刑是指对于被判处拘役、三年以下有期徒刑,根据其犯罪情节和悔改表现不致再危害社会的犯罪分子,确定一定考验期限暂缓执行原判刑罚的一种刑罚制度。缓刑不是一种刑罚方法,而是一种刑罚执行制度。缓刑的特点是判了一定的刑罚而又暂不予以执行,但在一定考验期内保留执行原判刑罚的可能性。缓刑既可避免短期自由刑的弊端;又可有利于罪犯的改造,实现刑罚目的;同时,也有利于罪犯家属生活的稳定和社会的安定。

2. 缓刑适用的条件

(1) 适用缓刑的对象必须是被判处拘役或三年以下有期徒刑的犯罪分子,也就是罪行较轻的犯罪分子。这是前提条件。

(2) 适用缓刑的对象必须确有悔改表现,放在社会上不会再危害社会。这是缓刑的实质条件。

(3) 适用缓刑的对象不能是累犯。这是缓刑的对象限制条件。

3. 缓刑的考察和法律后果

(1) 缓刑的考验期。拘役的缓刑考验期限为原判刑期以上,一年以下,但不能少于二个月;有期徒刑的考验期限为原判刑期以上五年以下,但不能少于一年。缓刑考验期从判决确定之日起算,即判决生效之日起算。缓刑的考察由公安机关交所在单位或基层组织进行考察。

(2) 缓刑的法律后果。① 缓刑考验期内,未犯新罪,没有漏罪,未有严重违法行为,考验期满,原判刑罚,不再执行;② 考验期内,再犯新罪,撤销缓刑,数罪并罚;③ 考验期内,发现漏罪,撤销缓刑,数罪并罚;④ 考验期内,严重违法,撤销缓刑,收监执行。

4. 对战时犯罪军人的特殊缓刑制度

《军职罪条例》第22条规定:在战时,对被判处三年以下有期徒刑没有现实危险宣告缓刑的犯罪军人,允许其戴罪立功,确有立功表现时,可以撤销原判刑罚,不以犯罪论处。

(六) 减刑

1. 减刑的概念

减刑是指对于被判处管制、拘役、有期徒刑或者无期徒刑的犯罪分子,因其在刑罚执行期间确有悔改或者立功表现,而适当减轻其原判刑罚的刑罚制度减轻原判刑罚,包括将原判较重的刑种减为较轻的刑种和将原判较长刑期减为较短刑期。减刑的意义在于及时鼓励犯罪分子继续加速改造,使其早日成为有益于社会之人。

2. 减刑适用的条件

(1) 减刑的对象是被判处管制、拘役、有期徒刑或者无期徒刑的犯罪分子。

(2) 犯罪分子在服刑期间,必须确有悔改或立功表现。

3. 减刑次数和幅度

减刑可以不受次数限制,但经过多次或一次减刑,对犯罪分子实际执行的刑期,必须不少于法定的限度。无期徒刑不能少于十年,其他刑罚不少于原判刑罚二分之一。

(七) 假释

1. 假释的概念

假释是指对于被判处有期徒刑、无期徒刑的犯罪分子,在执行一定刑期以后,因确有悔改表现,不致再危害社会,而有条件地予以提前释放的一种刑罚制度。假释与刑满释放都是解除监禁,但两者性质不同。假释与减刑都是刑罚执行中的制度,但也有区别:适用对象不同;适用条件不同;适用方法不同;法律后果不同。假释与缓刑都是有条件地不执行原判刑罚,都有考验期,都以再犯罪为撤销条件。它们的不同是:适用对象不同;适用根据不同;适用时间不同;没执行的刑罚不同。

2. 假释适用的条件

(1) 适用假释的对象是被判处有期徒刑或者无期徒刑的犯罪分子。这是适用假释的对象条件。

(2) 适用假释的对象必须已服一定的刑期。有期徒刑必须实际执行了二分之一,无期徒刑则实际执行了十年。这是适用假释的时间条件。如果有特殊情节,可以不受上述执行刑期的限制。

(3) 适用假释的对象必须是确有悔改表现,不致再危害社会的。这是适用假释的实质条件。但有特殊限制规定。

3. 假释的考验期

有期徒刑的假释考验期为没有执行完毕的刑期;无期徒刑的假释考验期为十年。假释考验期,从假释之日起计算。

4. 假释的法律后果

(1) 假释考验期内,未犯新罪,没有漏罪,未有严重违法行为,考验期满,原判刑罚,认为已经执行完毕;

(2) 考验期内,再犯新罪,撤销假释,数罪并罚;

(3) 考验期内,发现漏罪,撤销假释,数罪并罚;

(4) 考验期内,严重违法,撤销假释,收监执行。

第五节 主要罪名

一、犯罪的分类

我国刑法按一定的标准对各种具体犯罪进行了分类与排列。以犯罪行为所侵犯的同类客体为依据,将所有犯罪分为危害国家安全罪、危害公共安全罪等十类;按照各类犯罪危害社会的程度,由重到轻进行了排列。并且,每一类犯罪中具体犯罪的排列,也是按照各犯罪社会危害性的大小排列的。同时也考虑了一些犯罪的性质及立法技术的需要。

二、常见的主要罪名

1. 危害国家安全罪

危害国家安全罪,是指故意危害中华人民共和国国家安全的行为。

刑法分则规定的危害国家安全罪,具体包括:背叛国家罪,分裂国家罪,煽动分裂国家罪,武装叛乱、暴乱罪,颠覆国家政权罪,煽动颠覆国家政权罪,资助危害国家安全犯罪活动罪,投敌叛变罪,叛逃罪,间谍罪,为境外窃取、刺探、收买、非法提供国家秘密、情报罪,资敌罪等12个罪名。

2. 危害公共安全罪

刑法分则规定的危害公共安全罪,具体包括:放火罪,决水罪,爆炸罪,投毒罪,交通肇事罪,破坏交通工具罪,失火罪,过失决水罪,过失爆炸罪,过失投毒罪,破坏交通设施罪。

3. 破坏社会主义市场经济秩序罪

刑法分则规定的破坏社会主义市场经济秩序罪,具体又分为八类:

(1) 生产、销售伪劣商品罪。

(2) 走私罪。

(3) 妨害对公司、企业的管理秩序罪。

(4) 破坏金融管理秩序罪。

(5) 金融诈骗罪。

(6) 危害税收征管罪。

(7) 侵犯知识产权罪。

(8) 扰乱市场秩序罪。

4. 侵犯公民人身权利、民主权利罪

侵犯公民人身权利、民主权利罪,是指故意或者过失地侵犯公民人身权利、民主权利的行为。

刑法分则规定的侵犯公民人身权利、民主权利罪,具体包括:故意杀人罪,故意伤害罪,强奸罪,奸淫幼女罪,强制职工劳动罪,过失致人死亡罪,过失致人重伤罪,拐卖妇女儿童罪,非法侵入住宅罪。

5. 侵犯财产罪

侵犯财产罪,是指故意非法占有、挪用公私财物,或者故意毁坏公私财物,破坏生产经营的行为。

刑法分则规定的侵犯财产罪,具体包括:盗窃罪,诈骗罪,抢夺罪,侵占罪,聚众哄抢罪,挪用特定款物罪,职务侵占罪,挪用资金罪,设施勒索罪,抢劫罪,故意毁坏财物罪，破坏生产经营罪等12个罪名。

6. 妨害社会管理秩序罪

妨害社会管理秩序罪，是指妨害国家机关的社会管理活动，破坏社会正常秩序，情节严重的行为。

刑法规定的妨害社会管理秩序罪，具体又分为九类：

(1) 扰乱公共秩序罪。

(2) 妨害司法罪。

(3) 妨害国(边)境管理罪。

(4) 妨害文物管理罪。

(5) 危害公共卫生罪。

(6) 破坏环境资源保护罪。

(7) 走私、贩卖、运输、制造毒品罪。

(8) 组织、强迫、引诱、容留、介绍卖淫罪。

(9) 制作、贩卖、传播淫秽物品罪。

7. 危害国防利益罪

危害国防利益罪，是指违反国防法律、法规，拒不履行国防义务或以其他形式危害国防利益，依法应受刑罚处罚的行为。

(1) 危害国防利益罪的构成。

① 侵犯的客体是国防利益。即指国家为防备和抵抗外来侵略，制止武装颠覆，保卫国家主权、统一、领土完整和安全所进行的军事以及与军事有关的政治、经济、外交、科技、教育等方面活动的利益，包括国防物质基础、作战和军事行动、国防管理程序、武装力量建设等方面的利益。

② 客观方面实施了违反国防法律、法规，拒不履行国防义务或以其他形式危害国防利益的行为。侵害的对象包括武装部队，军人，军用武器装备，军事设施，军事通信，军事禁区和军事管理区，兵员，部队的公文、证件、印章，部队的专用标志等。

③ 犯罪主体既有个人也有单位。

④ 主观方面多数犯罪出于故意，个别犯罪出于过失。

(2) 危害国防利益罪的分类。

刑法分则规定的危害国防利益罪，具体包括：阻碍军人执行职务罪，阻碍军事行动罪，破坏武器装备、聚众扰乱军事管理区秩序罪，煽动军人逃离部队罪，故意提供不合格武器装备罪，雇用逃离部队军人罪，聚众冲击军事禁区罪。

8. 贪污贿赂罪

贪污贿赂罪,是指国家工作人员利用职务上的便利,非法占有、挪用公共财物以及损害国家工作人员职务廉洁性的行为。

贪污贿赂罪基本特征是:

(1) 侵犯的客体主要是国家工作人员职务的廉洁性。

(2) 客观方面表现为利用职务上的便利,实施了非法占有、挪用公共财物以及损害国家廉洁制度,情节严重的行为。

(3) 犯罪主体大多数是特殊主体,即国家工作人员,少数是一般主体。

(4) 主观方面只能出于直接故意,过失不构成这类犯罪。

刑法分则规定的贪污贿赂罪,具体包括:贪污罪,挪用公款罪,受贿罪,单位受贿罪,行贿罪,对单位行贿罪,介绍贿赂罪,单位行贿罪,巨额财产来源不明罪,隐瞒境外存款罪,私分国有资产罪,私分罚没财物罪等12个罪名。

9. 渎职罪

渎职罪,是指国家机关工作人员违背公务职责,滥用职权、玩忽职守或者徇私舞弊,妨害国家机关正常职能活动,致使国家和人民利益遭受严重损失的行为。

刑法分则规定的渎职罪,具体包括:滥用职权罪,玩忽职守罪,徇私枉法罪,枉法裁判罪,环境监管失职罪,放纵走私罪,商检失职罪,国家机关工作人员签订合同失职罪,动植物检疫徇私舞弊罪。

10. 军人违反职责罪

军人违反职责罪,是指军人违反职责,危害国家军事利益,依照法律应当受刑罚处罚的行为。

案例分析 >>>

黄某所在单位因经济不景气进行大幅裁员,黄某因此下岗。黄某在单位与其副厂长刘某不和,所以,黄将下岗的原因归咎于刘从中作梗。因此对刘怀恨在心,一直寻机报复。黄将此想法告知同时下岗的本单位工人李某,李某亦对刘某不满。二人经商议后,决定先将刘某杀死而后劫机飞往美国。1999年10月,二人购买了“六四”式手枪两支,于2000年10月、11月进行两次登机试验。2000年12月11日二人再次预谋,决定于12日晚杀死刘某全家而后劫机飞往台湾。11日中午,黄某与李某共同出资购买机票两张。11日晚,李某因惧怕而找到刘某,告知其黄、李二人的杀人、劫机计划。并同刘一起到公安机关报案。

公安机关接到报案后，于12日凌晨将黄某抓获。

问题：

(1) 黄、李的行为构成何罪？

(2) 二人的犯罪是犯罪预备、未遂、既遂还是犯罪中止？

(3) 二人在共同犯罪中的作用和地位如何？

本章小结

本章讲述了刑法的基本原则、犯罪、刑罚、主要罪名等内容及与之相关的基础知识。应掌握的知识点如下：

1. 掌握刑法的概念、刑法的任务、刑法的效力范围、刑法的解释。

2. 掌握罪刑法定原则、适用刑法人人平等原则、罪责刑相适应原则。

3. 掌握犯罪的概念和特征、犯罪构成、正当防卫与紧急避险、犯罪预备、未遂和中止、共同犯罪。

4. 掌握刑罚的概念、刑罚的种类、刑罚的适用。

5. 掌握犯罪的分类、常见的主要罪名。

复习思考题

1. 问答题

(1) 简要回答刑法的基本原则。

(2) 犯罪的特征什么？

(3) 正当防卫的条件是什么？

(4) 紧急避险的条件是什么？

(5) 紧急避险与正当防卫有何异同？

(6) 共同犯罪的构成特征是什么？

2. 案例题

邵某(出生于1984年8月5日)自幼就游手好闲，偷摸成性。在14岁之前盗窃包括父母在内的他人各类财物总计约25 000余元。1998年8月5日生日那天，邵某邀集几个同学、朋友到一饭馆聚餐，席间邵某及其朋友猜拳划令、又唱又笑，结果引起邻座另几位小青年的不满，其中一位(古某)出面劝说了几句。邵某认为这是在朋友面前使自己难堪，十分恼火，就不客气地与其争吵，争吵中古某推了邵某一把，邵某恼羞成怒，借着酒力，随即掏出随身携带的弹簧刀向古某连刺数刀，古某躲闪不及被刺中要害部位，当场倒地而亡，邵某见状吓得立即逃跑。在回家的路上,想到杀人是要偿命的,觉得还是远走高飞好,但这需要一大笔钱,于是决定一不做,二不休。看见一个“大款”模样的人提着包走在前面,邵某紧紧跟随,走到一胡同口,猛地窜向前拦住去路,掏出弹簧刀将持包人刺伤,把包抢走,包内有手提电话一部、现金15 000余元、信用卡两张以及身份证等。当天夜晚,邵某就赶奔其在外省的外婆家避难。2000年6月的一天,邵某出门游逛,见路边停着一辆半新的“桑塔纳”,即设法打开车门,将车开走。行驶途中,因操作生疏,将路边一水果摊撞毁,并致摊主当场死亡。邵某驾车逃走。第二日下午,邵某将汽车以4万元的价格卖出。不久被当地公安机关抓获。在公安机关侦查期间,邵某还主动交代了其于1999年9、10月份曾经先后两次受人之托,将两包约2 000克的“白面”(毒品)从乡下带到省城,共得到酬金6 000元的行为。

根据案情请分析并回答:

(1) 从刑法意义上分析,邵某的上述哪些行为属于刑法意义上的行为,哪些构成犯罪?为什么?

(2) 对邵某依法如何处理?

(3) 假如邵某将水果摊的摊主撞成重伤,此时邵某下车看周围有许多围观的人,就声称把伤者带到医院抢救而离开了现场。但在途中邵某发现无人跟随,就把车拐进一树林中,将伤势很重的摊主扔在他人一时无法发现的树丛中,然后驾车逃跑。后摊主因失血过多又未能得到及时抢救而死亡,则此案又该如何处理?为什么?

3. 实训题

甲和乙两人是同一城市的居民,二人决定去某小区进行盗窃。某日晚,甲乙二人绕过小区保安,进入丙家。甲、乙刚入室实施盗窃,发现丙和其妻子王某在家。于是,甲让乙在门外望风,自己持水果刀进入室内,威胁两人不要喊叫,否则就灭口。甲在书房拿走了10万元现金。正要走时,甲却发现丙欲打电话,甲当即便持水果刀向丙刺去,致丙死亡。乙一见死人了,害怕受牵连便溜之大吉。甲见王某漂亮便起了强奸之意。他持水果刀威胁王某将衣服脱掉,正在此时甲听见外面有警笛声,因为害怕立即逃走,逃走时顺手将在化妆台上价值2万元的首饰拿走。后甲将首饰交予乙,乙将首饰卖出得款1万元。

请根据刑法规定与刑法理论,对本案进行全面分析。

第十二章 诉 讼 法

本章提要

本章主要介绍民事诉讼法、刑事诉讼法和行政诉讼法的主要内容。重点阐述了我国诉讼法的基本原则、基本制度，三大诉讼法各自特有的原则，以及诉讼程序等内容。

本章学习目标

- 了解诉讼程序；
- 掌握诉讼及诉讼法的基本概念；
- 掌握诉讼法的基本原则和基本制度；
- 掌握民事诉讼法、刑事诉讼法和行政诉讼法的特有原则。

案例导入

本案所引发的若干程序问题①

被告人张某故意杀人（中止）案由某县人民检察院向县人民法院提起公诉，经开庭审理，县法院的办案人员认为本案定性存在问题，遂向市中级人民法院请示。市中级人民法院经审查认为本案被告人张某的行为应构成暴力干涉婚姻自由罪，不构成故意杀人（中止）罪，并给予答复。接市中级人民法院的答复

① 资料来源：王玲、孟庆荣：《法律基础与实务》，清华大学出版社2009年版，第232页。有改动。

后，县法院通知了县检察院。鉴于暴力干涉婚姻自由系自诉案件，县检察院遂撤回起诉，并通知被害人，告诉其可直接向县法院起诉。后被害人向县法院提起自诉，县法院受理后予以立案。

本章引入本案例的目的不是探讨本案的定罪量刑，而是本案所引发的若干程序问题，即本案涉及案件的定罪量刑能否向上级人民法院请示，本案能否由县检察院撤回起诉或由县法院驳回起诉、县法院应否受理本案被害人的自诉、人民法院能否变更指控罪名等问题。

通过本案例，我们应当知道，诉讼法与实体法同样重要，我们不仅要重视实体法，同样要重视程序法。

第一节　诉讼法概述

一、诉讼法的概念

诉讼法是指国家制定的关于诉讼活动的法律规范的总称，是打官司时所应遵循的行为规范。诉讼法是典型的法律程序法。我国有三大诉讼法，分别是民事诉讼法、刑事诉讼法和行政诉讼法。在法治比较发达的国家，除了以上三大诉讼法外，一般还有宪法诉讼。我国目前还没有宪法诉讼，因此没有规范违宪案件审理的程序法。

二、我国诉讼法的基本原则

1. 人民法院独立行使审判权原则

人民法院独立行使审判权，是宪法规定的一项基本原则。包括以下含义：(1) 人民法院审理案件，不受任何行政机关、社会团体和个人的干涉。(2) 人民法院独立审判，是作为一个整体行使审判权，而不是法官个人独立审判。(3) 人民法院独立审判，不能独立于法律之外自由审判，必须依照法律规定。

2. 以事实为根据，以法律为准绳原则

以事实为根据，即必须以查对属实的证据和凭借这些证据认定的案件事实为根据；以法律为准绳，即必须以法律的规定为衡量的标准处理案件。两者缺一不可，相辅相成。

3. 适用法律平等原则

公民在适用法律上一律平等的原则，是我国宪法规定的“公民在法律面前，人人平等”原则在法的适用中的具体运用和体现，也是“以事实为根据，以法律为准绳”原则的必然引申。

4. 诉讼以本民族语言文字进行原则

在少数民族聚居或者多民族共同居住的地区，人民法院应当用当地民族通用的语言文字审理案件和发布法律文书。人民法院应当对不通晓当地民族通用语言、文字的诉讼参与人提供翻译。

5. 人民检察院对诉讼实行监督原则

人民检察院对民事审判活动实行法律监督，对于保障人民法院审判权的正确行使，保证民事诉讼活动的合法性，维护社会主义法制的统一，具有重要意义。

三、诉讼的基本制度

1. 公开审判制度

人民法院审判案件一律公开进行，但有关国家秘密、个人隐私的不公开审理。不公开审理的案件，宣判仍需公开进行。

2. 合议制度

合议制度是指人民法院在审理民事案件时实行集体审理和评议的制度。所谓集体是三人以上的审判集体。

3. 回避制度

回避制度是指为了保证案件的公正审理，而要求与案件有一定利害关系的审判人员或其他有关人员，不得参与本案的审理活动或诉讼活动的审判制度。

4. 两审终审制度

人民法院审理民事案件，依照法律规定实行两审终审制度。所谓两审终审制度是指某一案件经过两级人民法院审判后即告终结的制度。

5. 管辖制度

管辖是上下级人民法院及同级人民法院之间受理第一审案件的权限划分。刑事诉讼中的管辖，还包括公检法机关在刑事案件受理范围内的权限划分。

6. 证据制度

证据制度，是指法律规定或确认的关于诉讼中的证据、证据种类、证明对象、证明责任、证明要求，以及如何收集、审查、判断证据的制度。

第二节 民事诉讼法

民事诉讼法是指人民法院在当事人和其他诉讼参与人的参加下，审理和解决民事案件的活动。民事诉讼法是调整人民法院、当事人及其他诉讼参与人在民事诉讼中的权利义务关系的法律规范的总称。

一、民事诉讼法的特有原则

1. 当事人诉讼权利平等原则

人民法院审理民事案件,应当保障和便利当事人行使诉讼权利,对当事人在适用法律上一律平等。

2. 法院调解自愿和合法原则

法院调解是我国民事审判工作的优良传统和成功经验,民事诉讼把法院调解用法律条文固定下来,并将自愿、合法进行调解确定为一项基本原则。

3. 辩论原则

辩论原则是指在人民法院主持下,当事人有权就案件事实和争议问题,各自陈述自己的主张和根据,互相进行反驳和答辩,以维护自己的合法权益。

4. 处分原则

处分原则,是指民事诉讼当事人有权在法律规定的范围内,处分自己的民事权利和诉讼权利。处分即自由支配,对于权利可行使,也可放弃。

5. 支持起诉原则

机关、社会团体、企业事业单位对损害国家、集体或者个人民事权益的行为,可以支持受损害的单位或者个人向人民法院起诉。

二、民事诉讼当事人

民事诉讼当事人,是指因民事上的权利义务关系发生纠纷,以自己的名义进行诉讼,并受人民法院裁判拘束的利害关系人。

民事诉讼当事人包括原告和被告。以自己的名义提起诉讼,请求法院保护其权益,因而使诉讼成立的人,称为原告。与原告相对的一方,被控侵犯原告权益,需要追究民事责任,并经法院通知其应诉的人,称为被告。不以自己的名义,而以他人名义进行诉讼的人,如诉讼代理人,不是民事诉讼当事人。虽然以自己的名义参与诉讼,但不受法院裁判约束,没有利害关系的人,如证人、鉴定人,也不是民事诉讼当事人。

三、民事诉讼中的财产保全和先予执行

1. 财产保全

财产保全,是指人民法院在利害关系人起诉前或者当事人起诉后,为保障

将来的生效判决能够得到执行或者避免财产遭受损失,对当事人的财产或者争议的标的物,采取限制当事人处分的强制措施。

财产保全中,被保全财物的价额应当限定在诉讼请求的范围之内,不应超出请求标的物的价额;并且被保全的财物应当是争议法律关系所涉及的财产,对案外人的财产、案外人善意取得的与案件有关的财产,不得采取保全措施。

2. 先予执行

先予执行,是指人民法院在终局判决之前,为解决权利人生活或生产经营的急需,依法裁定义务人预先履行一定数额的金钱或者财物等措施的制度。

人民法院裁定先予执行,须满足三个条件:(1) 当事人之间权利义务关系明确;(2) 有先予执行之必要;(3) 被申请人有履行能力。

另外,不是所有的案件都可以先予执行的,只有以下案件才能适用先予执行:(1) 追索赡养费、扶养费、抚育费、抚恤金、医疗费用的案件;(2) 追索劳动报酬的案件;(3) 因情况紧急需要先予执行的案件。

四、民事诉讼程序

1. 审判程序

(1) 第一审程序,包括普通程序和简易程序。普通程序应在 6 个月内审结,简易程序应在 3 个月内审结。

起诉和受理。起诉应符合三个法定条件:原告是与本案有直接利害关系的公民、法人和其他组织;有明确的被告,具体的诉讼请求和事实根据;属于人民法院主管的范围和受诉人民法院管辖。人民法院收到起诉状,应在 7 日内立案并通知当事人;认为不符合起诉条件的,应当在 7 日内裁定不予受理。原告对裁定不服,可以提起上诉。

审理前的准备。人民法院应当在立案之日起 5 日内将起诉状副本发送给被告,被告在收到起诉状之日起的 15 日内提出答辩状。被告提出答辩状的,人民法院应当在收到之日起 5 日内将答辩状副本发送原告。被告不提出答辩状的,不影响人民法院审理。

开庭审理。人民法院审理民事案件,除涉及国家秘密、个人隐私或者法律另有规定的以外,应当公开进行。离婚案件,涉及商业秘密的案件,当事人申请不公开审理的,可以不公开审理。开庭审理包括庭审准备、法庭调查、法庭辩论、评议和宣判等阶段。

调解和判决。人民法院审理民事案件,根据当事人自愿的原则,在事实清楚的基础上,分清是非,进行调解。调解可以由审判员一人主持,也可以由合议庭主持，并尽可能就地进行。调解达成协议，人民法院应当制作调解书。调解书经双方当事人签收后，即具有法律效力。调解不成时，应当及时判决。判决可以当庭宣布，也可以定期宣判。

简易程序是指基层人民法院及其派出的人民法庭，审理简单民事案件所适用的既独立又简便易行的诉讼程序。它适用于事实清楚、权利义务明确，争议不大的简单案件。

(2) 第二审程序，又称上诉程序，是上一级人民法院对当事人不服一审裁判提出的上诉案件进行重新审理的程序。

当事人不服地方人民法院第一审判决的，有权在判决书送达之日起 15 日内向上一级人民法院提起上诉。当事人不服地方人民法院第一审裁定的，有权在裁定书送达之日起十日内向上一级人民法院提起上诉。

上诉应当递交上诉状。上诉状的内容，应当包括当事人的姓名，法人的名称及其法定代表人的姓名或者其他组织的名称及其主要负责人的姓名；原审人民法院名称、案件的编号和案由；上诉的请求和理由。上诉状应当通过原审人民法院提出，并按照对方当事人或者代表人的人数提出副本。

第二审人民法院对上诉案件，应当组成合议庭，开庭审理。经过阅卷和调查，询问当事人，在事实核对清楚后，合议庭认为不需要开庭审理的，也可以径行判决、裁定。第二审人民法院审理上诉案件，可以进行调解。调解达成协议，应当制作调解书，由审判人员、书记员署名，加盖人民法院印章。调解书送达后，原审人民法院的判决即视为撤销。

人民法院审理对判决的上诉案件，应当在第二审立案之日起 3 个月内审结。

(3) 审判监督程序，又称再审程序，是指发现已经生效的判决、裁定或调解协议确有错误，依法提起再审适用的程序。

审判监督程序不是民事诉讼的第二审程序，而是纠正人民法院所作生效裁判错误的一种补救性的独立审判程序。

各级人民法院院长对本院已经发生法律效力的判决、裁定，发现确有错误，认为需要再审的，应当提交审判委员会讨论决定。最高人民法院对地方各级人民法院已经发生法律效力的判决、裁定，上级人民法院对下级人民法院已经发生法律效力的判决、裁定，发现确有错误的，有权提审或者指令下级人民法院再审。当事人对已经发生法律效力的判决、裁定，认为有错误的，可以向上一级人民法院申请再审，但不停止判决、裁定的执行。

2. 特别程序

特别程序,是指人民法院审理选民资格案件和特定类型的民事非讼案件所适用的程序。适用特别程序的案件包括:选民资格案件、宣告失踪或者宣告死亡案件、认定公民无民事行为能力或者限制民事行为能力案件、认定财产无主案件。

3. 督促程序

督促程序是人民法院依债权人申请,以支付令的形式催促债务人限期履行还债义务的程序,仅适用特定的债务案件,债权人请求给付的只能是金钱或者有价证券。

4. 公式催告程序

公式催告程序是人民法院根据票据持有人的申请,以公告方式通知不明利害关系人在法定期限内主张权利,如无人主张则作出除权判决的程序。该程序适用于可以背书转让的票据持有人,因票据被盗、遗失或者灭失的情况。

5. 执行程序

对发生法律效力的判决、裁定、调解书和其他应由人民法院执行的法律文书,当事人必须履行。一方拒绝履行的,对方当事人可以向人民法院申请执行。申请执行的期限从法律文书规定履行期间的最后一日起计算,双方或者一方当事人是公民的为1年,双方是法人或者其他组织的为6个月。

执行措施包括:(1) 冻结、划拨、扣留和提取被执行人的存款或收入;(2) 查封、扣押、冻结、变卖、拍卖被执行人的财产;(3) 搜查;(4) 强制支付法律文书指定的财产或票证;(5) 强制被执行人迁出房屋或退出土地;(6) 强制完成法律文书制定的行为。

第三节　刑事诉讼法

一、刑事诉讼法的特有原则

1. 专门机关与群众相结合原则

《刑事诉讼法》第六条规定:“人民法院、人民检察院和公安机关进行刑事诉讼,必须依靠群众,必须以事实为根据,以法律为准绳。对于一切公民,在适用法律上一律平等,在法律面前,不允许有任何特权。”

2. 公检法分工负责、互相配合、互相制约原则

《刑事诉讼法》第七条规定:“人民法院、人民检察院和公安机关进行刑事诉

讼,应当分工负责,互相配合,互相制约,以保证准确有效地执行法律。"这一规定确立了分工负责,互相配合,互相制约的诉讼原则。

3. 未经依法判决不得确定有罪原则

《刑事诉讼法》第 12 条规定:"未经人民法院依法判决,对任何人都不得确定有罪。"该原则的基本含义是:

(1) 在刑事诉讼中,确定被告人有罪的权利由人民法院统一行使。在刑事诉讼中,审判权依法只能由人民法院统一行使,其他任何机关、团体和个人都无权行使。

(2) 人民法院的判决必须依法作出。在刑事诉讼中要确定被告人有罪,人民法院必须按照刑法和刑事诉讼法的规定,经过开庭审理查明事实,以法律为依据作出有罪的判决,并且将其公开宣告。未经法律规定的诉讼程序,人民法院不得确定任何人有罪。

4. 保障诉讼参与人依法享有诉讼权利原则

《刑事诉讼法》第 14 条规定:"人民法院、人民检察院和公安机关应当保障诉讼参与人依法享有的诉讼权利。对于不满 18 岁的未成年人犯罪的案件,在讯问和审判时,可以通知犯罪嫌疑人、被告人的法定代理人到场。诉讼参与人对于审判人员、检察人员和侦查人员侵犯公民诉讼权利和人身侮辱的行为,有权提出控告。"

二、辩护与代理

1. 辩护和辩护权的概念

辩护是指刑事诉讼中犯罪嫌疑人、被告人和辩护人针对指控进行反驳、申辩和辩解,以证明犯罪嫌疑人、被告人无罪、罪轻,或者应当减轻、免除其刑事责任。辩护权是犯罪嫌疑人、被告人的一项基本权利,也是一项基本的宪法权利。我国《刑事诉讼法》规定当事人有权为自己进行辩护,也有权委托他人为其辩护。

2. 辩护的种类

我国刑事诉讼法辩护的种类主要有:

(1) 自行辩护。自行辩护是指犯罪嫌疑人、被告人针对指控进行反驳、申辩和辩解的行为。这种辩护贯穿于整个刑事诉讼,无论是在侦查阶段,还是在审判阶段,犯罪嫌疑人、被告人都可以为自己辩护。

(2) 委托辩护。委托辩护是犯罪嫌疑人、被告人依法委托律师或者其他公民协助其进行辩护。

(3) 指定辩护。指定辩护是人民法院为被告人指定辩护人以协助其行使辩护权。我国的指定辩护只适用于审判阶段,被指定的辩护人只能是律师。

指定辩护包括:① 公诉人出庭公诉的案件,被告因经济困难或其他原因没有委托辩护人的,人民法院可以指定承担法律援助义务的律师提供辩护。② 被告人盲、聋、哑或者限制行为能力,或者在开庭审理时不满 18 周岁的未成年人而没有委托辩护人的,人民法院应当指定承担法律援助义务的律师为其提供辩护。③ 被告人可能被判处死刑而没有委托辩护人的,人民法院应当为其指定承担法律援助义务的律师为其辩护。

3. 辩护人的范围

《刑事诉讼法》第 32 条规定,辩护人的范围包括:(1) 律师。律师是指依照法定程序取得律师资格,并且经过登记注册,为社会提供法律服务的执业人员。(2) 人民团体或者犯罪嫌疑人、被告人所在单位推荐的人。鉴于我国当前的律师队伍尚不能完全满足实际需要,为了有效地维护犯罪嫌疑人、被告人的合法权益,工会、妇联、共青团、学联等群众性团体以及犯罪嫌疑人、被告人所在单位,可以推荐公民担任刑事案件辩护人。(3) 犯罪嫌疑人、被告人的监护人、亲友,也可以接受犯罪嫌疑人、被告人的委托,做他的辩护人。

4. 辩护律师的主要权利

根据刑事诉讼法和律师法的规定,我国辩护人的权利主要有:

(1) 辩护人有权根据事实和法律,独立进行辩护。辩护人根据自己对事实的认定和对法律的理解,独立进行辩护,其他任何机关,包括人民法院和人民检察院,或团体、个人,都无权干涉。

(2) 会见通信权。《刑事诉讼法》第 36 条规定:"辩护律师自人民检察院对案件审查起诉之日起,可以查阅、摘抄、复制本案的诉讼文书、技术性鉴定材料,可以同在押的犯罪嫌疑人会见和通信。其他辩护人经人民检察院许可,也可以查阅、摘抄、复制上述材料,同在押的犯罪嫌疑人会面和通信。在审判阶段,辩护律师可以查阅、摘抄、复制本案所指控的犯罪事实的材料,可以同在押的被告人会见、通信。其他辩护人经人民法院许可,也可以查阅、摘抄、复制上述材料,同在押的被告人会见、通信。"

(3) 调查取证权。《刑事诉讼法》第 37 条规定:"辩护律师经证人或者其他有关单位和个人同意,可以向他们收集与本案有关的材料,也可以申请人民检察院、人民法院收集、调取证据。辩护律师经人民检察院或者人民法院许可,并且经被害人或者其近亲属、被害人提供的证人同意,可以向他们收集与本案有关的材料。其他辩护人则没有这项权利。"

(4) 提出辩护意见权。《刑事诉讼法》第 139 条规定:"人民检察院审查案件,应当听取犯罪嫌疑人委托的人的意见。也就是说,犯罪嫌疑人委托的辩护人在审查起诉阶段就有权为委托人辩护。对此,人民检察院应当听取。"

(5) 参加法庭调查和法庭辩论权。在法庭调查阶段,辩护人在公诉人讯问被告人后,经审判长许可,可以向被告人发问;经审判长许可,可以对证人、鉴定人发问;法庭审理中,辩护人有权申请新的证人到庭,调取新的证物,申请重鉴定或者勘验。法庭辩论阶段,辩护人可以证据和案件情况发表意见并且可以和控方展开辩论。

(6) 经被告人同意,提出上诉的权利。

(7) 对于人民法院、人民检察院和公安机关采取强制措施超过法定期限的,辩护人有权要求解除强制措施。

(8) 拒绝辩护权。拒绝辩护的情形有两种:一种是犯罪嫌疑人、被告人拒绝辩护人继续辩护;另一种拒绝辩护是指辩护人具有法定理由不再为犯罪嫌疑人、被告人辩护的行为。《律师法》第 29 条第二款规定:"律师接受委托后,无正当理由的,不得拒绝辩护或者代理,但委托事项违法,委托人利用律师提供的服务从事违法活动或者委托人隐瞒事实的,律师有权拒绝辩护或者代理。"

5. 刑事代理

刑事诉讼中的代理,是指代理人接受公诉案件的被害人(及其法定代理人或近亲属)、自诉案件的自诉人(及其法定代理人或近亲属)、附带民事诉讼的当事人(及其法定代理人或近亲属)的委托,以被代理人的名义参加诉讼,由被代理人承担行为后果的一项法律制度。

诉讼代理人的范围与辩护人是一致的,即律师,人民团体或犯罪嫌疑人、被告人所在单位推荐的人,犯罪嫌疑人、被告人的监护人、亲友可以被委托为诉讼代理人。诉讼代理人必须在代理权限内进行代理活动。

三、强制措施

刑事诉讼中的强制措施,是指司法机关依法对犯罪嫌疑人、被告人或者现行犯、重大嫌疑分子所采取的限制或剥夺其人身自由的各种强制方法。我国《刑事诉讼法》规定的强制措施有五种:

1. 拘传

公安机关、人民检察院或者人民法院对于没有拘留、逮捕的犯罪嫌疑人、被告人强制其到指定地点接受讯问的方法,是强制措施中最轻微的一种。传唤、拘传的时间最长不得超过 12 小时。不得以连续传唤、拘传的形式变相拘禁犯罪嫌疑人。

2. 取保候审

公、检、法机关依法责令犯罪嫌疑人或者被告人提供保证人或者交纳保证金并出具保证书,保证其不逃避或者妨碍侦查、起诉、审判并随传随到的一种强制措施。人民法院、人民检察院和公安机关对于有下列情形之一的犯罪嫌疑人、被告人,可以取保候审:(1) 可能判处管制、拘役或者独立适用附加刑的;(2) 可能判处有期徒刑以上刑罚,采取取保候审、监视居住不致发生社会危险性的。人民法院、人民检察院和公安机关决定对犯罪嫌疑人、被告人取保候审,应当责令犯罪嫌疑人、被告人提出保证人或者交纳保证金。人民法院、人民检察院和公安机关对犯罪嫌疑人、被告人取保候审最长不得超过12个月。

3. 监视居住

公、检、法机关依法责令犯罪嫌疑人或者被告人不得擅自离开住所或指定的居所,并对其行动加以监视的一种强制措施。人民法院、人民检察院和公安机关对于有下列情形之一的犯罪嫌疑人、被告人,可以监视居住:(1) 可能判处管制、拘役或者独立适用附加刑的;(2) 可能判处有期徒刑以上刑罚,采取取保候审、监视居住不致发生社会危险性的。人民法院、人民检察院和公安机关对犯罪嫌疑人、被告人监视居住最长不得超过六个月。

4. 拘留

公安机关、人民检察院对于现行犯或者重大嫌疑份子,在遇有法定的紧急情况下依法采取的临时剥夺其人身自由的一种强制措施。公安机关对于现行犯或者重大嫌疑分子,如果有下列情形之一的,可以先行拘留:(1) 正在预备犯罪、实行犯罪或者在犯罪后即时被发觉的;(2) 被害人或者在场亲眼看见的人指认他犯罪的;(3) 在身边或者住处发现有犯罪证据的;(4) 犯罪后企图自杀、逃跑或者在逃的;(5) 有毁灭、伪造证据或者串供可能的;(6) 不讲真实姓名、住址,身份不明的;(7) 有流窜作案、多次作案、结伙作案重大嫌疑的。公安机关拘留人的时候,必须出示拘留证。拘留后,除有碍侦查或者无法通知的情形以外,应当把拘留的原因和羁押的处所,在24小时以内,通知被拘留人的家属或者他的所在单位。

5. 逮捕

公、检、法机关为防止犯罪嫌疑人、被告人逃避或者妨碍侦查、起诉、审判的进行,防止其发生社会危险性,依法采取的暂时剥夺其人身自由,予以羁押的强制措施。逮捕犯罪嫌疑人、被告人,必须经过人民检察院批准或者人民法院决定,由公安机关执行。公安机关逮捕人的时候,必须出示逮捕证。逮捕后,除有碍侦查或者无法通知的情形以外，应当把逮捕的原因和羁押的处所，在24小时以内通知被逮捕人的家属或者他的所在单位。人民法院、人民检察院对于各自决定逮捕的人，公安机关对于经人民检察院批准逮捕的人，都必须在逮捕后的24小时以内进行讯问。在发现不应当逮捕的时候，必须立即释放，发给释放证明。

四、刑事诉讼程序

刑事诉讼程序一般分为立案、侦查、提起公诉、审判和执行五个阶段。自诉案件在立案后即可进入审判阶段，不需要经过侦查和提起公诉。

1. 立案

立案是指公安、司法机关对于报案、控告、举报、自首以及自诉人起诉等材料，按照各自的管辖范围进行审查后，认为有犯罪事实发生并需要追究刑事责任时，决定将其作为刑事案件进行侦查或者审判的一种诉讼活动。其基本任务是查明是否发生了犯罪事实、对已经发生的犯罪事实是否需要作为刑事案件进行追究。只有公安机关、人民检察院、人民法院才有立案的权力和职责，其他任何单位和个人都无权立案。

2. 侦查

侦查是指刑事诉讼中的侦查机关为了查明犯罪事实、抓获犯罪嫌疑人，依法进行的专门调查工作和采用有关强制性措施的活动。侦查的主要任务是查明案件事实。

3. 提起公诉

提起公诉，作为起诉的一种类型，是指人民检察院对公安机关侦查终结、移送起诉的案件，进行全面审查，对应当追究刑事责任的犯罪嫌疑人提交人民法院进行审判的一项诉讼活动。提起公诉是人民检察院的一项专门权力，其他任何机关、团体和个人都不得行使。

4. 审判

我国《刑事诉讼法》对第一审程序、第二审程序、死刑复核程序、审判监督程序分别做了规定。

第一审程序，是指人民法院对人民检察院提起公诉或自诉人自诉的刑事案件，进行初次审判的程序。我国人民法院审判刑事案件实行两审终审制，所以人民法院行使审判权，首先应当按照第一审程序进行。

第二审程序也称上诉审程序，是指上一级人民法院根据依法提出的上诉、抗诉，对下级人民法院所作的第一审未生效判决、裁定进行审判的诉讼程序。

第二审程序是审判阶段的一个独立程序。

死刑复核程序，是指对人民法院判处死刑的案件进行审查核准的一种特殊程序。

审判监督程序，又称再审程序，是指人民法院、人民检察院对于已经发生法律效力的判决和裁定，发现在认定事实或适用法律上有错误，依法提出并由人民法院重新审判的程序。

5. 执行

刑事诉讼中的执行，是指人民法院、人民检察院、公安机关和刑罚执行机关，为了实现已经发生法律效力的判决和裁定所确定的内容而进行的活动。执行程序是刑事诉讼的最后一个程序，也是刑罚权得以实现的关键程序。执行程序对实现刑事诉讼的任务和维护法律尊严，具有重大意义。

第四节　行政诉讼法

一、行政诉讼的特有原则

1. 选择复议原则

选择复议原则，是指对属于人民法院受案范围的行政案件，在法律、法规没有明确规定必须经过复议的情况下，当事人对具体行政行为不服时，既可以先向上一级行政机关或者法律规定的特定机关申请复议，对复议决定不服，再向法院起诉，也可以不经复议直接向法院起诉。

2. 审查具体行政行为合法性原则

抽象行政行为和具体行政行为都有可能对公民、法人或者其他组织的合法权益构成侵害，但根据《行政诉讼法》第二条的规定，公民、法人或者其他组织只能在认为具体行政行为侵犯了自己的合法权益时，才可以向人民法院起诉，如果是认为抽象行政行为的规定影响、妨碍或者侵犯自己的合法权益时，则不能向人民法院起诉。

3. 具体行政行为不因诉讼而停止执行原则

《行政诉讼法》第44条规定，“诉讼期间，不停止具体行政行为的执行”。此与民事诉讼完全不同。其根据是，具体行政行为是行政机关代表国家依据有关法律、法规的规定作出的，一旦作出即应推定其为合法，亦即行政机关的具体行政行为具有先定力。因而，即使相对方认为具体行政行为违法并向人民法院起诉，要求撤销或者改变违法具体行政行为，但在人民法院代表国家依据有关法律、法规作出生效判决之前，具体行政行为仍然被推定为合法有效，也就要求得到执行。

行政诉讼法同时也考虑到在某些特殊情况下，具体行政行为应当停止执行，否则将可能造成不必要的损失。《行政诉讼法》第44条规定，在以下三种情形下，具体行政行为要停止执行：(1) 被告认为需要停止执行的；(2) 原告申请停止执行，人民法院认为该具体行政行为的执行将会造成难以弥补的损失，并且停止执行不损害社会公共利益，裁定停止执行的；(3) 法律、法规规定停止执行的。此外，在诉讼过程中，行政机关申请人民法院强制执行被诉具体行政行为的，人民法院不予执行。

4. 不适用调解原则

不适用调解原则，是指人民法院审理行政案件，既不能把调解作为诉讼过程中的一个必经阶段，也不能把调解作为结案的一种方式。人民法院审理行政案件之所以不能适用调解原则，其根本原因在于，法院审理行政案件是对具体行政行为的合法性进行审查。行政机关作出具体行政行为，是其行使法定职权的表现，而对于这种法定职权，行政机关不得放弃或者让步，否则即构成失职。因此，行政机关作出的具体行政行为或者是合法，或者是违法，没有第三种可能。在行政诉讼中如适用调解，会造成行政机关法定职权的性质与调解的前提之间互为矛盾。

5. 变更权有限原则

司法变更权是指人民法院对被诉具体行政行为经过审理后改变该具体行政行为的权力。司法变更权涉及司法权与行政权的关系问题。因此，各国在规定法院所享有的变更权时都极为慎重。行政诉讼法既考虑到最大限度地保护相对方合法权益的需要及保障司法权有效性，又考虑到法定的权力分配关系，规定“行政处罚显失公正的，可以判决变更。”因此，人民法院的司法变更权仅限于在行政处罚显失公上的情形下才可以行使。

二、行政诉讼参加人

1. 行政诉讼参加人的概念

行政诉讼参加人，是指依法参加行政诉讼活动，享有诉讼权利、承担诉讼义务的当事人和与当事人诉讼地位相似的诉讼代理人，包括原告、被告、共同诉讼人、第三人和诉讼代理人。

2. 行政诉讼参与人

行政诉讼参与人是指除审判人员、书记员、执行人员以外的参与行政诉讼的人。包括当事人、诉讼代理人、证人、鉴定人和翻译人员等。他们在诉讼中所处的地位不同,享有的诉讼权利和担负的诉讼义务也不同。

行政诉讼参与人的范围比行政诉讼参加人的范围更大,前者包括了后者;行政诉讼参加人以外的诉讼参与人在诉讼中的地位和重要性要次于行政诉讼参加人。

3. 行政诉讼原告

行政诉讼原告是指对行政主体具体行政行为不服,依照行政诉讼法的规定,以自己的名义向人民法院起诉的公民、法人和其他组织。所以说,行政诉讼原告大多是行政管理中的行政相对方。根据《行政诉讼法》第 24 条、第 70 条,原告主要包括:公民;法人;其他组织;在中国境内提起行政诉讼的外国人、无国籍人、外国组织。

4. 行政诉讼被告

行政诉讼的被告是指被原告起诉指控侵犯其行政法上的合法权益和与之发生行政争议,而由人民法院通知应诉的行政主体。必须明确,行政诉讼的被告不是行政机关的工作人员,而是行政机关本身。在行政诉讼中,行政主体始终作为被告,这是行政诉讼的一大特点。

5. 行政诉讼第三人

《行政诉讼法》第 27 条规定:“同提起诉讼的具体行政行为有利害关系的其他公民、法人或者其他组织,可以作为第三人申请参加诉讼,或者由人民法院通知参加诉讼。”这是行政诉讼中第三人制度的规定。

三、行政诉讼证据

1. 行政诉讼证据的概念

行政诉讼证据是指在行政诉讼中用以证明案件事实情况的一切材料和事实。

2. 特点

受行政诉讼性质决定,其证据制度具有如下特点:

(1) 行政诉讼证据所要证明的最终事实是被诉具体行政行为是否合法。

(2) 行政诉讼被告必须自始至终地承担证明被诉具体行政行为合法的法定举证责任。

(3) 行政诉讼被告在诉讼过程中,不得自行向证人和原告收集证据,作为被告代理人的律师也不得自行向原告和证人收集证据。

(4) 人民法院在行政诉讼中有收集证据的权力,而无收集证据的义务,其主要任务是审查判断证据。

3. 种类

根据不同标准可以将证据分为直接证据和间接证据、原始证据和传来证据、主要证据和次要证据、言词证据和实物证据、本证和反证等。《行政诉讼法》根据证据的来源和表现形式,将其分为以下七类:

(1) 书证。即以文字、符号、图案等所记载的内容表达的与案件事实有关的人的思维或者行为的书面材料。如行政机关的文件、文书、函件、处理决定等。作为行政机关作出具体行政行为的依据的规范性文件,是行政机关在诉讼中必须提交的书证。

(2) 物证。即以物品、痕迹等客观物质实体的外形、性状、质地、规格等证明案件事实的证据。如肇事交通工具、现场留下的物品和痕迹等。

(3) 视听资料。即以录音、录像、扫描等技术手段,将声音、图像及数据等转化为各种记录载体上的物理信号,证明案件事实的证据。如音像磁带、计算机数据信息等。

(4) 证人证言。即直接或者间接了解案件情况的证人向人民法院所作的用以证明案件事实的陈述。一般情况下,证人应当出庭陈述证言,但如确有困难不能出庭,经人民法院许可,可以提交书面证言。精神病人、未成年人作证应与其心理健康程度、心智成熟程度相适应。

(5) 当事人陈述。即本案当事人在诉讼中就案件事实向人民法院所作的陈述和承认。

(6) 鉴定结论。即具有专业技术特长的鉴定人利用专门的仪器、设备,就与案件有关的专门问题所作的技术性结论。根据鉴定对象的不同,可分为医学鉴定、文书鉴定、技术鉴定、会计鉴定、化学鉴定、物理鉴定等。

(7) 勘验笔录、现场笔录。勘验笔录是指行政机关工作人员或者人民法院审判人员对与行政案件有关的现场或者物品进行勘察、检验、测量、绘图、拍照等所作的记录。现场笔录是指行政机关工作人员在行政管理过程中对与行政案件有关的现场情况及其处理所做的书面记录。

四、行政诉讼程序

行政诉讼是指公民、法人或者其他组织认为行政机关和行政机关工作人员的具体行政行为侵犯其合法权益,依法向人民法院提起诉讼,由人民法院依法进行审理和判决的诉讼制度。

1. 起诉

根据《行政诉讼法》的规定，提起行政诉讼应符合以下条件：(1) 原告是认为具体行政行为侵犯其合法权益的公民、法人或者其他组织；(2) 有明确的被告；(3) 有具体的诉讼请求和事实根据；(4) 属于人民法院受案范围和受诉人民法院管辖。

2. 审判程序

(1) 第一审程序。

在人民法院受理了当事人的起诉之后，就要开始对引起纠纷的行政案件进行审理了。首先进行的，是对该案件进行一审。行政案件的第一审程序是指一审法院对行政案件进行审理应适用的程序，包括审理前的准备、开庭审理、合议庭评议和判决等阶段。

人民法院在审理行政案件时，不得以调解为必经审理程序及结案方式。但是，行政赔偿诉讼可以适用调解。

(2) 第二审程序。

二审法院审理上诉案件，首先应当组成合议庭。合议庭应当全面审查一审法院的判决或裁定认定的事实是否清楚，适用法律是否正确，诉讼程序是否合法，审查不受上诉人在诉状中止范围和上诉内容的限制。

行政诉讼的二审审理方式可以分为书面审理和开庭审理两种。

二审法院经过对案件的审理，应根据具体行政行为的不同情况作出不同裁判。二审裁判分为：① 裁定撤消一审判决，或裁定发回重审。② 依法改判。③ 维持原判。

审判监督程序和执行程序同民事诉讼法，在此不再赘述。

3. 行政诉讼的强制措施

行政诉讼强制措施是指人民法院在审理行政案件过程中，为保证审判活动的正常进行和人民法院裁判的顺利执行，对有妨害诉讼秩序行为的人所采取的强制手段。行政诉讼强制措施有：迅捷；责令具结悔过；罚款；拘留。

案例分析 >>>

刘春红与杨文玲系邻居，刘未选上街道代表，怀疑是杨说了坏话，便伺机报复。1994 年 5 月 12 日，马玉兰带领儿子李刚、儿媳赵华闯入杨家，殴打杨文玲，致使杨多处受伤。杨之子孙洪飞下班回家与刘家三人相遇，刘家三人又将孙洪飞打伤。杨文玲丈夫孙学贵于 1994 年 5 月底以原告身份向法院提起诉讼，要求被告刘春红赔偿其妻的医药费。在起诉中,对儿子被打伤的问题未涉及,法院受案后,在调查中发现孙洪飞也被打伤,于是将孙洪飞追加为必要共同诉讼的共同原告。

请问:本案中谁是符合条件的原告?为什么?

(资料来源:www.zikao365.com.)

本章小结

诉讼法是指国家制定的关于诉讼活动的法律规范的总称,是打官司时所应遵循的行为规范。诉讼法是典型的法律程序法。我国有三大诉讼法,分别是民事诉讼法、刑事诉讼法和行政诉讼法。

我国诉讼法的基本原则有:人民法院独立行使审判权原则;以事实为根据,以法律为准绳原则;适用法律平等原则;诉讼以本民族语言文字进行原则。

我国诉讼的基本制度包括:公开审判制度;合议制度;回避制度;两审终审制度。

民事诉讼法是指人民法院在当事人和其他诉讼参与人的参加下,审理和解决民事案件的活动。民事诉讼法是调整人民法院、当事人及其他诉讼参与人在民事诉讼中的权利义务关系的法律规范的总称。

刑事诉讼法主要解决的是犯罪嫌疑人、被告人是否犯罪、应否负刑事责任的问题。刑事诉讼一般经过立案、侦查、审查起诉、提起公诉、审判和执行等阶段。

行政诉讼是调整公民、法人因行政机关的具体行政行为而引起的社会关系的法律规范的总称。人民法院在审理行政案件时不得进行调解。

复习思考题

1. 问答题

(1) 简述当事人的概念和特征。

(2) 刑事诉讼中的强制措施有哪些?

(3) 我国诉讼法的基本原则和基本制度是什么?

2. 案例题

夏某和王某是多年的好友。夏某,男,45岁,家住海淀区;王某,男,39岁,家住东城区。夏某想开一个饭店,由于手头拮据,就找王某商量。W按某为支持夏某,答应借给夏某1万元,夏某出具借据一张,言明一年后还款。但是饭馆开业后,前三个月效益还算不错,不料进入冬季后,食品原料价格上涨,加之夏某经验不足,没有及时改变经营项目,只是饭店开始出现亏损,并从此月月亏损,一年下来,夏某不仅没赚到什么钱,还欠下了不少房租水电费,所借的1万元也无力偿还。而此时,王某单位分了房,急等用钱。他多次找夏某催要借款均无结果,于是王某以夏某为被告向东城区人民法院起诉。但东城区人民法院以本院无管辖权为由不予受理。

请问:王某应向哪一级法院提起诉讼?

(资料来源:芦净:《法律基础案例分析教程》,清华大学出版社2009年版,第153页)

3. 实训题

2005年6月,乌鲁木齐市某工贸有限公司(原告)将本公司简介、产品介绍等中文资料教给乌鲁木齐某翻译产业有限公司(被告)翻译。6月13日,原告支付被告翻译费516元。在被告提交的翻译稿中将公司名称中“富来”二字翻译成“来富”。2005年8月,原告将被告翻译文本制作画册和海报,支付制作费17 180元,其中首页依然翻译成“来富”,封底的“金濠大酒店”翻译成“棉麻酒店”。后原告又将上述资料制作成室外立体广告牌,支付制作费用12 280元,广告费用79万元。原告后发现该错误并诉至法院要求被告赔偿损失。

【范本】

起诉状

原告:____________ 地址:____________ 电话:____________

被告:____________ 地址:____________ 电话:____________

诉讼请求:

1.

2.

事实与理由:(应写清争议发生的经过、具体内容、纠纷产生的原因等)

此致

________人民法院

具状人:__________

____年____月____日

请根据案情背景撰写民事起诉状一份。

(资料来源:黎艳阳、黄海鹰:《经济法实训教程》,东北财经大学出版社2010年版,第279页。)

参考文献

1. 张文显:《法理学》(第三版),高等教育出版社、北京大学出版社 2007 年版。
2. 卢云:《法学基础理论》,中国政法大学出版社 1999 年版。
3. 曾宪义、王利明:《民法》(第二版),中国人民大学出版社 2006 年版。
4.《高等政法院校必修课程学习指导丛书》编写组:《民法学习指导》,中国政法大学出版社 2008 年版。
5. 杨汉平等:《中华人民共和国个人独资企业法讲话》,中国法制出版社 1999 年版。
6. 卞耀武:《中华人民共和国个人独资企业法释义》,法律出版社 2000 年版。
7. 徐景和、刘淑强:《中华人民共和国合伙企业法条文释义与适用》,人民法院出版社 2006 年版。
8. 漆多俊:《经济法学》,高等教育出版社 2005 年版。
9. 唐德华:《公司法及配套规定新释新解(上下)》(第三版),人民法院出版社 2005 年版。
10. 张士元:《企业法》(第三版),法律出版社 2007 年版。
11. 奚晓明:《最新公司法适用一本通》,人民法院出版社 2010 年版。
12. 吴冬、李建伟:《合同法民法通则司考读本》,人民法院出版社 2008 年版。
13. 刘春田:《知识产权法》(第 4 版),高等教育出版社 2010 年版。
14. 王利明:《合同法新问题研究》(修订版),中国社会科学出版社 2011 年版。
15. 信春鹰:《中华人民共和国劳动合同法释义》,法律出版社 2007 年版。
16. 孔祥俊:《反不正当竞争法的适用与完善》,法律出版社 2000 年版。
17. 陈家宏:《世界贸易组织(WTO)法律制度》,西南交通大学出版社 2003 年版。
18. 韩立余:《世界贸易组织(WTO)案例分析》,中国人民大学出版社 2002 年版。
19.《中华人民共和国行政法律全编》,法律出版社 2009 年版。
20. 胡锦光:《行政法案例分析》(第三版),中国人民大学出版社 2010 年版。
21. 陈忠林:《刑法》(第三版),中国人民大学出版社 2011 年版。

22. 最高人民检察院公诉厅:《刑法实用集成》(上、下册),中国法制出版社 2003 年版。
23. 刘家琛:《新刑法新问题新罪名通释》(精),人民法院出版社 2002 年版。
24. 周道鸾:《刑法罪名精释》(第三版),人民法院出版社 2007 年版。
25. 谭兵:《民事诉讼法学》,法律出版社 2004 年版。
26. 卞建林:《刑事诉讼法学》,法律出版社 1997 年版。
27. 方世荣:《行政法与行政诉讼法学》(第二版),中国政法大学出版社 2005 年版。
28. 谭世贵:《中国司法制度》,法律出版社 2005 年版。
29. 蒋大兴:《诉讼法学:问题点与文献源》,中信出版社 2004 年版。
30. 法律教育网 www. chinalawedu. com。

21世纪公共管理学系列教材

（已出书目）

公共行政学(第三版)(普通高等教育"十一五"国家级规划教材)	张国庆　主编
公共政策分析(第二版)(普通高等教育"十一五"国家级规划教材)	陈庆云　主编
人力资源开发与管理——在公共组织中的应用(第二版)	萧鸣政　主编
公共经济学(第二版)(普通高等教育"十一五"国家级规划教材)	黄恒学　主编
现代行政领导学	李成言　著
城市管理学(北京市高等教育精品教材)	张　波　刘江涛　编著
地方政府管理学(第二版)	李四林　曾　伟　主编
西方公共行政学思想与流派	谭功荣　著
西方管理思想史(第二版)	姜　杰　等编著
现代绩效考评技术及其应用(第二版)	萧鸣政　著
中国民族自治地方公共管理导论(北京市高等教育精品教材立项)	李俊清　著
中国管理思想史	姜　杰　等编

新编公共行政与公共管理学系列教材·文秘专业

（已出书目）

管理学原理	汪　溢　林则宏　主编
秘书学	姜　爽　赵　莹　主编
人力资源管理与企业文化	汪　溢　谷卓越　主编
广告策划	贾洪芳　韩　鹏　主编
文书与档案管理	汪　溢　赵　莹　主编
电子商务	孙　义　方　真　主编
消费心理学	戴卫东　刘　鸽　主编
法律与法规	邱　旸　董　悦　主编

读者朋友如有使用上述教材的意向或意见，或有编写出版教材的意向，请直接与北京大学出版社社会科学编辑室联系。联系地址：北京市海淀区成府路205号，北京大学出版社社会科学编辑室(100871)。

联系电话:010－62753121/62765016(编辑部);62752015(邮购部)。

如欲查询我社更多相关图书信息，可登录我社网站(www.pup.cn)或我社市场营销中心网站(www.pupbook.cn)。谢谢！